higher **AQA** GCSE German

echo

Harriette Lanzer
Michael Wardle

Listening, Reading and Speaking exam
practice pages by Janet Searle

Writing exam practice pages by Sydney Thorne

Heinemann

Part of Pearson

Heinemann is an imprint of Pearson Education Limited, a company incorporated in England and Wales, having its registered office at Edinburgh Gate, Harlow, Essex, CM20 2JE. Registered company number: 872828

www.heinemann.co.uk

Heinemann is a registered trademark of Pearson Education Limited

Text © Pearson Education Limited 2009
First published 2009

13 12 11 10 09
10 9 8 7 6 5 4 3 2 1

British Library Cataloguing in Publication Data is available from the British Library on request.

ISBN 978 0 435720 33 9

Publisher: Julie Green
Edited by Lorraine Poulter
Designed by Brian Melville
Typeset by Brian Melville and Oxford Designers & Illustrators
Original illustrations © Pearson Education Limited 2009
Illustrated by Beehive Illustrations (Clive Goodyer), Kessia Beverly-Smith, John Hallett, Tim Kahane and Oxford Designers & Illustrators
Cover design by Brian Melville
Picture research by Cath Bevan
Cover photo © Corbis/Brand X
Printed and bound at Scotprint, Scotland

Acknowledgements

We would like to thank the following for their invaluable help in the development of this course: Deborah Manning; Jana Kohl; Anke Barth and all the staff and pupils at the European School, Culham; Len Brown, Colette Thomson and Andy Garratt at Footstep Productions Ltd, Bernd Bauermeister, Steffan Bode, Amelie Hoffmann, Angelika Libera, Manuel Réné Scheele, Nqobizitha Raymond Thata and Carolin Wagner.

The authors and publisher would like to thank the following for permission to reproduce copyright material in this book: www.medienwerkstatt-online.de p.53; www.baby-zeit.de p. 96; www.elternimnetz.de p. 96; (CC) Karl Fisch p. 117; European Communities p. 128; Ciao GmbH p. 136; Bundesministerium der Verteidigung p. 176; www.GEOlino.de p. 185

The authors and publisher would like to thank the following individuals and organisations for permission to reproduce photographs:

A1 p.55 L, Alamy / Alan Gignoux p.50, / Arco Images GmbH p.38 B, 154 T, / culliganphoto p.30 BR, / David Robertson p.135 BM, / Germany Images David Crossland p.30 BM, / I love images p.11, / Image Source Black p.167, / Image Source Pink p.127, / Ivan Zupic p.30 TM, / James Davis Photography p.38 TL, / John Powell Photographer p.130, / Jon Arnold Images Ltd p.30 TL, / Oso Media p.158, / Terry Harris Just Greece Photo Library p.28 B, / Upper Cut Images p.191, / Vario Images GmbH & Co. KG p.197 M, / VISUM Foto GmbH p.39, / Werner Dieterich p.42, / Werner Otto p.28 R, / Wolfgang Kaehler p.161, / WoodyStock p.137 TR, / Klemens Ortmeyer / Fabpics p.134 BR, 135 BR, Bubbles PhotoLibrary p.89 L, City of Linz p.137 TL, MR, BL, BR, Corbis p.70, 131, / B Pepone / zefa p.186, / Image Source p.165 B, / ImageShop p.192 M, / Latin Stock p.178 B, / Martin Reutschi / Keystone p.58, / Radius Images p.78, StockByte p.170 B, 189 L, Creatas p.147, Digital Stock p.126 R, Fairtrade p.172 , Fancy / Punchstock p.149, Getty Images / Bongarts p.183, / DK Stock p.80, / Giulio Napolitano / AFP p.169, / Jose Luis Pelaez p.82, / Judah Passow p.89 R, / Margo Silver p.174 M, / NASA p.128 T, / PhotoDisc p.18 T, ST, B, 38 TR, 117, 122, 134 TR, 168d, 175 L, / Stone p27 R, p.97 L, / Taxi p.60, / Tony Arruza p.200, Image Source p.126 L, 202 BR, iStockPhoto / Chris Price p.195, / Paul Kline p.175 M, Pearson Education Ltd / Alexander Caminada p.21, / Gareth Boden p.10, 62, / Images Of France / Keith Gibson p.135 BL, / Jules Selmes p.118, 120, 126 M, 173, / Lord and Leverett p.111, 113 L, / Martin Sookias p.22, 154 B, / MindStudio p.71 ML, BL, STR, / Steve Shott p.141, / Tudor Photography p.18 M, SB, 95, Photolibrary / age fotostock / Werner Otto p.142, / Robert Harding Travel / Charles Bowman p.137 ML, Photoshot / Gary Lee / UPPA p.40, Rex Features p.114, 129, / Action Press p.203 T, / Ronald Grant Archive p.15, Shutterstock / Ana Blazic p.112 B, / Andresr p.17, 115 L, / Andrew N. Ilyasov p.28 L, / Annamaria Szilagyi p.168b, / Anton Albert p.178 T, / Antonio Jorge Nunes p.113 R, / Basov Mikhail p.199 MI, / Beerkoff p.197 B, / Benis Arapovich p.134 BL, / Benjamin Howell p.172c, / Bidouze Stéphane p.100, / BL p.30 BL, / Bogac Erguvenc p.199 BI, / Brian Chase p.97 M, / Christophe Testi p.115 M, / Condor 36 p.174 T, / Cre8tive Images p.71 BR, / Devi p.168a, / Eric Limon p.138, / Future Digital Design p.8, / Galina Barskaya p.148 R, / Gina Smith p.203 BL, / Happy Alex p.188, / Inacio Pires p.37 L, / Ingrid Balabanova p.134 TL, / Iryna Shpulak p.140, / Jason Stitt p.202 BL, / Jeff Shanes p.16 R, 76 L, / Jeff Whyte p.31 L, / Jocicalek p.172f, / Junial Enterprises p.105, / Lepas p.172e, / Lev Olkha p.112 T, / Maccat p.203 BR, / Marcel Jancovic p.168e, / maribell p.37 R, / Martin Trebbin p.71 TL, / Michael Steden p.30 ML, / Monkey Business Images p.12, 27 SR, 93 L, 197 T, 202 TR, / newphotoservice p.94, / Oleksandr Kramarenko p.71 TR, / oorka p.117, / Peter Weber p.97 R, / Philip Lange p.180, / R Fassbind p.199 M, / Rachael Grazias p.168c, / Roman Sika p.135 T, / Ronen p.172a, / Sasha Radosavljevich p.115 R, / sashagala p.30 TR, / Sint p.166 M, / Terckhov Igor p.172b, / Titelio p.172d, / Tobias Machhaus p.199 T, / Tracy Whiteside p.166 R, / Webtrias p.199 B, / Yuri Arcurs p.165 T, 166 L, 170 T, / Zoom Team p.44, Still Pictures / Ron Gilling p.51, Wishlist Images p.13, 67, 71 SBR, 92, 108, 174 B, 175 R, 177

All other photographs supplied by Pearson Education Ltd / Studio 8, Clark Wiseman

Key to photo credits: T = top; B = bottom; L = left; M = middle; R = right; S = second from; I = inset

Contents – Inhalt

1 Die Medien heute

1 Die Medien in meinem Leben

- Talking about the media you use in everyday life
- Reviewing the present tense

lesen 1 **Hör zu und lies die Texte. Wer spricht? (1–6)**

Silke

Gabi

Julia

Phillip

Peter

Anja

Carolin

1 *Ich lese gern. Ich lese Bücher und Zeitschriften. Ich mag Liebesgeschichten.*

2 *Ich spreche gern mit meinen Freundinnen. Ich habe mein eigenes Handy und abends telefoniere ich mit Julia oder Jana.*

3 *Ich verbringe viel Zeit am Computer. Ich benutze entweder MySpace oder SchülerVZ. Ich lade Fotos und Videos hoch und ich bin oft mit Freunden online.*

4 *Ich mag Filme und ich gehe gern ins Kino. Ich mag alle Filme – Horrorfilme, Komödien, Liebesgeschichten.*

5 *Abends mag ich im Schlafzimmer fernsehen. Ich sehe ganz oft fern. Ich sehe Dokumentarfilme, Zeichentrickfilme und ab und zu Kindersendungen.*

6 *Musik ist mir wichtig. Ich höre oft Musik, ich lade Musik vom Internet herunter und ich kaufe oft CDs. Ich spiele auch Keyboard in einer Band.*

Ich sehe fern. / Ich gehe ins Kino. Ich höre Musik. / Ich lese Zeitschriften. Ich simse. / Ich spiele am Computer. Ich bin mit Freunden online.	Ich sehe Filme / Dokumentarfilme / Zeichentrickfilme / Kindersendungen / Musiksendungen / Sportsendungen / Seifenopern / Quizsendungen.
Ich spiele Wii. / Ich surfe im Internet. Ich besuche Chatrooms. Ich schreibe E-Mails. / Ich lade Musik herunter. Ich lade Fotos hoch. / Ich benutze MySpace.	Ich lese Bücher / Zeitungen / Zeitschriften / Liebesgeschichten.
	Ich telefoniere. / Ich fotografiere. Ich teile Videos, Musik und Fotos.

Habib, Angela und Scott sprechen über die Medien. Was sagen sie? Mach Notizen. (1–3)

Beispiel: Habib surfs the internet, visits chatrooms …

Partnerarbeit.

- Welche Medien sind wichtig für dich?
- Was machst du am Computer?
- Was für Sendungen siehst du im Fernsehen?
- Liest du oft? Was liest du?
- Und was machst du mit dem Handy?

Tipp

Developing sentences 1

Make your sentences more interesting by adding the following:

intensifiers	**sehr** *(very)*, **total** *(totally)*, **ziemlich** *(quite)*, **wirklich** *(really)*
adverbs of frequency	**nie** *(never)*, **selten** *(seldom)*, **ab und zu** *(now and again)*, **oft** *(often)*, **immer** *(always)*
time references	**am Wochenende** *(at the weekend)*, **am Montag** *(on Monday)*, **montags** *(on a Monday)*, **nachmittags** *(in the afternoon)*, **abends** *(in the evening)*

Grammatik

lern weiter 205

Present tense verb endings

Most regular verbs have the following endings.

spielen *(to play)*

ich spiele	*I play*	wir spielen	*we play*
du spielst	*you play*	ihr spielt	*you play*
er spielt	*he plays*	sie spielen	*they play*
sie spielt	*she plays*	Sie spielen	*you play*

Remember that some verbs have a separable part that goes at the end of the sentence. The endings are the same.

Ich lade Musik herunter.   *I download music.*
Ich sehe oft fern.   *I often watch TV.*

Some irregular verbs change the vowel in the **du / er / sie / es** form.

ich lese	*I read*	wir lesen	*we read*
du liest	*you read*	ihr lest	*you read*
er liest	*he reads*	sie lesen	*they read*
sie liest	*she reads*	Sie lesen	*you read*

Partnerarbeit. Bereite eine Präsentation vor. Welche Medien sind wichtig für uns?

- Write a short text about your use of the media. Comment on computers, TV, reading and your mobile.
- Make your writing interesting by adding intensifiers, adverbs of frequency and time references.

Ich benutze abends MySpace, aber Susie geht oft ins Kino. Wir surfen beide im Internet nach Informationen für unsere Hausaufgaben …

- Creating a German online profile
- Reviewing the nominative case

 1 Anmeldung. Verbinde die Titel zu Ondras Antworten.

Beispiel: **1** *h*

1 Anzeigename:	a	weiblich
2 Vorname:	b	29.01.95
3 Nachname:	c	Ondra
4 Land:	d	England
5 Postleitzahl:	e	Englisch / Deutsch
6 Geburtsdatum:	f	Nicholson
7 Geschlecht:	g	NE6 5RN
8 Sprache:	h	Königin_Ondra_1995

Suche

 2 Lies das Profil und beantworte die Fragen.

Was sind die Titel (a–f)?

- Musik
- Filme
- Fernsehen
- Bücher
- Allgemeines
- Helden

Wohin gehören diese Details (a–f)?

1 Desmond Tutu

2 auch ganz gerne mal R 'n' B oder *Linkin Park*

3 Tauchen + Reisen

4 *Ein Löwe in Las Vegas / Findet Nemo*

Markus
Männlich
20 Jahre alt
Hessen
Deutschland
Geburtstag 02.07
Letztes Log-in:
06.05.2008

a Hardcorekonzerte und Festivals, Mountainbiking, Inlineskating, Schwimmen, Skifahren, US-Sports, Freunde treffen, Musik, Diskos, Kneipen, Kino, Lesen, Filme und natürlich ausgehen. Spitze!

b Insgesamt ein weites Spektrum, in dem von Hardcore über Hip Hop, Techno, Punk ... so ziemlich alles dabei ist. Die „Top-Acts" sind aber: *Walls Of Jericho, Guns N' Roses* und natürlich *Andrea Berg*. :-) Retro ist schrecklich, kann aber lustig sein.

c *Nobody's Fool, Es war einmal in Amerika.* Ich liebe *Das fünfte Element*, finde *Pulp Fiction* cool, und *City of God* ist wunderba

d *Die Simpsons, King of Queens, Stromberg* Politmagazine – Politik find' ich klasse. *American Dad, South Park.*

e Horrorromane – total faszinierend.

f Homer Simpson, leider unerreichbar. ;)

 **Grammatik** (205 lern weiter)

haben and sein

The two very useful verbs **haben** (*to have*) and **sein** (*to be*) are irregular and do not follow the usual pattern.

haben (*to have*)

ich habe	I have	wir haben	we have
du hast	you have	ihr habt	you have
er hat	he has	sie haben	they have
sie hat	she has	Sie haben	you have

sein (*to be*)

ich bin	I am	wir sind	we are
du bist	you are	ihr seid	you are
er ist	he is	sie sind	they are
sie ist	she is	Sie sind	you are

hören 3 Hör zu. Füll Jan Stephensons Profil aus.

Alter:
Wohnort:
Geburtstag:
Stimmung:
Allgemein:

Musik:
Filme:
Fernsehen:
Bücher:
Helden:

Tipp

Developing sentences 2

Make the sentences in your profile more interesting by adding a variety of negatives and opinions.

negatives	**nicht, nie, niemand,** *forms of* **kein** (used with a noun)
opinions	**[Ich finde das] unglaublich, unmöglich, angenehm, ausgezeichnet, doof, dumm, fantastisch, faszinierend, furchtbar, herrlich, klasse, langweilig, lustig, okay, schlecht, schlimm, schrecklich, spitze, toll, wunderbar, wunderschön**

schreiben 4 Schreib dein eigenes MySpace-Profil.

sprechen 5 Partnerarbeit. Interviewe deinen Partner / deine Partnerin und mach Notizen.

- Cocktail party. Introduce your partner to another classmate.

James ist 14 Jahre alt und er wohnt in Chester. Er hat am ... Geburtstag. Seine Lieblingsgruppe ist ...

Wie alt bist du?
Wo wohnst du?
Wann hast du Geburtstag?
Wie fühlst du dich im Moment?
Was sind deine Top-Acts?
Was ist dein Lieblingsfilm?
Was für Sendungen magst du?
Was für Bücher magst du?
Hast du Vorbilder?

Ich bin [16] Jahre alt.
Ich wohne in [York].
Ich habe am [6. Juli] Geburtstag.
Ich bin [glücklich].
Meine Top-Acts sind [Kanye West und Dizzee Rascal].
Mein Lieblingsfilm ist [Spider-Man 3].
Ich mag [Tiersendungen].
Ich mag [Liebesromane].
[Leona Lewis] und [Rebecca Adlington] sind meine Vorbilder.

Grammatik

lern weiter 208

Nominative case

The nominative case is used for the subject of the sentence; the person doing the action.

The following pattern is the same for **ein** (*a*), **kein** (*not a/no*) and possessive adjectives, **mein** (*my*), **dein** (*your*), **sein** (*his*), **ihr** (*her*), **unser** (*our*), **euer** (*your*), **ihr** (*their*) and **Ihr** (*your*: polite)

	masculine	feminine	neuter	plural
my	mein	mein**e**	mein	mein**e**
her	ihr	ihr**e**	ihr	ihr**e**
a	ein	ein**e**	ein	[-]
not a/no	kein	kein**e**	kein	kein**e**

- Talking about music
- Developing the skill of asking questions

Hör zu und lies die drei Texte. Schreib die Tabelle ab und füll sie aus. (1–3)

Udo

Ich höre gern Trance-Musik. Trance hat einen Funkrhythmus und es macht mir immer gute Laune – Trance entspannt. Ich lade Musik vom Internet herunter – ich benutze ganz oft iTunes dafür. Ich finde es billiger, als CDs zu kaufen. Ich höre abends und am Wochenende Musik mit Freunden. Wir fahren im Sommer für ein Trancefest nach Amsterdam – das wird toll sein!

Lukas

Reggae ist für mich die beste Musikform. Reggae hat bestimmt einen Funkrhythmus und die Musik ist nachdenklich. Heavymetal oder House können deprimierend sein. Über Bluetooth lade ich Musik hoch oder herunter oder ich kaufe online Klingeltöne. Musik höre ich oft allein im Schlafzimmer oder wenn ich meine Hausaufgaben mache. Ich würde gern in einer Band spielen. Ich habe als Kind Geige gelernt, aber welche Band braucht einen Geiger? Ich kann weder Schlagzeug noch Gitarre spielen.

Steffi

Ich höre fast jeden Tag Musik. Ich mag viele verschiedene Musikrichtungen. Country- und Westernmusik finde ich gut. Es macht mir gute Laune und es ist so lebhaft – es ist auch gut bei einer Party. Ich mag auch Opernmusik gern. Ich höre gern abends im Bad oder im Garten Opernmusik. Ich kaufe ab und zu CDs, aber Musik vom Internet herunterzuladen ist einfacher.

	Udo	Lukas	Steffi	Lillianne
Was für Musik?				
Warum?				
Wo und wann?				
Wie gekauft?				

hören 2 Hör zu. Lillianne wird interviewt. Füll die Tabelle oben für Lillianne aus.

sprechen 3 Partnerarbeit. Interviewe vier Personen und mach Notizen.

Can you speak for one minute? Write out five words to help you.

- Was für Musik hörst du?
- Warum hörst du ... ?
- Wie kaufst du Musik?
- Wann hörst du Musik?
- Wo hörst du Musik?

Asking questions

Er hört oft Musik. = He often listens to music.

Hört er oft Musik? → Does he often listen to music?

When asking more open questions, question words are used at the beginning of the sentence.

Warum hörst du Musik? = **Why** do you listen to music?

Wann hörst du Musik? = **When** do you listen to music?

Wo hörst du Musik? = **Where** do you listen to music?

Wie kaufst du Musik? = **How** do you buy music?

lesen **4** Lies den Artikel. Welche vier Sätze sind richtig?

„Schon aber noch nicht"

Auf einer Party haben Jana, Ron und Gilli entdeckt, dass sie gemeinsam Interessen haben – die Liebe zur Musik. Und aus einer Idee wurde schließlich irgendwann die Band „Schon aber noch nicht" geboren. Jana konnte Instrumente spielen und komponieren, aber nicht singen. Ron konnte kein Instrument spielen und nicht komponieren. Gilli war immer sehr musikalisch.

Sie haben ganz schnell ihre Richtung gefunden: Pop und Wave im Stil der 80er Jahre. Ron schreibt die Texte und Gilli komponiert die Musik. Ihr erstes Lied „Komm zurück, Babe" wurde Freunden vorgestellt und von ihnen kamen positive Reaktionen. Das war der Anfang – „Schon aber noch nicht" hat jetzt zwei CDs aufgenommen und sie sind in der Pop- und Wave-Szene bekannt.

1 The group found out they had similar interests at a party.
2 The band was formed at a party.
3 Jana was not musical at all at the beginning.
4 Gilli was always very musical.
5 Ron writes the words but not the music.
6 They got a very positive reaction from their friends.

Grammatik

lern weiter 212

Verb as second idea

Word order. In German the first verb is the second idea in the sentence. You can change emphasis in German sentences this way.

Ich **finde** Rap-Musik schrecklich.
Rap-Musik **finde** ich schrecklich.

Ich **höre** abends Musik.
Abends **höre** ich Musik.

schreiben **5** Schreib einen Eintrag für dein Blog über die Rolle von Musik in deinem Leben.

- Write about 100 words and include information from your answers to exercise 3.
- Remember to use a range of intensifiers, negatives, opinions and connectives.
- Check that the verb is the second idea.

Ich höre [Dance-Musik / Heavymetal-Musik / klassische Musik].	
Rap-Musik / Trance-Musik / Popmusik …	ist [rhythmisch / melodisch / lebhaft].
	hat einen guten Beat hat einen Funkrhythmus.
Ich lade Musik vom Internet herunter. Ich benutze iTunes. Ich kaufe CDs.	
Ich höre [abends / am Wochenende / morgens / im Urlaub] Musik.	
Ich höre [im Schlafzimmer / im Bad / beim Konzert / im Auto] Musik.	

- Discussing TV habits
- Referring to the future using the present tense

 Lies das Fernsehprogramm. Was für eine Sendung ist das?

Fernsehprogramm

12:15	Glück und Pech in St. Petersburg
	Zwei Schweizer zwischen Herz und Kommerz
	Regisseur: Helen Stehli Pfister
15:05	Newton
	Neues aus der Welt der Wissenschaft
15:50	Wombaz
	Tiger, Elefanten und viel mehr!
16.20	Ländermagazin
	Heute aus Bremen mit Wettervorhersage
17.00	Wer wird Millionär?
	Mit Günther Jauch
18.00	Gute Zeiten, schlechte Zeiten
	Johann leidet immer noch an Amnesie
	und Ruth bringt ein Baby zur Welt
18.55	Susi und Strolch
	Trickfilm aus Amerika
19.30	Drei Männer im Schnee
	Lustige Sendung aus der Schweiz
20.10	Country Night
	Mit Johnny Cash und The Mavericks
21.30	Union Berlin gegen Bor. Dortmund
	Match Live aus Berlin

der Film	die Quizsendung
der Dokumentarfilm	die Sportsendung
der Zeichentrickfilm	die Tiersendung
der Krimi	die Seifenoper
die Kindersendung	die Komödie
die Musiksendung	die Nachrichten

Grammatik

lern weiter **206**

Present tense with future meaning

You can talk about the future by using the present tense and referring to the future, i.e. adding a time in the future. For example, **morgen** (*tomorrow*), **um 4 Uhr** (*at 4.00*), **später** (*later*).

Ich gehe ins Kino.	*I go to the cinema.*
Ich gehe **morgen** ins Kino.	*I am going to the cinema tomorrow.*

 Partnerarbeit. Gedächtnisspiel.

- ▪ Was läuft um neunzehn Uhr dreißig?
- ● Eine Komödie.

 Hör zu und mach Notizen. Die Zwillinge. Was lieben sie? Was mögen sie? Was mögen sie nicht? Und was hassen sie? (1–2)

 Was haben die Zwillinge im Fernsehen gesehen?

- ● The twins watched TV on Saturday. The graph shows their feelings – whether they loved, liked, disliked or hated the programme.
- ● Having heard and noted down what they love, like, dislike and hate in exercise 3, work out in which order the programmes appeared on TV.
- ● For example, Christian hated the first programme, whereas Bärbel liked it. The first programme must therefore have been a film.

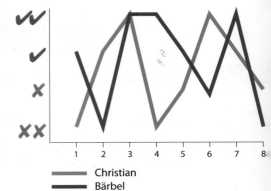

Christian
Bärbel

5 Hör zu und überprüfe es.

6 Was siehst du im Fernsehen? Wie findest du die Fernsehsendungen?

You are writing an e-mail to your German friend who is doing some homework on English TV programmes. Include:

- What programmes you love / like / dislike / hate with English examples.

- A variety of adjectives to justify your opinions.

Ich liebe / ich mag (nicht) / ich hasse …
Meine Lieblingssendung ist [X-Factor].
[Eastenders] kann ich nicht leiden.
Er ist [fantastisch / gruselig / langweilig / lustig / romantisch / schrecklich / spannend / zu lang / gewalttätig / eindrucksvoll].

7 Bring das Gespräch in die richtige Reihenfolge.

1 Was machen wir heute Abend?

a Eine Komödie.

2 Was läuft heute?

b Um zwanzig Uhr zehn gibt es Country Night.

3 Was für eine Sendung ist das?

c Ich mag Country- und Westernmusik.

4 Was läuft nach *Drei Männer im Schnee*?

d Mal sehen. Ähm. Um halb acht gibt es *Drei Männer im Schnee*.

5 Country- und Westernmusik kann ich nicht leiden!

e Wollen wir eine DVD sehen?

6 Um halb zehn können wir das Fußballspiel Union Berlin gegen Borussia Dortmund sehen.

f Ich will zu Hause bleiben und ein bisschen faulenzen, Pizza essen und fernsehen.

7 Also, was machen wir?

g Fußball? Ich bin aber kein Sportfan! Und Fußball finde ich blöd.

8 Hör zu und überprüfe es. (1–7)

9 Partnerarbeit. Was macht ihr heute Abend? Was läuft im Fernsehen?

Working with a partner and using a TV guide, decide what you are going to watch this evening – use the conversation in exercise 7 as an example.

- Describing a film
- Storing vocabulary and structures

lesen 1 Welcher Film passt zu welcher Definition?

Harry Potter *und der Orden des Phönix*

Quantum von Trost

SHREK DER DRITTE

Tatsächlich … Liebe

ALIEN VS. PREDATOR

1 Es geht um ein grünes Monster und seine Frau, die jetzt König und Königin von „Weit Weit Weg" sein sollen. Aber das wollen sie nicht und sie sind mit Hilfe des Freundes Esel und des gestiefelten Katers auf der Suche nach dem Cousin der Frau.

2 Die Geschichte ist ganz kompliziert! Es handelt sich um zwei Rassen von gewalttätigen Außerirdischen, die auf der Erde Krieg führen. Die Spezialeffekte sind toll!

3 Das Hauptthema ist Liebe. Liam Neeson und Keira Knightley spielen zwei der Hauptrollen.

4 Es ist der 22. aus der Filmreihe der Produktionsfirma Eon. Die Filme beruhen auf Büchern von Ian Fleming. Die Spezialeffekte sind eindrucksvoll und die Musik großartig! Die Charaktere sind gut gespielt.

5 Gut gegen Böse ist das Hauptthema. Das Zauberinternat und dessen Studenten sind wieder in Gefahr. Werden die Helden ein weiteres Mal gewinnen?

lesen 2 Wie heißt das auf Deutsch?

1 The story is …
2 The special effects are …
3 … play two of the lead roles.
4 The main theme is …
5 It's about … [two different phrases]
6 The characters are …

hören 3 Hör zu. Filmklub in der Schule. Mach Notizen auf Englisch. (1–3)

Grammatik

lern weiter **208**

Noun plurals

There are eight ways of forming the plural in German and these need to be learned with the noun. They are usually found in brackets next to the noun in a dictionary.

-e	-n	-en	[-]
Filme	Sprachen	Sendungen	Monster
umlaut	umlaut + -e	umlaut + -er	-s
Mütter	Würste	Häuser	Autos

Type of film? Theme of film? Story? Opinion? Other details?

4

Filmspiel 1. Hör zu. Rate mal! Welcher Film ist das? (1–4)

Beispiel:

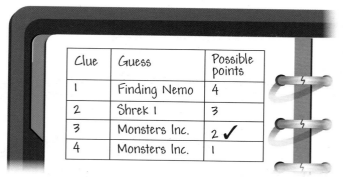

Clue	Guess	Possible points
1	Finding Nemo	4
2	Shrek 1	3
3	Monsters Inc.	2 ✓
4	Monsters Inc.	1

> ⭐ **Tipp**
>
> ## Storing vocabulary
>
> ● New nouns: Note down the gender and the plural marker.
> **der** Unfall (*accident*), **die** Unfälle
> ● New verbs: Note down any changes in **du** / **er** / **sie** and any irregular past participles.
> **tragen** (*to wear*) er **trägt** / er **hat** … **getragen**.

sprechen **5**

Filmspiel 2. Gruppenspiel. Schreibt Hinweise für drei Filme und spielt das Filmspiel dann zusammen, wie in Aufgabe 4.

lesen **6**

Füll die Lücken mit Wörtern aus der Liste unten aus.

Der Film erzählt die [1]　　　 des kleinen Clownfisches Nemo im pazifischen Ozean bei Australien. Der [2]　　　 Vater versucht, Nemo nach dem Tod von Nemos [3]　　　 zu schützen, aber Nemo schwimmt von zu Hause weg. Nemo wird gefangen und Vater Marlin fährt über den [4]　　　, um Nemo zu finden.

Dabei erlebt Marlin allerlei Abenteuer [5]　　　 Dorie, dem Palettendoktorfisch, die unter Amnesie leidet. Auf der Suche nach Nemo [6]　　　 das Duo auf vegetarische Haie, alte Schildkröten und Krebse.

mit　liebevolle　Ozean
sehen　Geschichte　Marlin
trifft　Mutter

schreiben **7**

Your German friend has started a film thread on his/her MySpace page. Reply to him/her.

● Include a description of a film you have seen recently (type of film, opinion of storyline, special effects, music, main theme, characters, judgement of film).
● Use examples from structures used throughout the spread.

Ich habe [Shrek 3]	im Kino / im Fernsehen / auf DVD	gesehen.
Das ist ein	Fantasyfilm / Science-Fiction-Film / Zeichentrickfilm.	
Das Hauptthema ist	Liebe / Gewalt / Mord / Tod / Freiheit / Familie / Gut gegen Böse.	
Die Geschichte / Die Musik ist Die Spezialeffekte / Die Charaktere sind Es ist	spannend / super. eindrucksvoll. gruselig / romantisch / spannend / zu lang.	
[Mike Myers] spielt die Rolle von [Shrek].		
Es geht um [ein grünes Monster].	Der Film findet in [Rom] statt.	

- Talking about and comparing more traditional media with modern media
- Using different techniques to extend answers

lesen **1** **Lies die Aussagen. Ist das ein Vorteil vom Radiohören (R), Bücherlesen (B) oder beidem (RB)?**

1 Man kann eine Geschichte oder ähnliches genießen, wenn man Auto fährt.

2 Man muss seine Phantasie benutzen, weil es keine Bilder gibt.

3 Es ist gut, immer mehr Ausdrücke zu lernen und zu lesen, wie man neue Wörter buchstabiert.

4 Wenn man keinen Strom hat, kann man sich immer noch entspannen.

5 Man kann sich informieren oder eine Geschichte genießen, während man badet.

6 Man kann gleichzeitig trainieren, Hausaufgaben machen oder basteln.

lesen **2** **Lies die Texte. Beantworte die Fragen für Jennie und Anna.**

Ich lese gern. Ich interessiere mich für Romane – Liebesgeschichten bis Horrorgeschichten und alles dazwischen. Ich lese abends, bevor ich ins Bett gehe. Wenn ich für meinen kleinen Bruder babysitte, lese ich ihm oft Kinderbücher vor. Wenn man liest, muss man immer seine Phantasie benutzen und Bilder im Kopf schaffen. Ich finde das viel besser als einen Film zu sehen. Ich lese auch gern Zeitungen – Politik ist mir wichtig, aber das Leben der Popstars finde ich auch interessant!
Jennie

Ich höre sehr gern Radio. Wie bei Büchern muss man immer seine Phantasie benutzen. Aber Radiohören kann man überall machen. Ich fahre wegen meinem Job ganz oft Auto und kann Nachrichten hören oder eine Geschichte genießen. Man braucht keinen Computer, um Radio zu hören, aber selbstverständlich kann man Radioshows vom Internet herunterladen und im MP3-Format speichern. Es ist einfacher, nur das Radio anzuschalten!
Anna

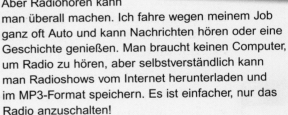

1 What material does Jennie read?

2 When does she read it?

3 What positive aspects of reading does she mention?

4 What types of radio programme does Anna mention?

5 When does she listen to the radio?

6 What positive aspects of radio does she mention?

Grammatik

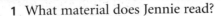

lern weiter
216

Subordinate clauses

Words like **wenn** (*if*) and **weil** (*because*) send the verb to the end of the clause. If the clause is at the beginning of a sentence, the first word in the next clause should be the verb.

Man fährt Auto. Man kann im Radio Musik hören.

Wenn man Auto fährt, kann man Musik im Radio hören.

lesen **3** **Lies den Text und schreib Untertitel für die Bilder.**

Alles ist jetzt integriert! Mit nur einem Gerät – dem Handy – kann man fast alles machen. Man kann das Internet direkt auf das Handy bekommen und man kann vom Computer über die Bluetooth-Schnittstelle Daten übertragen. Das heißt, man kann Videos teilen und CDs überspielen. Das Handy ist jetzt Fernseher, Radio und Computer – sowie Telefon. Man kann Radio- und Fernsehsendungen herunterladen und schauen. Nützlich auch als Organizer kann man das Handy als Terminplaner benutzen. Ein Handy ist jetzt viel mehr als nur ein Gerät zum Telefonieren!

a  **b**  **c** **d** **e**  **f**

hören **4** **Hör zu. Wie finden sie die traditionellen Medien? Und die neuen Medien? Mach Notizen auf Englisch. (1–4)**

hören **5** **Hör noch mal zu. Schreib eine Liste der Vorteile und Nachteile der neuen Medien nach Meinung der Leuten.**

schreiben **6** **Schreib eine Webseite über die traditionellen und die neuen Medien.**

You are adding a page to your German website about your reading and radio habits. Include:

- What you read, when you read it, why you read, how you access the material.
- When you listen to the radio, what you listen to, how you listen to the radio.
- Compare reading and radio with more modern media forms.

Tipp

Using different techniques to extend answers

Stage one • Say something.
Ich lese oft Liebesgeschichten.

Stage two • Add a second idea and join the two sentences together.
Ich lese oft Liebesgeschichten und ich höre gern Radio.

Stage three • Add an opinion about this and give a reason for this opinion.
Ich mag Radio hören, weil man gleichzeitig trainieren kann.

Stage four • Say what someone else thinks and add an opposing view or idea.
Mein Sohn spielt gern am Computer, aber ich finde Computer kompliziert!

sprechen **7** **Gruppenarbeit. Sprecht gemeinsam über das Bild und beantwortet dann die Fragen.**

- Worum geht es hier?
- Welche Medien benutzt Vera deiner Meinung nach oft?
- Hat Vera ein Handy? Wofür benutzt sie es?
- Was versucht sie mit dem Computer zu machen?
- Wer schreibt ihr E-Mails? Wo wohnt ihre Familie?
- Welche Medien sind dir wichtig und warum?

- Discussing the advantages and disadvantages of new media
- Structuring simple arguments

lesen 1 Lies die Texte. Positiv (p), negativ (n) oder beides (pn)?

MausiMarilu

Man kann mit Freunden aus aller Welt in Kontakt bleiben – das ist wirklich praktisch. Auch gibt es zahlreiche Unterhaltungsmöglichkeiten bzw. man kann Musik herunterladen, online fernsehen, auf dem Handy spielen.

derblonde05

Das Internet hilft beim Studium und am Arbeitsplatz. Mit dem Computer spart man Zeit – E-Mails zu schicken ist einfach und billig, und mit dem Internet haben Geschäftsleute ein besseres Wissen der Weltfinanzmärkte.

solale

Mit neuen Technologien zu arbeiten ist nicht immer möglich, wenn man nicht viel Geld hat oder wenn man mit Computern nicht gut klarkommt. Sie sind teuer und nicht immer zuverlässig.

xuxu110

Man verbringt weniger persönliche Zeit mit Freunden. Es ist auch wichtig zuzugeben, dass Menschen, die (wegen Krankheit oder Alter) zu Hause bleiben müssen, viel mehr soziale Kontakte haben können.

Cowgirl250

Das Internet ist gefährlich. Kinder und junge Leute sind online und in Chatrooms nicht immer sicher und es gibt zu viele unkontrollierte Sex-Webseiten. Eltern müssen immer sehr vorsichtig sein.

schreiben 2 Mach eine Liste mit Vorteilen und Nachteilen neuer Technologien.

Vorteile	Nachteile

Grammatik

Modal verbs
Modal verbs need another verb in the infinitive form at the end of the sentence.

können: *to be able to*	müssen: *to have to*
ich kann	ich muss
du kannst	du musst
er/sie/es/man kann	er/sie/es/man muss
wir können	wir müssen
ihr könnt	ihr müsst
Sie/sie können	Sie/sie müssen

Man kann mit Freunden aus aller Welt in Kontakt bleiber
= *You can remain in contact with friends from all over the world.*
Eltern müssen immer sehr vorsichtig sein.
= *Parents must always be very careful.*
Other modal verbs are **dürfen** (*to be allowed to*), **mögen** (*to like*), **sollen** (*to be supposed to*) and **wollen** (*to want to*).

Hör zu und wähle die richtigen Antworten aus. Schreib die Sätze auf.

A

1 Lotte ist der Meinung, neue Medien sind positiv / negativ / positiv und negativ.
2 Sie benutzt neue Medien auf der Arbeit / zu Hause / auf der Arbeit und zu Hause.
3 Lotte sagt, dass ihr Freund alt / behindert / Amerikaner ist.
4 Sie sagt, dass sie ihr eigenes Facebook-Profil / ein gutes Handy / Meinungsfreiheit hat.

B

1 Hannelie meint, neue Medien sind positiv / negativ / positiv und negativ.
2 Ihr Computer funktioniert immer sehr gut / funktioniert manchmal schlecht / ist oft außer Betrieb.
3 Sie fühlt sich als Online-Spinner / sehr sportlich / ziemlich faul.
4 Ohne Computer wäre es besser / komplizierter / teurer.

Partnerarbeit. Äußert eure Meinungen dazu!

▪ Neue Technologien sind nicht immer zuverlässig.

● Ich bin nicht damit einverstanden. Ich finde neue Technologien zuverlässig und weiß, wie viel das Internet beim Studium hilft.

Die neuen Medien – immer etwas Positives?

It is media week at school and you are writing a short article about new technology for your partner school in Austria.

● Structure your ideas; give the positive nature of new technologies (**Es gibt viele Vorteile der neuen Medien**), then the negative nature (**Die Nachteile sind deutlich**), and finally give your opinion.

● Use structures found in the spread and try to vary your language.

● Always give your work to a partner to check for simple errors and for him/her to suggest further ideas.

 Tipp

Say what you think!

● Use different ways to express your opinion:

Ich denke …	I think …
Meiner Meinung nach …	In my opinion …
Ich finde …	I find …
Ich stimme … zu.	I agree with …
Ich bin (nicht) damit einverstanden.	I (don't) agree with that.
Es kommt darauf an!	It depends!

● Use a variety of opinion words and include intensifiers. Look up the following words and use them in your writing and speaking:

More complex opinion words: unglaublich / unmöglich / unsicher / nützlich / nutzlos / entsetzlich / praktisch / typisch / bestimmt

Intensifiers: wirklich / wahrscheinlich / vielleicht / völlig

---

Man kann …
Musik herunterladen / online fernsehen / auf dem Handy spielen.

Man kann mit dem Computer Zeit sparen – E-Mails zu schicken ist einfach und billig.

Das Internet hilft beim Studium.

Man verbringt weniger persönliche Zeit mit Freunden.

Neue Technologien sind teuer und nicht immer zuverlässig.

Kinder und junge Leute sind online und in Chatrooms nicht immer sicher.

Es gibt zu viele unkontrollierte Sex-Webseiten.

You are going to hear part of a discussion between a teacher and a student based on the task below.

Preparation

1 Listening for the questions

1 Note the English prompts on the eight questions the teacher asks in order.

> **a** price? **b** buying music?
> **c** classical music? **d** what concert like?
> **e** where and when? **f** next concert?
> **g** who with? **h** instrument?

2 How many questions specifically ask for the candidate's opinions?

2 Listening for opinions

1 Listen out for the candidate's opinions and put them in order. Check what they mean in English.

> **a** Das ist fantastisch. **b** Das finde ich eigentlich ganz schön teuer.
> **c** Das Konzert hat wirklich viel Spaß gemacht. **d** Die Atmosphäre dort war einfach einmalig.
> **e** The Hoosiers ist meine Lieblingsgruppe. **f** Diese Musik gefällt mir nicht besonders.

2 How does the candidate give reasons for four of the opinions above?

3 Listening for time references

1 The candidate uses three main tenses. Can you name them in the order he uses them in the conversation? How did you recognise them?

2 As well as using tenses, this candidate uses the following phrases. Which phrases belong to which tense?

> **a** im nächsten Januar **b** letztes Jahr im August **c** im kommenden Dezember
> **d** jeden Tag **e** hoffentlich **f** heute **g** nächsten Monat

Task: Music

You are going to have a conversation with your teacher about music. Your teacher could ask you the following:

● What concert have you been to recently?
● When and where was it? Who did you go with?
● How much did it cost? What was it like?
● Do you play a musical instrument?
● What sort of music do you like and where do you buy your music?
● When are you next going to a concert?
● Why do you think music is important?
● ! (A question for which you have not prepared.)

Useful language

Expressing opinions

Positive

Ich mag Rockmusik.	I like rock music.
Rockmusik gefällt mir.	I like rock music.
Ich höre gern Rockmusik.	I like listening to rock music.
Ich höre lieber Rockmusik.	I prefer listening to rock music.
Ich finde Rockmusik toll.	I think rock music is great.

Negative

Ich mag Popmusik nicht.	I don't like pop music.
Popmusik gefällt mir nicht.	I don't like pop music.
Ich höre nicht gern Popmusik.	I don't like listening to pop music.
Ich finde Popmusik öde.	I think pop music is dreary / boring.

Fillers and qualifiers

also	so, well
auch	also, as well
bestimmt	certainly, definitely
ein bisschen	a bit, a little
eigentlich	actually
einfach	simple, simply
ganz	quite, really
hoffentlich	hopefully
sehr	very
ungefähr	about (approximately)
vielleicht	perhaps
wirklich	really
ziemlich	quite, rather

e.g. **Ich lade ganz viel Musik vom Internet herunter**
Mein Freund kauft ungefähr fünf CDs pro Woche.

Over to you!

- Gather together all the notes you have made on this topic. Think about how you can use this information to give full answers to the questions in the task. Check the vocabulary lists at the end of the chapter for words and phrases which you could use.

- Work with a partner: practise answering your partner's questions and also try asking your partner questions as this will make you think about the kind of extra, unpredictable question your teacher might ask you.

Grade**Studio**

To make sure you have a chance of getting a **grade C** in your speaking, you should:
- give your opinions e.g. *Ich höre gern Green Day; Ich mag HipHop; Ich liebe laute Musik; klassische Musik finde ich super; Good Charlotte ist furchtbar.*
- remember *ich möchte* (I would like) or when you want to talk about any future plans e.g. *Ich möchte in der Zukunft in einer Band spielen.*
- try to use a range of tenses. Use the present tense for when you want to talk about things you do every day, but remember that you can use the present tense with a future time phrase e.g. *nächste Woche, nächsten Mittwoch, im Dezember, im Frühling* to talk about events that are going to happen in the future

If you are aiming for a **grade A**, you should also:
- develop and expand the conversation: try to go beyond a straightforward answer. Make sure you say everything you have prepared and wanted to say on this topic.
- give your opinions and, most importantly, explain your thoughts. So not just *MP3-Spieler finde ich super* but add a reason why you find *MP3* players great e.g. *Sie sind ganz praktisch und man kann überall Musik hören, egal wo man ist und was man macht.*
- use a range of tenses. As well as using the present tense with a future time phrase to talk about things which will happen in the future, it is a good idea to use the true future tense e.g. *Ich werde vielleicht Glastonbury besuchen.* Make sure you use the past tense e.g. *Es gab so viele Bands* or *Ich habe früher Popmusik gehört.* For information on the future and perfect tenses, check pages 206–207, and for the imperfect see page 219.

If your goal is an **A***, you need to do all of the above and:
- be prepared to agree and disagree with your teacher and reach conclusions!
- use more ambitious and exciting words. So, instead of saying, *Ja, der Vorteil ist, dass es sehr interessant ist* you could think about saying, *Ja, der Vorteil ist, dass es sehr abwechslungsreich ist.* It means the same but you are showing that you know some pretty advanced words!

Nie wieder Kino! erstellt am 14. Dez. 2008, 11:32

Früher bin ich noch gerne ins Kino gegangen. Oft habe ich ein paar Freunde in der Stadt getroffen, wir sind dann zusammen shoppen gegangen, vielleicht sind wir auch essen gegangen, und erst danach bin ich in den bequemen Kinosessel gesunken und habe den Film auf der großen Leinwand – mit besserer Tonqualität als zu Hause – genossen. Ja, es war ein super Erlebnis und hat enorm viel Spaß gemacht.

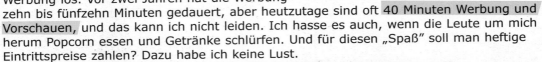

In letzter Zeit habe ich mich aber immer öfter im Kino geärgert. Das geht schon bei der Werbung los. Vor zwei Jahren hat die Werbung zehn bis fünfzehn Minuten gedauert, aber heutzutage sind oft 40 Minuten Werbung und Vorschauen, und das kann ich nicht leiden. Ich hasse es auch, wenn die Leute um mich herum Popcorn essen und Getränke schlürfen. Und für diesen „Spaß" soll man heftige Eintrittspreise zahlen? Dazu habe ich keine Lust.

Nein, von nun an werde ich mir DVDs von Online-Videotheken ausleihen. Ihre Auswahl an Filmen ist riesig und die Preise sind in Ordnung. Ich freue mich enorm darauf! In Zukunft werde ich nicht mehr in die Kälte hinausgehen müssen und ich werde mir die Fahrtkosten sparen. **KnutKnust**

Kommentare (3)

Kino mit Freunden zusammen ist geil. Es ist einfach eine andere Atmosphäre, und – tut mir Leid, KnutKnust, aber Eis, Popcorn und Cola gehören dazu! **Rab**

Ich finde die Werbung im Kino auch doof! Deswegen mag ich DVDs viel lieber. Aber weißt du, dass viele tolle Filme auch mit Downloads zu haben sind? Ich habe mir schon viele Filme (legal!) heruntergeladen. Sie sind auf meinem Computer gespeichert, und ich kann sie sehen, so oft ich will. **Purzelbaum**

Downloads sind nicht so einfach, wie man oft meint. Das Herunterladen kann sehr lange dauern, und wenn es nicht richtig klappt, hast du Probleme, wenn du den Film anschauen möchtest. Das ist echt irritierend! **Renntier**

---

1 Opinions. Find the expressions in the text and write them out.

> *It was a great experience; it was really good fun; I've got annoyed; I can't stand that; I have no wish to do that; I'm really looking forward to it; is cool; that's really irritating!*

2 What are the English translations of the expressions highlighted in yellow?
e.g. *auf der großen Leinwand – on the big screen*

3 Fill in the table with eight expressions from the text.

Time phrase	In English	Used with which tense?
früher	earlier, formerly	present tense
dann		

Over to you!

You have read KnutKnust's blog and you decide to write a comment on it.

First read the tips below. Then write at least 200 words in German, and include the following:

- write what you think about going to the cinema.
- describe your last visit to the cinema. Was it a positive or negative experience?
- write your opinion about DVDs and downloads.
- how do you think people will watch films in the future? Why?

Tipp

- Learn a range of time expressions by heart so that you can use them accurately.
- When you've finished your written work, swap with a partner, and check each other's work, e.g. tenses, word order, capital letters on nouns, etc. Be strict!

GradeStudio

To make sure you have a chance of getting a **grade C** in your writing, you should:

- use some phrases in exercise 1 to give your opinions.
- use time phrases when you describe a visit to the cinema
  e.g. *vor zwei Wochen, letztes Wochenende, gestern Abend, dann, vor/nach dem Film.*
- watch the word order if the sentence begins with a time expression ('verb second idea'!)
  e.g. *Ich **bin** mit ein paar Freunden ins Kino gegangen.*
  *Gestern Abend **bin** ich mit ein paar Freunden ins Kino gegangen.*

Now you try it! 1
Write the two sentences starting with the time phrase.

1 (vor dem Film) Wir sind shoppen gegangen.
2 (nächste Woche) Ich werde ins Kino gehen!

If you are aiming for a **grade A**, you should also:
- use *weil* to justify your opinions
  e.g. *Ins Kino gehen ist ein super Erlebnis. Man sitzt unter so vielen Menschen.*
  *Ins Kino gehen ist ein super Erlebnis, **weil** man unter so vielen Menschen sitzt.*

Now you try it! 2
Justify the opinions: link the sentences with *weil*.

1 Ich habe keine Lust hinauszugehen. Mein Sofa zu Hause ist so bequem!
2 Ich ärgere mich jedes Mal im Kino. Es gibt viel zu viel Werbung.

If your goal is an **A***, you need to do all of the above and:
- use advanced phrases that will impress. Look at the media language in exercise 2. Use it in different tenses or with different case endings
  e.g. *auf der großen Leinwand.*
  Deduce from dative *auf der Leinwand* that *Leinwand* is a **feminine** word. So if you want to say: *'I think a big screen is great.'* →
  *Eine groß**e** Leinwand finde ich total super.*

Now you try it! 3
Manipulate the yellow phrases from the text: write the sentences in German.

1 *I always hire DVDs from an online video library.*
2 *In future I'll download films and store them in my computer.*

Media preferences

Ich sehe fern.	I watch TV.
Ich gehe ins Kino.	I go to the cinema.
Ich höre Musik.	I listen to music.
Ich simse.	I text.
Ich spiele am Computer.	I play on the computer.
Ich bin mit Freunden online.	I spend time with friends online.
Ich spiele Wii.	I play Wii.
Ich surfe im Internet.	I surf online.
Ich besuche Chatrooms.	I visit chat rooms.
Ich schreibe E-Mails.	I write e-mails.
Ich lade Musik herunter.	I download music.
Ich lade Fotos hoch.	I upload photos.
Ich benutze MySpace.	I use MySpace.
Ich lese (gern) ...	I (like to) read ...
Bücher	books
Zeitungen	newspapers
Zeitschriften	magazines
Liebesgeschichten	love stories
Ich telefoniere.	I phone.
Ich fotografiere.	I take photos.
Ich teile Videos, Musik und Fotos.	I share videos, music and photos.

Ich sehe…	I watch…
Filme	films
Dokumentarfilme	documentaries
Zeichentrickfilme	cartoons
Kindersendungen	children's programmes
Musiksendungen	music programmes
Sportsendungen	sport programmes
Seifenopern	soap operas
Quizsendungen	quizzes
sehr	very
ziemlich	quite
total	totally
wirklich	really
nie	never
selten	seldom
ab und zu	now and again
oft	often
immer	always
am Wochenende	at the weekend
am Montag	on Monday
montags	on a Monday
nachmittags	in the afternoon
abends	in the evening

Introducing yourself online

Wie alt bist du?	How old are you?
Wo wohnst du?	Where do you live?
Wann hast du Geburtstag?	When is your birthday?
Wie fühlst du dich im Moment?	How are you feeling at the moment?
Was sind deine Top-Acts?	What are your favourite bands?
Was ist dein Lieblingsfilm?	What is your favourite film?
Was für Sendungen magst du?	What types of programme do you like?
Was für Bücher magst du?	What types of book do you like?

Hast du Vorbilder?	Have you got any role models?
Ich finde das ...	I find that ...
unglaublich	unbelievable
unmöglich	impossible
ausgezeichnet	excellent
doof	stupid
faszinierend	fascinating
furchtbar	terrible
klasse	great
lustig	funny
schlecht	bad
schrecklich	awful

Television

Ich liebe ...	I love ...
Ich mag (nicht) ...	I (don't) like ...
Ich hasse ...	I hate ...
Krimis	thrillers
Tiersendungen	animal programmes
Komödien	comedies
Nachrichten	news

Es ist ...	It is ...
gruselig	creepy
romantisch	romantic
schrecklich	awful
spannend	exciting
gewalttätig	violent
eindrucksvoll	impressive

Was machen wir heute Abend?	What shall we do this evening?
Meine Lieblingssendung ist …	My favourite programme is …
[Seifenopern] kann ich nicht leiden.	I can't stand [soap operas].
Was läuft heute?	What's on tonight?
Was für eine Sendung ist das?	What type of programme is it?

Music

Was für Musik hörst du?	What type of music do you listen to?	Ich benutze iTunes.	I use iTunes.
		Ich kaufe CDs.	I buy CDs.
Ich höre …	I listen to …	Wann hörst du Musik?	When do you listen to music?
Dance-Musik	dance music		
Heavymetal-Musik	heavy metal	Ich höre … Musik.	I listen to music …
Warum hörst du [Rap-Musik]?	Why do you listen to [rap]?	abends	in the evening
		fast jeden Tag	almost every day
… ist rhythmisch	… is rhythmic	am Wochenende	at the weekend
… ist melodisch	… is melodic	Ich höre [im Urlaub] Musik.	I listen to music [on holiday].
… ist lebhaft	… is lively		
… hat einen guten Beat	… has a good beat	Wo hörst du Musik?	Where do you listen to music?
… hat einen Funkrhythmus	… has a funky rhythm		
Wie kaufst du Musik?	How do you buy music?	Ich höre im Schlafzimmer Musik.	I listen to music in the bedroom.
Ich lade Musik vom Internet herunter.	I download music from the internet.	Ich höre im Bad Musik.	I listen to music in the bath.

Films and cinema

Ich habe [Shrek 3] … gesehen.	I saw [Shrek 3] …	Gut gegen Böse	good against evil
		Die Geschichte ist [spannend].	The story is [exciting].
im Kino	at the cinema		
im Fernsehen	on TV	Die Musik ist [super].	The music is [great].
auf DVD	on DVD	Die Spezialeffekte sind [eindrucksvoll].	The special effects are [impressive].
Das ist …	It is …		
ein Fantasyfilm	a fantasy film	Die Charaktere sind [gruselig].	The characters are [gruesome].
ein Zeichentrickfilm	a cartoon		
Das Hauptthema ist …	The main theme is …	[Keira Knightley] spielt die Rolle von …	[Keira Knightley] plays the role of …
Liebe	love		
Gewalt	violence	Es geht um [ein grünes Monster].	It's about [a green monster].
Mord	murder		
Tod	death	Der Film findet in [Rom] statt.	The film takes place in [Rome].
Freiheit	freedom		

New media – always positive?

Man kann Musik herunterladen.	You can download music.	E-Mails zu schicken ist einfach und billig.	Sending e-mails is easy and cheap.
Man kann online fernsehen.	You can watch TV online.	Das Internet hilft beim Studium.	The internet helps with studies.
Man kann auf dem Handy spielen.	You can play games on your mobile.	Kinder und junge Leute sind online und in Chatrooms nicht immer sicher.	Children and young people are not always safe online and in chatrooms.
Man kann Informationen schnell finden.	You can find information quickly.		
Man kann mit dem Computer Zeit sparen.	You can save time with a computer.	Es gibt zu viele unkontrollierte Sex-Webseiten.	There are too many unregulated porn sites.

2 Ich habe Reiselust!

1 Was für ein Urlaubstyp bist du?

- Discussing what type of holiday you enjoy
- Using *gern, lieber, am liebsten*

 1 Was machen die Deutschen gern und nicht gern im Urlaub? Was passt zusammen?

1 Am liebsten fahre ich mit dem Zug nach Zürich.

4 Ich gehe gern snowboarden!

2 Ich liege gern am Strand.

5 Ich fliege nicht gern.

3 Ich fahre nicht gern Ski.

6 Tennis? Nein, danke. Ich mache lieber Wassersport!

a

b

c

d

e

f

lesen **2** Mach das Quiz aus einer Jugendzeitschrift. Was für ein Urlaubstyp bist du?

1 Du liegst an einem sonnigen Tag am Strand. Wie findest du das?
- a Ich liege nicht so gern am Strand. Ich mache lieber Wassersport!
- → b Spitze! Ich sonne mich, höre Musik und chille den ganzen Tag.
- c Es ist mir zu heiß. Ich bleibe lieber im Hotelzimmer.
- d Ich langweile mich am Strand. Am liebsten mache ich eine Stadtrundfahrt.

2 Du fährst nach Zürich. Dort gibt es ein Musikfest. Keine Zimmer sind frei. Was meinst du?
- a Kein Problem! Ich übernachte sowieso auf dem Campingplatz.
- → b Wo ist das Musikfest? Ich übernachte gern im Freien.
- c Tja, vielleicht kann ich bei meiner Oma übernachten.
- d Am liebsten fahre ich nach Uster weiter. Dort gibt es sicher eine Jugendherberge oder Gasthäuser.

3 Dein[e] Freund[in] lädt dich zum kostenlosen Skiurlaub nach Amerika ein. Was sagst du dazu?
- → a Spitze! Ich gehe so-o-o gern snowboarden!
- b Amerika! Toll! Dort gibt's riesige Hamburger!
- c Ah, tut mir Leid, ich fliege nicht gern und außerdem fahre ich nicht gern Ski.
- d Da war ich noch nie! Vielen Dank für die Einladung!

4 Deine Eltern planen die Sommerferien. Was schlägst du vor?
- a Können wir eine große Europaradtour machen?
- → b Wie wär's mit einer Kreuzfahrt in der Karibik?
- c Besuchen wir unsere Cousine in Leipzig?
- d Fahren wir mit dem Wohnwagen nach Berlin – dort ist immer viel los!

meistens … a Sporturlauber! Du treibst gern Sport im Urlaub und willst viel Spaß haben!
b Chillen-Urlauber! Für dich muss der Urlaub entspannend und locker sein.
c Urlaubsscheu! Vielleicht bleibst du lieber zu Hause?!
d Bildungsurlauber! Du bist neugierig und lernst gern neue Leute und Orte kennen.

Tipp

- Don't panic if you can't understand every word! Read the quiz through once to get the gist, then read through in more detail.
- Some of the words look very similar to their English meaning: **chille, Wassersport, Karibik** ...

Grammatik

Lern weiter 210

gern (*like*), **lieber** (*prefer*), **am liebsten** (*like most of all*)

The above words come after the verb:

Ich übernachte gern im Freien.	*I like sleeping outdoors.*
Ich liege nicht gern am Strand.	*I don't like lying on the beach.*
Ich bleibe lieber im Hotelzimmer.	*I prefer staying in the hotel room.*

Exception:

Am liebsten mache ich eine Stadtrundfahrt.	*Most of all, I like doing a city tour.*

hören **3**

Hör zu. Was für Urlauber sind diese Jugendlichen? (1–6)

Beispiel: **1** Sporturlauber

Sporturlauber

Chillen-Urlauber

Urlaubsscheu

Bildungsurlauber

Tipp

- In exercise 3, you're listening for the general gist, so don't worry about understanding every word.
- In exercise 4, read the questions and listen carefully for small words like **nicht** which would indicate a negative and **gern** which indicates likes. Also, watch out for other small words like **immer** (*always*), **meistens** (*mostly*) and **abends** (*in the evenings*).

 Chiara

 Florian

 Yasmin

 Jason

 Pia

 Daniel

hören **4**

Hör noch mal zu und beantworte die Fragen auf Englisch.

1 a What does Chiara like doing in winter?
b What does she do in summer?
2 a Who does Florian visit in London?
b How long does he stay?
3 a How long does Yasmin's holiday last?
b How does she keep in touch with her friends?

4 a Is Jason happy about his holiday arrangements?
b Give two reasons why he can't go away on holiday.
5 a What accommodation does Pia stay in?
b What is she going to do on holiday this year?
6 a Who is Daniel holidaying with this year?
b What is he going to do on holiday?

sprechen **5**

Partnerarbeit. A stellt B Fragen und macht einen Urlaubsvorschlag.

- Wohin fährst du gern in den Urlaub?
- Ich fahre gern [nach Italien].
- Wo übernachtest du am liebsten?
- Am liebsten übernachte ich [im Hotel].
- Mit wem fährst du am liebsten in den Urlaub?

- Ich fahre am liebsten [mit meiner Familie] in den Urlaub.
- Fährst du gern in den Urlaub?
- [Ja], die Ferien sind locker.
- Mein Urlaubsvorschlag für dich ist [eine Woche in einem Hotel in Rom].

Ich fahre gern	nach Österreich / nach London / in die Türkei.	
Ich bleibe	gern / lieber / am liebsten	zu Hause.
Am liebsten	übernachte ich	im Hotel / in einer Jugendherberge / auf einem Campingplatz.
Ich fahre	oft / immer / meistens	alleine / mit meiner Familie	in den Urlaub.
Ich fahre gern	mit Freunden / Freundinnen	in den Urlaub.
Ich chille / lese gern.		
Am liebsten	fahre ich Ski.	
Die Ferien sind	entspannend / locker / langweilig.	

- Talking about holiday activities
- Using *du, ihr, Sie*

Lies die Broschüre. Was bedeuten die fettgedruckten Wörter auf Englisch?

Beispiel: ohne = without

Die Sommerferien stehen bald vor der Tür. Sechs Wochen **ohne** Schule, aber sechs Wochen ohne Freunde muss doch nicht sein! Guck unsere Top-Sommervorschläge mal an und vielleicht kannst du diesen Sommer mit deinen Freunden zusammen in den Urlaub fahren.

Tipp

- Use the context of the brochure to help you work out the meaning of the words, e.g. **Tauchen** is listed under **Wassersportarten** so it must be a type of water sport. **Südwestlich** has something to do with distance (120 km) and a city, so what do you think it might mean?

1 Schwarzwaldsüd Sportcamp

Bei uns kannst du viele Sportarten ausprobieren – diverse Wassersportarten, wie Kajak, **Tauchen** und Wildwasserschwimmen, traditionelle Sportarten wie Volleyball, Handball und Fußball und abenteuerliche Sportarten wie **Bogenschießen**, Reiten und **Klettern**.

Wann: 13.8 – 23.8
Alter: 15 – 18 Jahre
Preis: € 732 (Anreise, **Vollpension**, **Übernachtung** in Mehrpersonenzelten)

2 Das Hotel Balaton, Ungarn

Unser Hotel liegt 120 km **südwestlich** von Budapest entfernt. Es liegt direkt am Strand, also können Sie sich hier schön sonnen oder die zahlreichen Restaurants und Souvenirshops besuchen. **Tagesausflüge** nach Budapest oder in den Aquapark sind **im Angebot**.
Wann: 04.08 – 14.08
Alter: 13 – 17 Jahre
Preis: € 312 (Anreise, Übernachtung im Doppelzimmer, Frühstück)

3 Jugendcampingplatz im Harz

Kommt in den Harz und verbringt zusammen lockere Tage auf unserem Jugendcampingplatz! Hier könnt ihr **tagsüber wandern gehen** oder bei unserem Radverleih eine lange **Radtour** organisieren. Abends müsst ihr im Freien kochen oder grillen. Einkaufs- und **Waschmöglichkeiten** sowie einen Spielplatz und eine **Minigolfanlage** gibt es bei uns. Wir sind **ganzjährig** täglich geöffnet und ihr könnt entweder **im Zelt**, im Wohnwagen oder im Freien übernachten.
Tagesgebühr je Zelt ab: € 8

Lies die Broschüre noch mal. Welcher Urlaubsort ist das: Sportcamp, Ungarn oder Camping?

1 Dieser Urlaub ist der teuerste Urlaub.
2 Dieser ist der billigste Urlaub.
3 Dieser Urlaub passt besonders gut zu sportlichen Jugendlichen.
4 Wenn du diesen Urlaub wählst, bring deine Wanderschuhe mit!
5 Bei diesem Urlaub schläft man in einem Gebäude.
6 Hier muss man selber kochen.
7 Hier kann man auch im Juli hinfahren.

Re-read the brochures. Which advert is addressed to:

1 an individual young person?
2 an older person / older people?
3 a group of young people?

 4 Hör zu. Noah, Selina, Carolin und Erik wollen zusammen in den Urlaub fahren. Welcher Urlaub (aus Aufgabe 1) passt ihnen am besten?

 5 Hör noch mal zu. Schreib die Sätze ab und ergänze sie mit Wörtern aus dem Kasten.

Grammatik
lern weiter 205

du, ihr, Sie
There are three words for 'you' in German.
- **du** for somebody you know well.
- **ihr** is the plural form of **du**, used for people you know well.
- **Sie** for an adult, somebody you don't know well, an older person or people.

Bogenschießen	Energie	Harz	unakzeptabel	Ausland	Lust
Geld	Zelt	Meinung	Hoffnung		

1 Selina interessiert sich für den Urlaub im _____ .

2 Noah und Erik sind derselben _____ .

3 Carolins Eltern finden einen Urlaub im Ausland _____ .

4 Erik hat keine _____ , Sport im Urlaub zu treiben.

5 Erik interessiert sich nicht für _____ .

6 Selina hat kein _____ .

6 Schreib eine kurze E-Mail, um deinen deutschen Freund / deine deutsche Freundin über die Urlaube aus Aufgabe 1 zu informieren.

Beispiel:

> ✉
>
> Hallo Jens,
> ich habe Urlaubsvorschläge für dich! Erstens gibt es ein Sportcamp im Schwarzwald. Hier kann man Kajak und Tauchen ausprobieren. Man kann auch … Zweitens … Drittens …

 7 Gruppenarbeit. Geht um die Klasse und besprecht die drei Urlaubsvorschläge. Was ist das beliebteste Urlaubsziel deiner Klasse?

1 Choose your favourite holiday from the brochure.

2 Note down why it is the best holiday for you.

3 Note down reasons why the other two holidays don't suit you.

> Ich übernachte nicht gern auf einem Campingplatz, also finde ich Urlaub 1 und 3 nicht sehr gut.

Hier kann man [Tauchen / sich sonnen / wandern gehen].
In den Ferien will ich (nicht) [Kajak / Volleyball / Fußball / Klettern] ausprobieren.
Man kann auch Tagesausflüge nach (Budapest) machen.
Hier übernachtet man [im Zelt / im Hotel / im Freien].
Hier gibt es [Einkaufs- und Waschmöglichkeiten / einen Spielplatz / eine Minigolfanlage].
Der Jugendcampingplatz sieht [interessant / gut / langweilig / locker] aus.
Das Hotel / Sportcamp ist [toll / anstrengend / billig], finde ich.

> Urlaub 2 finde ich wirklich gut. Ich chille gern …

> Urlaub 1 finde ich auch sehr teuer und außerdem bin ich gar nicht sportlich.

- Talking about a city you have visited
- Using the perfect tense

lesen **1** Lies die Texte und sieh dir die Fotos an. Was passt zusammen?

❶ Ich bin im KaDeWe einkaufen gegangen.

❷ Ich habe zu Mittag am Zoologischen Garten gegessen.

❸ Ich habe Fotos vom Fernsehturm gemacht.

❹ Ich bin mit der U-Bahn zum Reichstag gefahren. Das ist ein wunderbares Gebäude.

❺ Ich habe ein Buch über das Brandenburger Tor gekauft.

❻ Ich habe das Museum am Checkpoint Charlie besucht.

hören **2** Hör zu. Was haben die Touristen in Berlin gemacht?
Mach Notizen auf Englisch. (1–6)

	Time detail	What did they do?	Opinion
Beispiel: **1**		went shopping, …	wonderful

Grammatik

206

The perfect tense

The perfect tense is used to describe actions which you have done in the past. Most verbs form the perfect tense with the relevant part of **haben** + a past participle:

Ich habe ein T-Shirt gekauft.	*I bought a T-shirt.*
Hast du das Museum besucht?	*Have you visited the museum?*
Sie / Er hat Fotos gemacht.	*He / She took photos.*
Wir haben das gesehen.	*We saw that.*

Some verbs form the perfect tense with the relevant part of **sein** + a past participle:

Ich bin einkaufen gegangen.	*I went shopping.*
Bist du zum Reichstag gegangen?	*Did you go to the Reichstag?*
Er / Sie ist ins Café gegangen.	*He / She went to the café.*
Wir sind mit der U-Bahn gefahren.	*We went on the underground.*

If you use a time expression to start the sentence, the part of **haben** / **sein** comes second and the past participle goes to the end:

Gestern bin ich nach Berlin gefahren.   *I went to Berlin yesterday.*

hören **3** Hör zu und lies Leahs Blog. War Leahs Aufenthalt in Berlin positiv oder negativ?

Gestern bin ich alleine um 9:15 Uhr mit dem Zug nach Berlin gefahren. Es war ein sonniger Tag und zuerst habe ich einen schönen Spaziergang durch die Innenstadt gemacht. Dort habe ich viele Sehenswürdigkeiten auf einmal gesehen, wie zum Beispiel den Fernsehturm und den Checkpoint-Charlie. Ich habe viele Fotos gemacht und bin in die Souvenirshops gegangen. Ich habe Andenken für meine Familie gekauft.

Am Spätnachmittag habe ich meinen Cousin in der Nähe des Tiergartens getroffen. Wir haben in einer Pizzeria gegessen und dann bin ich mit ihm ins Open-Air-Konzert gegangen – das war super toll! Um Mitternacht haben wir noch einen Spaziergang durch die schöne Stadt gemacht. Die Stadt ist spektakulär, die Leute sind sehr freundlich, das Wetter war wunderschön und ich denke, ich habe mich total in diese Stadt verliebt!

lesen **4** Lies Leahs Blog noch mal und wähl die richtigen Wörter aus.

1 Leah ist am Vormittag / am Nachmittag / in der Nacht nach Berlin gefahren.

2 Leah hat am Hauptbahnhof / im Souvenirshop / beim KaDeWe Geschenke gekauft.

3 Am Abend war Leah alleine / mit einem Verwandten / mit einer Gruppe.

4 Das Konzert hat Leah gut / nicht / wenig gefallen.

5 Nach dem Konzert ist Leah ins Bett gegangen / nach Hause gefahren / spazieren gegangen.

sprechen **5** Partnerarbeit. Welche Stadt hast du schon besucht? Macht Dialoge.

- Wo bist du hingefahren?
- Wann bist du dorthin gefahren?
- Was hast du dort gemacht?
- Was hast du gekauft?
- Und wie war die Stadt?

München	London
das Rathaus, das Olympiastadion, Hertie (Einkaufsparadies)	Buckingham Palace, Oxford Street, Tower of London

 6 Schreib einen kurzen Bericht über deinen Stadtbesuch für dein Blog.

- Where and when did you go?
- What did you do there?
- What did you think of the things you saw / did?

In den Sommerferien / Gestern / Letztes Jahr / Am Wochenende …	bin ich [mit dem Zug] nach [Berlin] gefahren.
Um (9:20) Uhr	bin ich einkaufen gegangen.
Am Nachmittag	bin ich ins [Open-Air-Konzert / Restaurant] gegangen.
Am Abend …	bin ich [mit der U-Bahn] zum [Reichstag] gefahren.
	habe ich ein T-Shirt gekauft / die Sehenswürdigkeiten besucht / in einer Pizzeria gegessen / Fotos / eine Stadttour gemacht.
Berlin ist / war	spektakulär / schön / historisch / lebendig.

lesen 1 Hör zu und lies die Anweisungen vom Navi. Was passt zusammen? (1–6)

2 Dort fahren Sie geradeaus weiter.

1 An der Kreuzung fahren Sie rechts ab.

3 Fahren Sie links ab und dann fahren Sie rechts ab.

4 Fahren Sie dann geradeaus bis zum Kreisverkehr.

5 In zwei Kilometern fahren Sie rechts an der Ampel ab, und an der nächsten Ampel links.

6 In sechshundert Metern fahren Sie rechts nach Ulm und dann fahren Sie auf die Autobahn.

hören 2 Unterwegs verloren! Hör zu und finde den richtigen Dialog. (1–6)

Welche Person sucht einen Ort, wo man ...	Dialog
1 Geld bekommen kann?	
2 Kunst sehen kann?	
3 übernachten kann?	
4 das Auto parken kann?	
5 im Freien spielen kann?	
6 einen Priester besuchen kann?	

hören 3 Hör noch mal zu und beantworte zu jedem Dialog folgende Fragen auf Englisch.

1 Where does the person want to go?

2 What directions are they given?

sprechen 4 Partnerarbeit. Üb die Anweisungen vom Navi.

- ▪ Wie komme ich am besten zum Park?
- ● Fahren Sie vor der Schule links ab und fahren Sie dann geradeaus bis zur Ampel. An der Ampel fahren Sie rechts ab und in hundert Metern ist der Park auf der rechten Seite.

Grammatik lern weiter **213**

Using the imperative (Sie)
Telling someone what to do in the **Sie** form (i.e. somebody older/you don't know well) is very easy. Just use the **Sie** form of the verb and place it before the pronoun **Sie**:
Sie fahren.→ **Fahren Sie!** *Drive!*
Sie gehen. → **Gehen Sie!** *Go!*

Wie komme ich am besten zum [Park/Museum/Parkplatz/Geldautomaten]/zur [Galerie]?
An der [Kreuzung/Ampel] fahren Sie [rechts/links] ab.
Dort fahren Sie geradeaus weiter bis zum [Kreisverkehr/Hotel].
In [hundert] Metern ist das [Hotel] auf der [rechten/linken] Seite.

lesen 5

Drei Gruppen haben die Reise von Ulm nach Dinkelscherben gemacht. Welche war die beste Reise?

1 Letzte Woche bin ich mit meiner Klasse zum Schullandheim Dinkelscherben gefahren. Wir sind um 8:30 Uhr vom Ulmer Rathaus abgefahren und sind erst um 12:50 Uhr angekommen! Die Strecke ist nur 68 km lang! Das Wetter war sehr sonnig und leider war die Klimaanlage im Bus kaputt. Der Busfahrer war schlecht gelaunt und er hat den Weg verfehlt. Mensch, war das ermüdend und stressig!

2 Am Wochenende bin ich mit meiner Familie nach Dinkelscherben gefahren. Um 7:30 Uhr sind wir losgefahren – meine Mutter, mein Bruder, mein Vater, ich und das Navi! Wir sind zuerst auf der B10 Richtung München gefahren, aber wir waren dreißig Minuten im Stau. Dann sind wir auf der A8 weitergefahren. Um neun Uhr sind wir am Zielort angekommen. Das nächste Mal fahre ich lieber mit dem Zug dahin!

3 Vor einigen Tagen bin ich mit einer Freundin mit dem Zug nach Dinkelscherben gefahren. Wir sind mit dem Regional-Express um 10:12 Uhr in Ulm abgefahren. Die Fahrkarten haben je € 9,90 gekostet und wir haben auch unsere Fahrräder mitgenommen. Der Zug ist pünktlich um 11:15 Uhr angekommen und wir sind sofort mit dem Rad weitergefahren. Meiner Meinung nach war die Zugreise sehr entspannend und angenehm, und wir haben unterwegs viel geplaudert und den Tag richtig geplant.

lesen 6

Lies die Texte noch mal und beantworte die Fragen auf Englisch.

1 Which form of transport was the quickest?

2 Which form of transport was the slowest?

3 Which group got lost on their journey?

4 What went wrong with the bus?

5 What happened to the car on the B10?

6 Give two details about the train journey.

schreiben 7

Schreib einen Bericht für eine Internetinfoseite, in dem du eine Reise beschreibst.

- Wohin, mit wem und wie bist du gefahren?
- Beschreib die Fahrt: Abreise, Ankunft, Preis, Kilometer …
- Habt ihr Probleme gehabt?
- Wie war deiner Meinung nach die Reise?
- Wie fährst du das nächste Mal am liebsten dahin?

[Letzte Woche / Vor einigen Tagen] bin ich [mit dem Bus] nach [Ulm] gefahren.

[Letztes Wochenende / Gestern] bin ich [mit dem Zug] nach [Berlin] gefahren.

Ich bin mit [einer Freundin / einem Freund] gefahren.

Wir sind um [neun] Uhr mit dem [Auto / Rad] abgefahren und um [elf] Uhr angekommen.

Unterwegs haben wir [geplaudert / den Weg verfehlt].

Meiner Meinung nach war die [Autofahrt / Zugreise / Busreise] sehr [entspannend / angenehm / lustig / schnell / langsam / (un)bequem / langweilig / ermüdend / stressig].

Das nächste Mal fahre ich lieber [mit dem Zug] dahin!

1 Sieh dir die Speisekarte an. Was ist das?

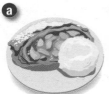 **a**  **b**  **c**  **d**  **e**  **f**

Restaurant zum Wirt

Suppen	
1 Tagessuppe	€ 2,20
2 Französische Zwiebelsuppe	€ 2,20

Hauptgerichte

3 Gemischter Bratwurstteller mit Sauerkraut	€ 7,80
4 Schnitzel mit Pommes frites und Salat	€ 8,50
5 Rumpsteak mit Pommes frites und Salat	€ 14,00
6 Lachssteak mit Bratkartoffeln und Bohnen	€ 9,40
7 Forelle mit Reis und Gurkensalat	€ 10,50

Nachtisch

8 Apfelstrudel mit Vanilleeis	€ 4,10
9 Schokoladentorte mit Sahne	€ 4,20
10 Gemischtes Eis mit Sahne	€ 3,50

Getränke

Cola, Fanta, Apfelsaftschorle 0,4 l	€ 2,70
Mineralwasser (Sprudel / Still) 0,25 l	€ 1,90
Trauben- oder Johannisbeersaft 0,2 l	€ 2,30
Bier vom Fass 0,5 l	€ 2,30
Hauswein 0,25 l	€ 3,50
Tasse Kaffee	€ 1,90
Tee (Schwarz, Pfefferminz, Kamille oder Frucht)	€ 2,30

2 Hör zu und sieh dir die Speisekarte an. Schreib die Tabelle ab und ergänze sie auf Englisch. (1–5)

Drinks	Food	Problem
Beispiel:		
1 x cola		
2 x beer		

3 Partner- oder Gruppenarbeit. Ihr geht ins *Restaurant zum Wirt*. Macht Dialoge.

- Guten Abend. Was darf's sein?
- Also, ich möchte …

Ich möchte / ich nehme …

… die Tagessuppe / französische Zwiebelsuppe / Forelle. … den Bratwurstteller … das Schnitzel / Rumpsteak / Lachssteak	mit	Pommes frites Salat Sauerkraut Reis Gurkensalat Bratkartoffeln Bohnen
… den Apfelstrudel … die Schokoladentorte … das gemischte Eis		Vanilleeis Sahne
… eine Cola / Fanta / Apfelsaftschorle / Tasse Kaffee … ein Mineralwasser / Bier / Glas Tee / den Hauswein		
Die Rechnung! / Zahlen, bitte!		

hören 4 Zum Mitlachen. Hör dir die Witze an und schau dir die Bilder an. Was passt zusammen? (1–6)

 a **b**  **c**  **d**  **e** **f**

lesen 5 Lies die Internetkritik zum *Restaurant zum Wirt*. Schreib das Formular aus und ergänze es.

	Suche

Restaurant zum Wirt liegt in einer Gartenanlage und hat super köstliche Speisen zu Top-Preisen. Ich bin am vierzehnten Juli mit meinem Vater und meiner Schwester dorthin gegangen. Die Kellner/innen waren äußerst freundlich und besonders aufmerksam. Unsere Getränke und das Essen sind alle sehr schnell zum Tisch gekommen, und das hat uns besonders gut gefallen. Die Vorspeisen, Hauptgerichte und Nachspeisen waren alle super lecker. Ich habe das Lachssteak mit Bratkartoffeln und Bohnen gegessen und das war sehr frisch und schmackhaft. Ich habe dazu Cola getrunken. Die Toiletten waren gut gepflegt und es gab weiche Handtücher am Waschbecken. Das Klopapier war leider aus, aber sonst war alles ausgezeichnet! Wir kommen ganz bestimmt immer wieder hier her.

Bewertung vom:............................

Besucht am:............................

Anzahl der Personen:............................

Wie war die Bedienung?............................

Wie war die Wartezeit auf die Getränke/das Essen?

....

Wie war die Qualität des Essens?

....

War das Restaurant sauber?............

schreiben 6 Du warst gestern in einem tollen Restaurant. Schreib eine Kritik darüber.

- Wann und mit wem bist du ins Restaurant gegangen?
- Was hast du gegessen und getrunken?
- Gab es ein Problem?
- Warum sollte man da essen gehen?

Grammatik

lern weiter **219**

The simple past – war, hatte, es gab

Ich hatte einen Nachtisch.	*I had a dessert.*
Sie/sie hatten keine Vorspeise.	*You/they didn't have a starter.*
Das Klopapier war aus.	*The toilet paper had run out.*
Die Speisen waren lecker.	*The dishes were tasty.*
Es gab kein Glas.	*There was no glass.*
Es gab weiche Handtücher.	*There were soft hand towels.*

Es liegt in [einer Gartenanlage] und hat [super köstliche] Speisen.
Die Kellner/innen waren [äußerst freundlich] und besonders [aufmerksam].
Das hat uns [besonders gut] gefallen.
Die [Vorspeisen/Hauptgerichte/Nachspeisen] waren alle [super lecker].
Ich habe [das Lachssteak mit Bratkartoffeln und Bohnen] gegessen und [Cola] getrunken.
Das war sehr [frisch und schmackhaft].
Die Toiletten waren [gut gepflegt].
Es gab [weiche Handtücher am Waschbecken].

- Describing a disastrous past holiday
- Extending the use of the perfect tense

 1 Lies das Internetforum. Welche Schlagzeile passt zu welchem Textausschnitt?

Vorsicht, Taschendiebe!

Sommer, Sonne, Urlaub ... und Krankheit!

Achtung Autofahrer auf der Autobahn!

Klick und weg

FERIENALPTRÄUME

1 Die Schule ist aus, die Winterferien stehen vor der Tür und was haben wir gemacht? Wir sind ins Auto geklettert und mit Skiern auf dem Dach in die Berge gefahren. Das Problem? Jede andere Familie hat anscheinend die gleiche Idee gehabt. Auf der A8 waren wir nicht alleine. Wir waren wie Schnecken. Gas geben war unmöglich. Es gab Baustellen, Stau, Unfälle, Stau und dann nur Stau und noch mal Stau. Nächstes Jahr bleibe ich zu Hause und mache hier Langlauf im Naturpark.
Melina aus Stuttgart

2 In den Sommerferien bin ich mit meinem Vater und meiner Schwester nach Kroatien gefahren. Wir sind mit dem IC-Zug gefahren und in Ljubljana sind wir kurz ins Bahnhofscafé gegangen. Ich habe meinen Rucksack neben den Tisch gestellt, aber ein Junge ist vorbeigekommen und hat ihn geklaut. Wir haben den Jungen nicht erwischt, aber wir sind zur Polizei gegangen und haben den Diebstahl gemeldet. Wir sind dann ohne Rucksack weitergefahren, aber ein Urlaub ohne Musik, Handy und Computerspiele hat gar keinen Spaß gemacht.
Yannis aus Graz

3 Vor zwei Jahren hatte ich einen tollen Urlaub in Spanien. Ich war zwei Wochen in einem Sportcamp. Ich habe viele nette Leute aus ganz Europa kennengelernt und natürlich habe ich mich total in ein Mädchen verknallt. Wir haben viel zusammen geredet und ich habe auch viele Fotos gemacht. Nach der Rückkehr habe ich die Fotos auf den Computer hochgeladen, aber es gab ein Problem und der blöde Computer hat alle Fotos auf einmal gelöscht. Es war ein toller Urlaub, aber niemand hat mir die Geschichte mit dem Mädchen geglaubt!
Nils aus Frankfurt

4 Letztes Jahr bin ich mit meiner Familie nach Thailand geflogen. Der Flug hat elf Stunden gedauert! Wir haben fünf Tage im Hotel in Bangkok verbracht. Am ersten Tag sind wir um halb 5 Uhr aufgestanden und zum schwimmenden Markt gefahren. Das war unglaublich. Wir sind dort einkaufen gegangen und haben auch eine Krokodilshow gesehen! Auf der Rückreise habe ich mich aber nicht so wohl gefühlt und bei der Ankunft am Hotel ging es mir sehr, sehr schlecht. Ich habe den Rest des Urlaubs im Hotelzimmer verbracht und ich habe bloß ferngesehen, wie man es dauernd zu Hause macht!
Karoline aus Wuppertal

 2 Lies das Internetforum noch mal und beantworte die Fragen.
Wer ...

1 hat im Urlaub geflirtet?
2 hatte keine Musik im Urlaub?
3 ist mit der Bahn gefahren?
4 war mit anderen jungen Leuten im Urlaub?
5 war krank?
6 ist einkaufen gegangen?
7 berichtet nicht über die Sommerferien?
8 ist in die Berge gefahren?
9 hat ein Computerproblem gehabt?
10 hatte deiner Meinung nach die schlimmste Urlaubserfahrung?

3 Hör zu. Yannis und Karoline beschreiben ihre Urlaubserfahrungen für das Schulradio. Sie haben beide im Bericht auf Seite 36 fünf Fehler gemacht. Kannst du sie finden?

	hat gesagt	hat geschrieben
Yannis		
Karoline		

4 Wähl ein Bild von unten aus und schreib einen Bericht für das Internetforum „Ferienalpträume".

- Wann, mit wem und wie bist du in den Urlaub gefahren?
- Ist unterwegs etwas passiert?
- Was hast du im Urlaub gemacht?
- Was ist dir im Urlaub passiert?
- Wie hast du dich gefühlt?
- Was sind deine Pläne für nächstes Jahr?

 Tipp

- Expressions of time add interest to your report:
  letztes Jahr (*last year*),
    in den Sommerferien (*in the summer holidays*),
    um 12 Uhr (*at 12 o'clock*).
- Put the verb in second place after the following words:
  also (*so*), **dann** (*then*), **leider** (*unfortunately*), **vorher** (*before*)
  Leider habe ich …
- Use a variety of tenses:
  Nächstes Jahr bleibe ich zu Hause.
  Es gab …
- Use **wir** as well as **ich**:
  Wir sind … **abgefahren.**

Grammatik
(207)

The perfect tense with separable verbs

To form a past participle of a separable verb, the **ge** part of the participle goes between the two parts of the separable verb.

Ich habe fern**ge****sehen.** *I watched TV.*
Wir haben nette Leute kennen**ge****lernt.**
  We met nice people.
Ich bin um 12 Uhr ab**ge****fahren.**
  I left at 12 o'clock.
Wir sind um drei Uhr an**ge****kommen.**
  We arrived at 3 o'clock.

In den Sommerferien	bin ich	mit meiner Familie / mit meinem Vater / meiner Schwester	nach Kroatien / Spanien gefahren.
Letztes Jahr	sind wir	mit dem Auto / Zug	[in die Berge] gefahren.
Der Flug / Die Reise	hat	[elf] Stunden gedauert.	
Am ersten Tag	haben wir	ferngesehen / Leute kennengelernt / eine Show gesehen.	
Am nächsten Tag	sind wir	ins Café gegangen / schwimmen gegangen.	
Nächstes Jahr	bleibe ich	zu Hause.	

5 Lern deinen Bericht aus Aufgabe 4 auswendig. Trag es dann deinem Partner / deiner Partnerin vor. Welcher ist der schlimmste Ferienalptraum?

- Talking about different customs and celebrations
- Using *dieser/ jeder*

 1 Welches Foto passt zu welcher Postkarte?

❷

Servus vom Ossiacher See!
Ich bin in Kärnten und diese Woche gibt's ein großes Volksfest. Das Fest heißt Villacher Kirchtag und findet jedes Jahr im Sommer statt. Gestern habe ich ein Quartett, eine Schuhplattlergruppe [das ist ein typisch österreichischer Tanz!] und eine Volkstanzgruppe gesehen! Ich freue mich schon auf morgen, weil ich mit dem Zug (= Prozession) durch das Dorf gehe. Alle Mädchen müssen Dirndl tragen und alle Jungen ziehen sich Lederhosen an! Mein Brieffreund hat mir eine Lederhose ausgeborgt!
Elias

❸

Hallo,
wir verbringen Silvester bei Tante Anna in Zermatt! Gestern waren wir tagsüber auf der Piste und am Abend sind wir alle zum Haus zurückgekommen. Wir haben Raclette gegessen und das war lecker, und dann sind wir in die Stadt gegangen. Um Mitternacht gab es ein großes Feuerwerk mit Musik! Das war ein unvergessliches Erlebnis! Am nächsten Morgen ist niemand früh zur Piste gekommen! Jeder Besucher hat sich ausgeschlafen!
Luisa

1

HALLIHALLO!
Grüße aus München! Ich bin erst gestern bei Uli angekommen und heute sind wir mit dem Bus zur Wiesn gefahren! Das Oktoberfest findet im September (!) statt und es ist wahnsinnig! Überall gab es laute Musik und Imbissstuben. Am Abend waren wir im Bierzelt. Es gab Kinder, Jugendliche und Omis (!) dabei und das hat jede Menge Spaß gemacht. Wir haben bis spät in die Nacht getanzt, geplaudert und viel, viel gelacht! Ich möchte unbedingt nächstes Jahr wieder dahin fahren.
Deine Maddie

2 Lies die Postkarten noch mal. Welche *vier* Sätze unten sind richtig?

1 Maddie went to the Oktoberfest by public transport.
2 You can only go to the Oktoberfest if you are over 18.
3 Elias was looking forward to the procession.
4 Elias was staying with his family.
5 Luisa enjoyed the meal at her aunt's house.
6 The next day Luisa got up early to go skiing.
7 All events had music.
8 All events took place in the summer.

Grammatik

208

dieser and jeder

dieser (*this*) and **jeder** (*every*) follow the sam pattern as the definite article **der, die, das**.

masculine	der Sommer → dies**er**/jed**er** Sommer	
	this/every summer	
feminine	die Woche → dies**e**/jed**e** Woch	
	this/every week	
neuter	das Mal → dies**es**/jed**es** Mal	
	this/every time	

Jeder Besucher hat sich ausgeschlafen!
Every visitor had a lie-in!
Diese Woche gibt's ein Volksfest.
There's a festival this week.

Glastonbury
Music event every summer in southwest England
Music, bands, food, drinks
Camping

sprechen 3 Partnerarbeit. Du arbeitest in einer britischen Touristeninformation und deutsche Besucher erkundigen sich über Events. A stellt die Fragen und B beantwortet sie.

- Was für ein Event gibt es?
- Wann und wo findet es statt?
- Was macht man auf dem Event?
- Warum sollte man dort hingehen?

Das Fest findet [jedes Jahr / im Sommer im September / zu Silvester] statt.
Das Fest heißt [Villacher Kirchtag].
Es gibt [Bierzelte / Imbissstuben / Musik / einen Zug].
Dort kann man [Konzerte / Spiele] sehen.
Das macht (jede Menge) Spaß.

hören 4 Hör zu. Vier Jugendliche besprechen im Radio ihre Erfahrungen bei verschiedenen Festen. Kopiere und ergänze die Tabelle auf Englisch. (1–4)

	When?	Where?	Festival?	Opinion?
Jonathon				
Greta				
Eva				
Marlon				

schreiben 5 Das Deutsche Institut macht einen Wettbewerb! Schreib mithilfe folgender Ideen einen Bericht dafür.

Gewinn eine Reise zum Oktoberfest!
Schreib einen Bericht über ein Fest (in deinem Land oder im Ausland), das du miterlebt hast! Preis: eine 2-tägige Reise nach München mit VIP-Besuch zum Oktoberfest!

- When did you go and who with?
- What did you do there?
- Did anything go wrong?
- Would you go back again?
- What did you think of it?

⭐ **Tipp**

- Include as many opinions as possible by using:
  - **Das war / Ich fand das +** adjectives **(super, lecker, toll, interessant, einmalig, lustig)**
  - **Das hat mir besonders gut gefallen.**
    I especially liked that.
- Try to give a reason for your opinion: **Das hat mir nicht sehr gefallen, weil es einfach zu viele Leute gab.**
  I didn't enjoy it much because there were simply too many people.

Ich habe	das [Oktoberfest] zum ersten Mal miterlebt.
Das ist [ein sehr berühmtes Fest / ein großes Volksfest] in [München].	
Ich habe	getanzt / geplaudert / gelacht / [Bratwurst] gegessen.

Das war toll,	weil	es zur Faschingszeit war.
Das hat mir gefallen,		man alle Weihnachtsgeschenke kaufen kann.
Das hat mir nicht gefallen,		es einfach zu viele Leute gab. / es sehr laut war.
Ich möchte unbedingt nächstes Jahr wieder dahin fahren.		

You are going to hear part of an interview between a teacher and a student. Listen to the extract then carry out the activities to help you prepare for your own speaking task. You may want to look at the audioscript as you do the activities.

Task: Interview with a German tourist on holiday

You are being interviewed by your teacher. You will play the role of a German tourist on holiday in the local area and your teacher will play the role of the interviewer.

Your teacher could ask you the following:

- Where are you staying? How long are you staying for? Who are you on holiday with?
- Is this your first visit to the area?
- What have you done so far?
- What do you think of the weather here?
- What are your plans for next Sunday?
- What are the advantages of holidaying in a town?
- ! (A question for which you have not prepared.)

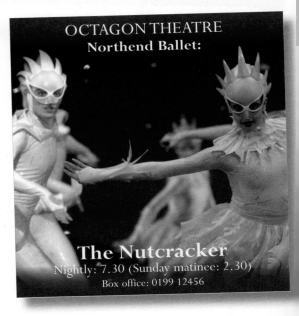

OCTAGON THEATRE
Northend Ballet:

The Nutcracker
Nightly: 7.30 (Sunday matinee: 2.30)
Box office: 0199 12456

Preparation

1 Predicting

1 First the student talks about a football match he has seen on holiday.
Before listening to the recording, make a note of what information he might include.

2 Listen to the first section: What information did the student give?
Were your predictions correct?

2 Listening for different tenses

1 How does the student respond to the question about the weather?
Is his response positive or negative?

2 Which two tenses does the student use? Can you pick out a couple of examples of each?

3 Does the student feel the museum is suitable for tourists? Which clues helped you decide?

3 Listening for adjectives and adverbs

1 The student uses several time phrases in this section. Can you pick four out?

2 Which of these adjectives or adverbs does he use? Which ones are positive?

a leider	b ideal	c lecker	d dreckig
e entspannend	f fabelhaft	g wunderbar	h richtig

Useful language

Die Karten sind meistens ausverkauft.	*The tickets are usually sold out.*
Ich habe Karten für dieses Spiel bekommen, weil ich sie online vorgebucht habe.	*I got tickets for this match because I booked them online.*
Ich interessiere mich für (Flugzeuge).	*I am interested in (planes).*
Ich habe letzten Mittwoch mit einem Freund das Flugzeugmuseum besucht.	*I visited the aircraft museum last Wednesday with a friend.*
(Das Museum) hat etwas für die ganze Familie.	*(The museum) has got something for the whole family.*
Es war auch nicht so teuer, finde ich.	*It was also not very expensive, I think.*

Over to you!

Look at your task and ...

- think about what you are going to say as you answer each of the questions – write a list of words and phrases you will need, remembering to include opinions and reasons.

- make a note of any extra details you could include. Work with a partner to brainstorm opportunities for 'initiative'.

- be ready to answer your teacher's unpredictable question.

Grade**Studio**

To make sure you have a chance of getting a Grade C in your speaking, you should:
- use a range of different adjectives. It is OK to say *interessant* or *langweilig* once or twice, but if you keep repeating them, it will become boring!
  Vary these by using, for example, *toll* (great), *beliebt* (popular), *fabelhaft* (fabulous), *wunderbar* (wonderful), *schrecklich* (terrible) or *ekelhaft* (disgusting).

If you are aiming for a Grade A, you should also:
- use a variety of vocabulary, including some adverbial phrases of time (*diesen Samstag, nachher*), manner (*mit dem Auto, mit einem Freund*) and place (*dort, draußen*).
- use a range of verb tenses: e.g. present tense *Es gibt ein großes Fußballstadion* (There is a large football stadium),
  perfect tense (past) *Gestern habe ich ein Computerspiel für meinen Bruder gekauft* (Yesterday I bought a computer game for my brother),
  imperfect tense (past) *Es war auch nicht so teuer* (It was also not too expensive).

If your goal is an A*, you need to do all of the above and:
- add fillers to make your speaking sound more authentic e.g. *auch* (also), *ganz* (quite), *eigentlich* (actually).

Eine Woche in der Schweiz

Eigentlich wollte ich nach Mallorca fliegen, weil ich die Sonne, das Meer und den Strand liebe. Aber meine Mutter hat sich für Schuls, im Osten der Schweiz, entschieden, weil meine Tante dort lebt. Ich war überhaupt nicht begeistert. Die Schweiz ist doch langweilig, dachte ich. Aber ich hatte Unrecht.

Von Hannover aus, wo wir wohnen, sind wir mit dem Zug gefahren. Wir mussten in Zürich umsteigen, und es war extrem knapp, weil unser Zug mit dreißig Minuten Verspätung in Zürich angekommen ist. Wir haben den Zug nach Schuls gerade noch erwischt!

Schuls liegt in einem tiefen Tal, und auf beiden Seiten gibt es hohe Berge. Sehr schön, sicher – aber ich selber finde Wandern zum Sterben langweilig, und ich habe mich gefragt, was kann ein junger Mensch hier machen?

Tja, und dann habe ich das Schwimmbad entdeckt. Es ist das tollste Bad, das ich kenne! Es gibt Becken drinnen und draußen, und ich habe mich fast jeden Tag draußen ins warme Wasser gelegt, mit Aussicht auf die Berge. Toll! So mag ich die Berge!

Das Schwimmbad in Schuls

Schuls liegt weit weg vom Meer – aber man kann hier trotzdem Beachvolleyball spielen! Es gibt ein Feld mit Sand, und hier habe ich viele junge Leute getroffen. Es hat echt Spaß gemacht. Mit diesen neuen Freunden habe ich zweimal Mountainbikes gemietet. Wir sind dann mit der Bahn nach Motta gefahren, wo die Downhill-Strecke nach Schuls [900 Meter tiefer!] beginnt. Diese Strecke war echt irre! Beim ersten Mal hatte ich ein bisschen Angst, beim zweiten Mal konnte ich viel schneller fahren.

Ich habe in Schuls viele Freunde gefunden, und ich glaube, es war der beste Urlaub, den ich je hatte. Ich werde auf jeden Fall nach Schuls zurückkommen. Aber das nächste Mal werde ich im Winter kommen. Ich möchte Skifahren lernen.

1 Find in the text and write out ...
1 five verbs in the perfect tense with auxiliary *haben*, e.g. *ich habe ... gemietet*.
2 three verbs in the perfect tense with auxiliary *sein*.
3 two verbs in the future tense.

2 Modal verbs. Translate the expressions highlighted in yellow.

3 Words used in the dative case. Copy the phrases which use words from the text, and write their English translations too.
e.g. *der Osten (m), im Osten – in the east*

| der Osten *m* | die Schweiz *f* | der Zug *m* | das Tal *nt* | die Seite *f* |

| das Meer *nt* | der Freund *m* | die Bahn *f* | das Mal *nt* | der Winter *m* |

Over to you!

The editors of the school magazine in your German partner school have asked students in different countries to write about a past holiday. You decide to send in an article.
First read the tips below. Then write at least 200 words in German.
You could include:

- details about your past holiday, e.g. where and when it was, who you went with, your journey, what you did, the weather, who you met, any problems you experienced.
- your feelings and give your opinions and reasons.
- whether you will go back there again in the future. Why (not)?

Tipp

- Learn a number of useful set holiday expressions by heart.
- Make things up if this allows you to use language that will earn you higher marks.

Grade**Studio**

To make sure you have a chance of getting a **grade C** in your writing, you should:

- make sure the description of your holiday includes a range of tenses, e.g. say how you travelled (perfect tense).
  e.g. *Wir **sind** von Manchester nach Barcelona **geflogen**.*
- say what people do in your resort (present tense)
  e.g. *Die Touristen **sonnen sich** am Strand, aber man **kann** auch die Altstadt besichtigen.*
- say whether or not you'll return to the resort (future tense)
  e.g. *Ich **werde** bestimmt nie wieder **zurückkommen**!*

Now you try it! 1

Put the verbs in the right form.

1 **Past tense:** *Letztes Jahr (haben / sein) wir nach Spanien (fliegen).*
2 **Present tense:** *Mein Vater (lieben) Spanien, aber ich (finden) es zu heiß.*
3 **Future tense:** *Nächstes Jahr (werden) ich mit Freunden in Wales (zelten).*

If you are aiming for a **grade A**, you should also:

- use modal verbs + infinitive in the past tense:
  e.g. ***Ich wollte*** (I wanted to); ***sie musste*** (she had to); ***wir konnten*** (we could).
- use idiomatic expressions to lend emphasis to your opinions,
  e.g. *Ich war **überhaupt nicht** begeistert.*
  *Ich finde Wandern **zum Sterben langweilig**.*

Now you try it! 2
Write the sentences in German.

1 We wanted to fly to Spain.
2 I wasn't happy at all because* the evenings were deadly boring.

* for use of **weil** see page 216.

If your goal is an **A***, you need to do all of the above and:

- check that the dative endings are correct.
  e.g. *Wir sind mit **dem** Zug (m), mit **der** Straßenbahn (f) und mit **dem** Auto (nt) gefahren.*

Now you try it! 3
Copy and complete the sentences.

1 *Bist du mit d____ Bahn oder mit d____ Auto nach Frankreich gefahren?*
*das Auto nt
2 *Ich war gestern mit mein____ Bruder und mit mein____ Schwester in d____ Stadt.*
*die Stadt f

Hör- und Lesetest

- Identifying the main points and extracting detail
- Understanding reference to past and present events
- Recognising points of view

The activities on these two pages are designed to help you develop the listening and reading skills you will need in your GCSE exam.

Listening

1 Listen to part one of the interview with Julia Schmidt. Copy and complete this form in English with her current details.

2 Now listen to part two and copy and complete the rest of the form.

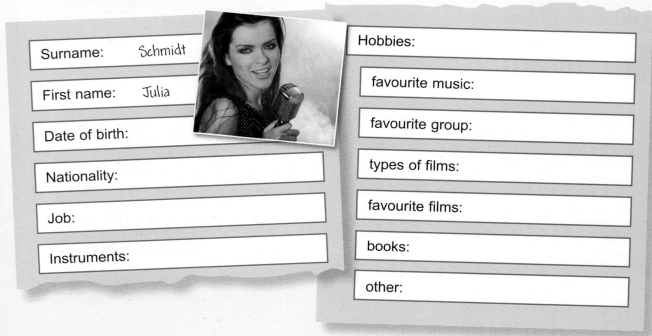

Surname:	Schmidt
First name:	Julia
Date of birth:	
Nationality:	
Job:	
Instruments:	

Hobbies:

favourite music:

favourite group:

types of films:

favourite films:

books:

other:

3 Listen to both parts again. Which four sentences are correct? Note the letters.

A	Julia comes from a big town.
B	Julia's family is interested in music.
C	Julia and some school friends formed a band.
D	Julia is in a good mood when she listens to music.
E	Julia finds listening to music stressful.
F	Julia finds it difficult to relax when watching films.
G	Julia used to work in a bookshop.
H	Julia thinks detective novels are too boring.

Tipp

- Read the questions carefully before you start listening. This will give you clear clues about the information you are going to have to listen for.
- Listen out for cognates and near-cognates. Can you list a couple of examples of these from the interview you have just heard?
- Remember never to leave any answer blank – blanks are always wrong! You can make notes and come back to that question at the end.

Reading

You read this article about holiday accommodation in a youth magazine.

Wo übernachtest du auf Urlaub?

Normalerweise mache ich Campingurlaub mit meiner Familie. Wir zelten, weil das relativ billig ist. Man lernt viele neue Freunde kennen und es gibt verschiedene Aktivitäten, wie z. B. Sportmöglichkeiten. Wenn du gern allein bist, ist diese Art von Urlaub nicht ideal. Es ist nicht so einfach, seine Ruhe zu genießen.

Max (17)

Letztes Jahr habe ich mit meinen Freunden Urlaub in einem Wohnmobil verbracht. Alles war ganz bequem! Es gab Strom und Wasser, so hatten wir zum Beispiel einen Fernseher und ein WC! Internetanschluss hatten wir auch. Viel Platz gab es nicht, weil wir sechs Freunde waren. Es war manchmal schwierig einzuschlafen, weil man ja alles hören konnte. Auch sind wir sehr früh aufgewacht.

Felix (17)

Diesen Sommer mieten wir eine Ferienwohnung. Dort kann man kommen und gehen, wann man will und auch selber kochen. Letztes Jahr haben wir in einem Hotel gewohnt. Das war nicht so toll: Wir haben immer zu bestimmten Zeiten gegessen, auch wenn wir keinen Hunger hatten, oder wir sind ins Restaurant gegangen - sehr teuer. Ich durfte auch keine laute Musik spielen, weil es so viele andere Gäste im Hotel gab.

Alex (17)

Tipp

- Use the questions to help you predict the kinds of words which are going to come up so you know what to expect in the texts.
- Read the entire text carefully. What could you quite easily have missed or got wrong if you had just skimmed through?
- Did you recognise all the time references? Make a list of some of the ways different time frames are indicated in the texts.

1 **Who do the following statements apply to? Max (M), Felix (F) or Alex (A)? Note the correct letter for each statement.**

Example:	This accommodation is quite cheap.	M
1	We had to eat at fixed times.	
2	It is difficult to have any peace and quiet.	
3	There was not much room.	
4	I had to be quiet because of other people.	
5	You get to know lots of people.	
6	It was not always easy to get off to sleep.	

2 **Fill the gaps with a word from the list below. Note the correct letter.**

A food	**B** comfortable	**C** electricity	**D** many
E cold	**F** different	**G** freedom	**H** gas

a On the campsite there were activities, such as sports.

b The mobile home was very _____ .

c The mobile home had _____ and water.

d If you stay in a holiday flat you have a lot of _____ .

Holiday preferences

Ich fahre gern …	I like going …
nach Österreich	to Austria
nach London	to London
in die Türkei	to Turkey
Ich bleibe gern zu Hause.	I like staying at home.
Ich fahre lieber nach London.	I prefer going to London.
Am liebsten fahre ich Ski.	I like going skiing best of all.
Ich übernachte [immer] …	I [always] stay …
im Hotel	in a hotel
in einer Jugendherberge	in a youth hostel
auf einem Campingplatz	at a campsite

bei meiner Oma	at my grandma's
Ich fahre … in den Urlaub.	I go on holiday …
oft	often
meistens alleine	mostly on my own
mit meiner Familie	with my family
mit Freunden / Freundinnen	with friends
Ich chille / lese gern.	I like chilling / reading.
Ich [liege / sonne mich] lieber am Strand.	I prefer [lying / sunbathing] on the beach.
Die Ferien sind …	Holidays are …
entspannend	relaxing
locker	relaxed / chilled
langweilig	boring

Holiday activities

Hier kann man …	You can … here.
tauchen	dive
chillen	chill out
wandern gehen	go for walks
In den Ferien will ich [nicht] [Kajak] ausprobieren.	On holiday I [do not] want to try [canoeing].

Hier übernachtet man …	Here you stay in …
im Zelt / Wohnwagen	a tent / a caravan
im Freien	in the open air
[Das Hotel] ist … finde ich.	I think [the hotel] is …
[Der Jugendcampingplatz] sieht … aus.	[The youth campsite] looks …
interessant	interesting
billig	cheap

Talking about a city visit

In den Sommerferien …	In the summer holidays …
Letztes Jahr …	Last year …
Am Wochenende …	At the weekend …
Gestern …	Yesterday …
Am Nachmittag …	In the afternoon …
Am Abend …	In the evening …
bin ich [mit dem Zug] nach [Berlin] gefahren	I went to [Berlin] by [train]
bin ich einkaufen gegangen	I went shopping
bin ich ins [Restaurant] gegangen	I went to a [restaurant]

bin ich [mit der U-Bahn] zum [Reichstag] gefahren	I went by [underground] to the [Reichstag]
Ich habe ein T-Shirt gekauft.	I bought a T-shirt.
Ich habe die Sehenswürdigkeiten besucht.	I visited the sights.
Ich habe im Restaurant gegessen.	I ate at a restaurant.
Ich habe Fotos / eine Stadttour gemacht.	I took photos / did a city tour.
Berlin ist / war …	Berlin is / was …
spektakulär	spectacular
schön	beautiful

Giving directions and describing a journey

Wie komme ich am besten …?	What's the best way …?
zum Museum	to the museum
zum Parkplatz	to the carpark
zum Geldautomaten	to the cash point
An der Kreuzung / Ampel …	At the crossroads / traffic lights …
fahren Sie rechts / links	turn right / left
fahren Sie geradeaus weiter	go straight on

bis zum Kreisverkehr	to the roundabout
Letztes Wochenende …	Last weekend …
bin ich [mit dem Bus] nach [Ulm] gefahren.	I went to [Ulm] by [bus].
Ich bin mit einer Freundin / einem Freund gefahren.	I went with a friend.

Wir sind um [neun] Uhr mit dem [Auto / Rad] abgefahren.

We left by [car / bike] at [nine o'clock].

Wir sind um [elf] Uhr angekommen.

We arrived at [eleven].

Unterwegs haben wir …
  geplaudert
  den Weg verfehlt

On the way we …
  chatted
  got lost

Meiner Meinung nach war die [Autofahrt] …
  angenehm
  ermüdend
  stressig

In my opinion the [car journey] was …
  pleasant
  tiring
  stressful

Eating out

Ich möchte [zweimal Kaffee], bitte.	I'd like [two coffees] please.	Bier	beer
Tagessuppe	soup of the day	Tasse Kaffee / Glas Tee	cup of coffee / tea
Forelle	trout	Das hat uns [besonders gut] gefallen.	That pleased us [especially].
Pommes frites	chips	Die Vorspeisen waren [super lecker].	The starters were [really tasty].
Salat	salad		
Käse	cheese	die Hauptgerichte	main courses
Reis	rice	die Nachspeisen	desserts
Apfelstrudel	apple strudel	Ich habe [die Forelle] gegessen.	I ate [trout].
Vanilleeis / Sahne	vanilla ice cream / cream		
Schokoladentorte	chocolate cake	Das war sehr [frisch und schmackhaft].	It was very [fresh and tasty].
Mineralwasser	mineral water		

Describing a past holiday

Letztes Jahr …
  bin ich mit [meiner Familie] nach Kroatien / Spanien gefahren

Last year …
  I went with [my family] to Croatia / Spain

Der Flug / Die Reise hat [elf] Stunden gedauert.

The flight / journey took [eleven] hours.

Am ersten Tag haben wir …
  ferngesehen
  Leute kennengelernt
  eine Show gesehen

On the first day we …
  watched TV
  got to know people
  saw a show

Am nächsten Tag sind wir …
  ins Café gegangen
  schwimmen gegangen

On the next day we …
  went to the café
  went swimming

Nächstes Jahr bleibe ich zu Hause.

Next year I'll stay at home.

Talking about different customs / celebrations

Das Fest findet … statt.	The festival takes place …	Dort kann man …	You can … there.
jedes Jahr	every year	tanzen	dance
im Sommer / September	in summer / September	ein Feuerwerk sehen	see fireworks
zu Silvester	at New Year	Das macht [jede Menge] Spaß.	It's [really good] fun.
Das Fest heißt [Villacher Kirchtag].	The festival is called [Villacher Kirchtag].		
Es gibt …	There is / are …	Ich habe getanzt	I danced
Bierzelte	beer tents	Ich habe gelacht	I laughed
Imbissstuben	snack bars	Ich habe geplaudert	I chatted
Musik	music		
einen Zug	a procession		

3 Unser Schulleben

1 Stundenplan der Klasse 9b

- Discussing your timetable
- Comparing subjects and giving reasons using *weil*

 lesen 1 Sieh dir den Stundenplan an. Was ist das?

1 Hier lernt man etwas über seine Muttersprache.

2 In dieser Stunde lernt man etwas über die Gesellschaft, Religionen und persönliche Verantwortung.

3 Diese Sprache hat man zweimal in der Woche – am Dienstag und am Freitag.

4 Dieser Theaterunterricht ist ein kreatives Fach.

5 Hier verbessert man seine Computerkenntnisse.

6 Das hat man jeden Tag um Viertel nach zwölf.

	Montag	Dienstag	Mittwoch	Donnerstag	Freitag
a – 08:45	Biologie	Deutsch	Deutsch	Gemeinschaftskunde	Philosophie
b – 09:35	Geschichte	Kunst	Politik	Physik	Französisch
09.35 – **c**			große Pause		
09:50– 10:35	Deutsch	Chemie	Sport	Mathe	Darstellendes Spiel
d –11:25	Englisch	Englisch		Chemie	Mathe
11:30 – **e**	Mathe	Latein	Musik	Informatik	Erdkunde
12:15 – 12:40			große Pause		
12:40 – **f**	Physik	Musik	Latein	Biologie	Englisch
g – 14:15		Französisch			

 hören 2 Hör zu. Ergänze die Uhrzeiten auf dem Stundenplan (a–g).

 hören 3 Das Schulradio macht in der Klasse 9b Interviews. Hör zu und mach Notizen. (1–4)

Favourite subject?

When / How often?

Reason?

 ### Tipp

There are two ways to talk about times – 12-hour and 24-hour. Make sure you know them both.

Um …		
12:10	zwölf Uhr zehn	zehn nach zwölf
14:15	vierzehn Uhr fünfzehn	Viertel nach zwei
17:30	siebzehn Uhr dreißig	halb sechs
19:40	neunzehn Uhr vierzig	zwanzig vor acht
20:45	zwanzig Uhr fünfundvierzig	Viertel vor neun

Grammatik

lern weiter **216**

Word order after weil

weil (*because*) changes the word order by sending its verb to the end of the sentence:

Ich finde Englisch einfach, weil meine Mutter aus England kommt.

I find English easy because my mother comes from England.

3

4 Lies die Ausschnitte aus dem Forum. Mit wem bist du am meisten einverstanden?

Warum ist Mathe so schwer?

maresa
Ich finde Fächer wie Mathe, Physik und Biologie sehr schwer und die Fächer wie Englisch, Sport und Kunst finde ich viel einfacher.

lara 93
Ich finde Sprachen viel schwerer als Mathe, Chemie usw. Mathe ist logisch – die Antwort ist entweder richtig oder falsch, aber bei Sprachen ist es viel komplizierter und im Englischunterricht verstehe ich nur Bahnhof!

felix n.
Englisch fällt mir sehr leicht, weil meine Mutter aus England kommt und das ist sehr nützlich! Ich lerne auch gern Französisch, weil ich oft in den Urlaub nach Frankreich fahre.

 5 Lies die Ausschnitte noch mal und beantworte die Fragen.

1 Wem fällt Mathe schwer?
2 Wem fällt Englisch sehr leicht?
3 Wer findet die logischen Fächer einfacher als die sprachlichen Fächer?
4 Wer benutzt ein Fach in den Ferien?

 6 Die Klasse 9b schickt deiner Klasse eine Umfrage. Bereite Antworten zu ihren Fragen vor.

- **Was ist dein Lieblingsfach?**
- **Wie oft hast du das in der Woche?**
- **Welche Fächer machen dir viel/keinen Spaß?**
- **Welche Fächer findest du einfach/schwer? Warum?**

7 Partnerarbeit. Stellt einander die Fragen aus Aufgabe 6. Seid ihr der gleichen Meinung?

Grammatik
lern weiter **210**

Comparing two things
To compare two things, add **-er** to the end of the adjective:

einfach → einfacher   *easy → easier*
schwer → schwerer   *difficult → more difficult*
Deutsch ist schwerer als Englisch.
      German is more difficult than English.

Some adjectives also add an umlaut on the first vowel:
alt → älter   *old → older*

And some adjectives are irregular:
gut → besser   *good → better*

Biologie, Chemie, Darstellendes Spiel, Deutsch, Englisch, Erdkunde, Französisch, Gemeinschaftskunde, Geschichte, Informatik, Kunst, Latein, Mathe, Musik, Philosophie, Physik, Politik, Sport
Mein Lieblingsfach ist [Latein].
Meine Lieblingsfächer sind [Geschichte] und [Erdkunde].
[Chemie] habe ich [montags/dienstags].
Wir haben [Sport] [einmal/zweimal / dreimal] in der Woche.
Ich finde [Sprachen] viel schwerer als [Mathe].
Ich finde [Politik] sehr [nützlich / interessant / logisch / leicht / schwer].

1 Lies den Bericht und finde folgende Wörter bzw. Ausdrücke.

1 every morning **2** breakfast **3** pens **4** exercise books **5** in the afternoon **6** three years ago

---

Vor drei Jahren ist Kalib als Flüchtling aus dem Krieg in Angola alleine nach Deutschland gekommen.

„Als Kind habe ich im Kinderheim in Luanda gewohnt. Dort gab es noch 33 Jungen und sechs Mädchen. Wir sind jeden Morgen um sechs Uhr aufgewacht und sind jeder mit einem 3-Liter Kanister losgegangen, um Wasser vom Brunnen zu holen. In der Kochhütte haben wir dann eine Tasse Maisbrei mit Zucker gegessen. Das war unser Frühstück. Um acht Uhr war die erste Stunde – wir hatten Mathe, Englisch oder Sport. Geschichte, Kunst und Physik usw. hatten wir gar nicht! Unser Schulgebäude war eine alte Hütte – dort gab es keine Computer, Spielgeräte oder sogar Toiletten! Wir hatten nur wenig Lernmaterial wie Stifte, Hefte usw. Sport war mein Lieblingsfach, aber wir hatten keinen richtigen Sportplatz. Mittags war die Schule aus und wir haben Mais mit Bohnen oder Gemüse gegessen. Am Nachmittag sind wir noch mal zum Brunnen gegangen und dann haben wir auf dem Feld gearbeitet, unsere Kleidung gewaschen und auf die kleineren Kinder aufgepasst."

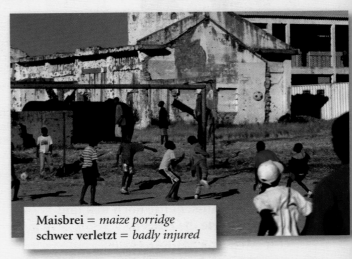

Maisbrei = *maize porridge*
schwer verletzt = *badly injured*

Eine Organisation für Kinder aus Afrika hat Kalib in einem Krankenhaus in Angola gefunden. Beim Fußballspielen ist er auf eine Landmine getreten und wurde schwer verletzt. Die Organisation hat Kalib nach Düsseldorf gebracht und jetzt wohnt er bei einer Gastfamilie und geht regelmäßig in die Schule.

2 Lies den Bericht noch mal und beantworte die Fragen auf Englisch.

1 Where did Kalib live?
2 What did the children have to do before breakfast?
3 What was for breakfast?
4 When did the first lesson start and what might it have been?
5 What was for lunch?
6 Name two things Kalib did after lunch.
7 How was Kalib injured?

Grammatik

lern weiter **213**

Negatives

To say there was not something, use **kein(e)**, which works in the same way as **ein**.

accusative case:

masculine	**Wir hatten keinen Sportplatz.** *We didn't have a sports field.*
feminine	**Es gab keine Toilette.** *There was no toilet.*
neuter	**Ich hatte kein Buch.** *I didn't have a book.*
plural	**Dort gab es keine Computer.** *There were no computers there.*

To say *not*, use **nicht**:
Physik hatten wir nicht. *We didn't have physics.*

Remember: **kein** + noun
nicht + verb

3 Kalib hat einen Bericht über seinen deutschen Schultag aufgenommen. Hör zu und schreib zu jedem Wort eine Uhrzeit auf.

aufwachen   Nachhilfe
aufstehen   AGs
Frühstück   Hausaufgaben
Abfahrt   Abendessen
Schulbeginn   Musik
Mittagessen   Bett
Schulende

Kalib

4 Hör noch mal zu. Schreib weitere Details zu jeder Uhrzeit auf.

Beispiel: aufwachen, 06:00 Uhr – Wecker klingelt / hört Musik

5 Partnerarbeit. Stellt einander Fragen zum Schultag.

- ■ Wann [stehst / wachst] du auf?
- ● Um sechs Uhr zwanzig [stehe / wache] ich auf.
- ■ Wie fährst du in die Schule?
- ● Ich fahre [mit dem Rad] in die Schule.
- ■ Wann beginnt die Schule?
- ● Die erste Stunde beginnt um [fünf vor neun].
- ■ Was machst du in der großen Mittagspause?
- ● Zuerst [esse ich zu Mittag in der Kantine] und dann [mache ich ein AG] oder ich [chille auf dem Schulhof].
- ■ Wann endet die Schule?
- ● Die Schule endet um [Viertel vor vier].
- ■ Was hast du gestern nach der Schule gemacht?
- ● Zuerst bin ich [nach Hause gefahren] und habe etwas gegessen und getrunken. Dann habe ich [mit Freunden telefoniert] und danach habe ich [Hausaufgaben gemacht].

⭐ Tipp

- ● Include time expressions: **um acht Uhr, am Nachmittag, nach dem Mittagessen.**
- ● Always include one weil expression: **Ich stehe nicht gern auf, weil ich ziemlich faul bin.**
- ● Add an opinion: **Ich finde das** + adjective
- ● Include the past tense: **Letzte Woche bin ich mit dem Bus gefahren, weil mein Rad kaputt war.**

6 Schreib für deine Partnerschule einen Text über deinen Schultag in Großbritannien.

Um [sechs Uhr]	wache ich auf / stehe ich auf / dusche ich frühstücke ich.
Ich esse	Müsli / Toastbrot / Schinken / Käse.
Um [zehn nach sieben]	fahre ich [mit dem Schulbus] in die Schule.
Gegen [zwei Uhr]	esse ich zu Mittag.
Um [halb zwei]	endet der Schultag / fahre ich nach Hause.
Am Nachmittag	fahre ich wieder in die Schule / mache ich AGs.
Um [sechs Uhr]	gibt's Abendessen / mache ich meine Hausaufgaben / sehe ich fern.
Gegen [zehn Uhr]	gehe ich ins Bett.

3 Schulregeln – streng verboten!

 1 Lies Saschas Schulordnung auf ihrem Blog. Was passt zusammen?

Am Anfang des Schuljahres schreiben wir alle am Gymnasium unsere eigene Schulordnung für's Schuljahr auf. So werde ich mich in diesem Schuljahr benehmen …

1 Ich werde meine Hausaufgaben machen.
2 Ich werde jeden Tag pünktlich zur Schule kommen.
3 Ich werde hilfsbereit und höflich sein.
4 Ich werde mich ordentlich anziehen.
5 Ich werde weder gemein noch aggressiv sein.
6 Ich werde kein Messer zur Schule mitbringen.
7 Ich werde nicht rauchen.

Daume drücken!

 2 Gruppenarbeit. Bereitet eure eigene Schulordnung vor.

1 Schreib zuerst deine eigenen Ideen auf.

Beispiel: Ich werde freundlich sein.

2 Besprecht eure Ideen in der Gruppe.

- ■ Ich werde immer pünktlich sein.
- ● Ja, das habe ich auch. Das ist sehr wichtig, finde ich.
- ▲ Ich werde immer mit dem Rad zur Schule fahren …

3 Schreibt eure Schulordnung für eure Partnerschule auf.

Beispiel: Wir werden mit dem Rad, dem Skateboard oder dem Bus zur Schule fahren.

 4 Hör diesen Ausschnitten aus einem Radioprogramm zu. Spricht man von der Vergangenheit (V), Gegenwart (G) oder Zukunft (Z)? (1–8)

Grammatik
lern weiter 214

The future tense

- You have met the present tense to talk about future events:
  Im Sommer fahre ich in die Türkei.
  In the summer I am going to go to Turkey.

- If you want to say you 'will' do something, you need the future tense. This is formed by part of **werden** (*to become*) plus a verb in its infinitive form.
  Ich werde höflich sein. *I will be polite.*
  Wirst du dich ordentlich anziehen?
  Will you dress smartly?
  Er/sie/man wird pünktlich sein.
  He/she/you will be punctual.
  Wir/Sie/sie werden nicht rauchen.
  We/you/they will not smoke.

lesen **5** **Lies diese Schulordnung aus dem 20. Jahrhundert und beantworte die Fragen auf Englisch.**

1 How did pupils greet the teacher?

2 How did children have to sit?

3 Name three things which pupils could not do during lessons.

4 What did you have to do if you wanted to answer a question?

5 Where were the books stored?

Die Schulregeln vor 100 Jahren

a Man muss die Lehrerin mit „Guten Morgen, Fräulein Lehrerin" begrüßen.

b Man muss still in Reihen hintereinander sitzen und stets nach vorne schauen.

c Während des Unterrichts darf man nicht flüstern, sprechen oder plaudern.

d Man darf nicht kichern oder lachen.

e Man darf nur beim Befehl „Steht auf" aufstehen.

f Man muss sich mit der rechten Hand melden, um eine Frage zu beantworten.

g Auf Kommando muss man die Hefte und die Tafeln unter der Bank hervorholen und wegräumen.

ausschalten = *to turn off*	schade = *shame / pity*
Kaugummi = *chewing gum*	schwänzen = *to skive*
Mobbing = *bullying*	verletzen = *to injure / hurt*

hören **6** **Kai macht für das Schulradio Interviews. In welchem Interview erwähnt man Folgendes? (1–6)**

hören **7** **Hör noch mal zu. Wie finden die Schüler die Regeln? Schreib für jede erwähnte Regel eine Meinung auf Englisch auf.**

Beispiel: 1 keep toilets clean – good

Man muss …	die Toiletten sauber halten / Hausaufgaben machen / [im Gang / auf den Treppen] langsam / ordentlich gehen / alle [Computer / Lichter] am Ende des Tages ausschalten.
Man darf …	nicht kichern / lachen / flüstern / plaudern / mit dem Skateboard zur Schule kommen.
	keinen Kaugummi auf den Boden wegwerfen.
Man soll …	mit dem [Bus / Rad] zur Schule kommen.
	nicht schwänzen.
Mobbing ist streng verboten. Messer sind streng verboten.	
Meiner Meinung nach ist das [sehr gut / (un)fair / OK / streng / locker / unmöglich].	

schreiben **8** **Wie sind die Regeln an deiner Schule? Schreib eine Liste davon für deine Partnerschule und auch deine Meinung dazu auf.**

Beispiel: Bei uns darf man keinen Kaugummi auf den Boden wegwerfen. Meiner Meinung nach ist das fair.

 Tipp

Make sure you can give your opinion in the three tenses!

Present	Das ist (super).	Das macht (jede Menge) Spaß.
Past	Das war (toll).	Das hat (viel) Spaß gemacht.
Future	Das wird (lustig) sein.	Das wird (keinen) Spaß machen.

- Discussing the pros and cons of school uniform
- Using adjectives

lesen **1** Lies den Artikel. Wer ist für eine Schuluniform und wer ist dagegen?

Schuluniform – pro und kontra

In Deutschland muss man meistens keine Uniform tragen, aber einige Politiker wollen eine Uniform für alle Schulen einführen. Werden in Zukunft deutsche Schüler alle uniformiert sein?

❶ Schüler tragen Markenkleidung zur Schule und das kann zu Problemen in der Klasse führen. Ich bin eindeutig dafür, da Mode nicht ins Klassenzimmer gehört, finde ich. Ich werde immer für eine Uniform sein.

❷ Meiner Meinung nach gibt es bei einer Uniform mehr Nachteile als Vorteile – eine bestimmte Sommer- und Winteruniform finde ich total lächerlich, lästig und altmodisch. Alle sehen beim Uniformtragen gleich aus und so verliert man sofort seine Individualität. Das finde ich negativ. In Zukunft wird man hoffentlich keine Uniform zur Schule tragen.

❸ Fußballspieler sind stolz auf ihre Uniform und so soll es auch in der Schule sein. Man kann noch eigene Klamotten in der Freizeit tragen – für mich reicht das. Ein anderer Vorteil ist, dass man morgens genau weiß, was man anziehen soll – das ist super praktisch!

Susanne

Alex

Felix

Und was meinen die Lehrer dazu?

❹ Man leidet wegen der Kleidung nicht unter Diskriminierung und Mobbing, weil alle gleich aussehen – das muss positiv sein. Wenn die Schüler alle die gleiche Kleidung tragen, fördert das ein positives Benehmen.

❺ Wenn man nicht viel Geld hat, kann man sich eine Uniform nicht leisten. Das ist einfach zu teuer und ich bin total dagegen. Die Uniform beschränkt die Freiheit und löst keine Probleme auf dem Schulhof.

Frau Martins

Herr Otto

lesen **2** Lies den Artikel noch mal und such diese Ausdrücke heraus.

1 there are more disadvantages than advantages
2 in my opinion
3 in future
4 I am definitely in favour
5 are proud of
6 another advantage is
7 I find that negative
8 I am completely against it

3 Fünf Schüler hinterlassen eine Nachricht bei einer Talkshow. Hör zu und beantworte die Fragen. (1–5)

1 Are the pupils for or against a uniform?

2 What reasons do they give from the list?

A school uniform ...

a speeds up the morning routine

b gives you no opportunity to express your personality

c is unpleasant to wear

d can lead to bullying

e promotes a sense of pride in your team

f helps the school look smart

g doesn't help to bridge the rich / poor divide

 4 Schreib einen Text zum Thema: Schuluniform – pro und kontra.

- Use the expressions in the Key Language box below to add 'colour' to your text.
- Try to include a **wenn** or **weil** sentence if you can.

 5 Was tragen sie zur Schule? Hör zu und schreib die Buchstaben auf. Notiere zu jedem Kleidungsstück ein Detail auf Englisch. (1–6)

Beispiel: I, f, blue, ...

Das kann zu Problemen führen.
Ich bin total gegen / für eine Schuluniform.
Das finde ich negativ / positiv / teuer.
Es gibt mehr Nachteile als Vorteile.
Ein anderer Nachteil / Vorteil ist, dass ...

 6 Gruppenarbeit. Sieh dir die Fotos an und wähl dein Lieblingsfoto aus. Besprecht die Fotos in der Gruppe.

- Beschreib das Foto. Was trägt der Schüler / die Schülerin?
- Warum hast du dieses Foto gewählt?
- Wie findest du die Kleidung?
- Trägst du auch ähnliche Kleidungsstücke zur Schule? Warum (nicht)?
- Was sind deine Lieblingsklamotten und -farben?

Grammatik

lern weiter 211

Adjective endings

If you use an adjective before a noun, it needs an ending. These are the endings after the indefinite article in the accusative case:

Ich trage ...

m	einen	roten / weißen / grünen	Rock / Pullover.
f	eine	gelbe / schwarze / blaue	Hose / Jacke / Krawatte / Bluse.
nt	ein	goldenes / buntes / gestreiftes	Kleid / Hemd / Sweatshirt / T-Shirt / Polohemd.
pl		gepunktete / karierte	Jeans / Strümpfe / Shorts / Schuhe / Sportschuhe.

1 Esra schreibt eine E-Mail an eine Deutschklasse in England. Lies die E-Mail, schreib das Formular ab und ergänze es auf Deutsch.

Qualität der Lehrer: ....

Stimmung unter Mitschülern: ....

Schulgebäude: ....

Sportmöglichkeiten: ....

AG-Angebot: ....

Essensmöglichkeiten: ....

Uniform: ....

Hallo!
Unsere Schule liegt am Stadtrand und es gibt dort über 1.500 Schüler. In meiner Klasse gibt es 29 Schüler und die meisten sind sehr sympathisch und nett. Wir kommen alle gut miteinander aus und, wenn es ein Problem gibt, helfen die Lehrer uns dabei, das Problem zu lösen. Die Lehrer sind ziemlich streng, aber sie sind fair und das finde ich positiv. Leider ist die Schule alt und die Klassenzimmer sind echt schrecklich. Im Sommer ist es irrsinnig heiß drinnen und im Winter frieren wir! Wir haben eine Sporthalle, aber die Umkleidekabinen sind immer dreckig und die Duschen funktionieren nie. Das ist schade, finde ich, aber nächstes Jahr werden wir eine neue Sporthalle bekommen. Wir treiben viel Sport an der Schule, wie zum Beispiel Handball, Fußball und Leichtathletik. Leider haben wir keine AGs, weil die Lehrer keine Zeit dafür haben, also gibt es für uns keinen Chor und kein Orchester wie bei anderen Schulen. Es gibt eine Kantine an der Schule, aber die ist ziemlich teuer. Wir haben keine Uniform, aber wir dürfen keine Markenkleidung tragen. Das ist alles verboten!
Eure Esra

2 Lies die E-Mail noch mal und beantworte folgende Fragen.

1 Who helps to resolve problems?

2 What are the classrooms like?

3 Name two problems with the sports hall.

4 What does Esra say about after school activities?

5 What does she say about the school canteen?

6 What aren't the pupils allowed to wear?

3 Hör zu. Joel ist nach England umgezogen und geht jetzt dort auf eine Schule. Kopiere und ergänze das Formular aus Aufgabe 1.

4 Gruppenarbeit. Bereitet einen Vortrag über eure Schule vor.

- Your school wants to prepare some information about the school for students around the world.
- With a partner choose a title from the form in exercise 1.
- Then write a short report on that topic.
- Read your reports in your group and share your ideas.

Beispiel: Qualität der Lehrer: In unserer Schule gibt es über 50 Lehrer. Sie sind meistens ...

Unsere Schule liegt [am Stadtrand].
Es gibt dort über [1.500] Schüler.
In meiner Klasse gibt es [29] Schüler.
Die [Schüler / Lehrer] sind ziemlich [sympathisch / nett / fair / streng].
Die Schule ist [sehr / echt] [alt / schrecklich / dreckig].
Die Klassenzimmer sind meistens [frisch / modern / sauber].
Wir haben eine [große / neue] [Sporthalle / Kantine / Bibliothek].
Nach der Schule gibt es [viele / keine] AGs.
Es gibt [keinen / einen] Chor / [kein / ein] Orchester.
Das ist [schade / positiv], finde ich.

schreiben 5 Schreib mithilfe folgender Fragen und der Ideen aus Aufgabe 4 einen Text über deine Schule für die Schulwebsite.

- Wie sind die Schüler / Lehrer?
- Wie sind die Schulgebäude?
- Was für Sport- / Essensmöglichkeiten / ein AG-Angebot gibt es an der Schule?
- Muss man eine Uniform tragen?

lesen 6 Sieh dir das Poster an und beantworte die Fragen auf Englisch.

1 What is the poster advertising?
2 What do you have to do?
3 What are the three top prizes?
4 Which two suggestions do you find the best? Why?

Grammatik
lern weiter 209

Pronouns

In German, pronouns (I, you, we, they, etc.) change depending on which case they are in.

nominative Im Winter frieren **wir**.
We freeze in winter.

accusative Es gibt für **uns** keinen Chor.
There is no choir for us.

dative Die Lehrer helfen **uns**.
The teachers help us.

nominative	accusative	dative
ich	mich	mir
du	dich	dir
er	ihn	ihm
sie	sie	ihr
wir	uns	uns
ihr	euch	euch
Sie / sie	Sie / sie	Ihnen / ihnen

Wettbewerb:

Traumschule der Zukunft

Wie wird die Traumschule der Zukunft aussehen? Schreib einen Text oder zeichne einen Entwurf und schick ihn an: wettbewerb@traumschule-des.de.
Tolle Preise!
Gewinn mal ein Makeover für:
1 die ganze Schule
2 den Schulhof
3 den Fahrradschuppen

Die Lehrer werden immer Zeit für uns haben.

Jeder Schüler wird seinen eigenen Computer haben.

Man wird im Gang und im Restaurant Musik hören.

Es wird eine große Bibliothek mit Büchern aus aller Welt geben.

lesen 7 Verbinde die Satzteile unten zum Thema „Die Traumschule der Zukunft".

1 Es wird nur 20 Schüler
2 Die Schule wird um halb neun
3 Hier wird man eigene Klamotten
4 Auf dem Schulhof wird es
5 Die Toiletten und Umkleidekabinen werden
6 Wir werden keine Hausaufgaben

a einen Skateboardpark geben.
b tragen.
c beginnen und mittags wird sie aus sein.
d in einer Schulklasse geben.
e sauber und gut gepflegt sein.
f oder Prüfungen haben.

schreiben 8 Beschreib deine ideale Schule der Zukunft! Vergleich deine Ideen auch mit deiner jetzigen Schule.

- Talking about the pressures at school
- Using *wenn*

Lies den Zeitungsartikel und finde mindestens ein Beispiel von:

1 der Vergangenheit   **2** der Gegenwart   **3** der Zukunft

Gewalt auf dem Schulhof

Am Freitagvormittag haben zwei 16-jährige Schüler und eine Mitschülerin einen 15-jährigen Schüler auf dem Schulhof brutal zusammengeschlagen. Sie haben die Tat mit einer Handy-Kamera gefilmt und die Aufnahmen im Internet veröffentlicht. Niemand hat die Lehrer informiert, niemand hat die Polizei gerufen, niemand hat dem Betroffenen geholfen.

Konflikte an der Schule wird es immer geben. Konflikte entwickeln sich zu einem Problem und auf dem Schulhof kann das oft zu Gewalt, Bedrohung und Erpressung führen. Immer mehr Schüler fühlen sich an der Schule nicht sicher, also bringen sie ein Messer und andere Waffen zur Schule mit, um sich selber zu schützen. Gehört Gewalt jetzt zum Schulalltag, so wie Mathe und Hausaufgaben, oder kann man das noch vermeiden? Einige Schulen haben schon private Sicherheitsleute auf dem Schulhof, aber wird das in Zukunft für jede Schule der Fall sein?

lesen 2 Lies den Artikel noch mal. Was bedeuten die blauen Ausdrücke auf Englisch?

schreiben 3 Schreib einen kurzen Artikel über folgendes Ereignis an deiner Schule für eine deutsche Zeitung.

> Thursday afternoon – library – attack – knife – age of victim / attacker – witnesses? / help? reasons? outcome? what can be done against such attacks? – has it happened to you?

lesen 4 Welches Problem passt zu welchem Bild?

❶ Die Hausaufgaben finde ich stressig.

❷ Die Mitschüler mobben mich.

❸ Ich habe Angst vor den Prüfungen und Probleme mit dem Unterricht.

❹ Ich bekomme schlechte Noten.

❺ Ich habe keine Freunde.

hören 5

Hör die Nachrichten im Radio zu. Welches Problem beschreibt man aus Aufgabe 4? (1–5)

 hören 6

Hör noch mal zu. Wähl die richtige Antwort aus.

1 Pupils are afraid of
   underperforming / violence / teachers.

2 Pupils enjoy school for the **sports
   lessons / homework / friendships.**

3 An initiative in Mannheim aims to help new
   pupils feel less **scared / lonely / angry.**

4 David is in danger of having to **move
   schools / resit the year / sit in detention.**

5 M. has a problem with
   bullying / homework / gym classes.

 schreiben 7

Bring die Wörter in jedem Satz in die richtige Reihenfolge.

Wenn man ein Problem an der Schule hat, kann / soll man …

1 diskutieren das Freunden, Eltern oder Lehrern mit deinen

2 wechseln die Schule oder die Klasse

3 sein deprimiert

4 ignorieren das

5 darum kümmern sich alleine

6 bekommen Nachhilfe

sprechen 8

Gruppenarbeit. Bereite eine „Mindmap" zum Thema Schule vor. Besprecht gemeinsam eure Ideen.

Unterricht, Stress, Hausaufgaben

Gewalt am Schulhof: Wer war dabei und wann?

Probleme

Ereignisse

SCHULE

Positives

Wie wird es besser sein?

Freunde, Essen, AGs

Neues Gebäude, Sportmöglichkeiten, keine Uniform

Grammatik

lern weiter 216

Wenn

Like **weil** (because), **wenn** (if / when) changes the word order of a sentence by sending the verb to the end of the clause. If **wenn** starts the sentence, the verb goes to the end of the clause and is then followed by a comma and the next verb:

Wenn er ein schlechtes Zeugnis bekommt, wird er sitzenbleiben.
If he gets a bad report he will have to repeat the year.

Ich habe Angst vor Messern / den Prüfungen.
Ich habe keine Freunde / Probleme mit dem Unterricht.
Die Hausaufgaben finde ich stressig.
Die Mitschüler mobben mich.
Ich bekomme schlechte Noten.

 Tipp

Always try to include examples of the three tenses. Include:

- an event which happened in the past: **In Mathe habe ich eine schlechte Note bekommen. Ich bin um sieben Uhr zur Schule gegangen.**
- something / the situation now in the present tense: **Meine Schule ist sehr groß.**
- what will happen / how things will change in the future tense: **Man wird nicht zur Schule gehen.**

Sprachtest

• Preparing for a conversation on school

You are going to hear part of a conversation between a teacher and a student. Listen to the extract, then carry out the activities to help you prepare for your own speaking task.

Task: School

You are going to have a conversation with your teacher about school.

Your teacher could ask you the following:

- What sort of school do you attend?
- What other schools have you attended? Which school do you prefer and why?
- What is a typical school day like?
- What is your opinion of your school?
- What are the advantages of school uniform?
- What would your ideal school be like?
- ! (A question for which you have not prepared.)

Preparation

1 Listening for grammatical structures

1 First, the student is going to talk about his school day. Note the kind of information you think he will include.

2 Now listen. Tick off the information you predicted and make a note of other things he mentions.

3 To get a top grade you need to use a variety of structures. Which of the following does the student use?

a inversion (see Tipp box)	**b** expressions of time	**c** subordination (see Tipp box)
d modal verbs	**e** expressions of place	

2 Listening for qualifiers

You may find it helpful to look at the transcript while you listen to this section.

1 The student gives his opinions on school. Look back over this Chapter to predict which aspects he might focus on. Did you guess correctly?

2 To convey his point of view, does the student use a) adjectives or b) phrases for expressing opinions?

3 The student also uses qualifiers to add variety. Which of the following do you hear? Check their meaning.

> total absolut sowieso echt klar doch

★ **Tipp**

- **Inversion:**
Switch the subject and the verb around. Instead of saying e.g. **ich mache AGs dreimal in der Woche** try saying **dreimal in der Woche mache ich AGs.**

- **Subordination:**
The linking word you use sends the main verb to the end of the sentence e.g. **Deutsch lerne ich gern, weil die Lehrerin sympathisch ist.**

3 Listening for linking words

1 The student uses a variety of linking words. Which of the following does he use when talking about school uniform?

> oder deshalb weil dass wenn dafür aber außerdem und

2 The student not only expresses his point of view, he explains it. He mentions two points of view and two reasons. What are they?

Useful language

Linking words

(no change to word order)

aber	*but*
oder	*or*
und	*and*

e.g. Man muss so viel lernen **und** ich habe immer Angst vor den Noten.

(inversion of subject & verb)

auch	*also*
außerdem	*besides, moreover*
dafür	*instead*
deshalb	*therefore, for this reason*

e.g. **Deshalb** haben wir weniger Probleme auf dem Schulhof.

(verb to end of sentence)

damit	*so that*
dass	*that*
wenn	*when, if*
weil	*because*

e.g. **damit** wir am Nachmittag mehr Zeit für Hobbys **haben**.

Fillers

absolut	*absolutely*
echt	*really*
klar	*clearly*
sowieso	*anyway*

Over to you!

- Gather together the notes you have made on school. What information are you going to include in your answer to each question? Be ready for your teacher's unpredictable question.
- Work with a partner to answer his / her questions. Keep the conversation going – in German, of course! Make sure you extend your answers, express your point of view and give some reasons.

GradeStudio

To make sure you have a chance of getting a **grade C** in your speaking, you should:
- use *weil* (because) or *dass* (that). Remember that these words send the verb to the end of the sentence
  e.g. *Mein Lieblingsfach ist übrigens Deutsch, **weil** es mir leicht **fällt**!*
- express a range of opinions – use adjectives e.g. *blöd, dumm, stressig, fair, lecker, preisgünstig.*
- use inversion e.g. *In einigen Fächern habe ich Schwierigkeiten.*

If you are aiming for a **grade A**, you should also:
- use subordinating conjunctions, this time not only *weil* and *dass*, but also *damit* (so that), *wenn* (if or when). You might also want to use *obwohl* (although) or *ob* (whether).
- express and explain a range of ideas and points of view – remember you can give the reason first
  e.g. *Damit wir am Nachmittag mehr Zeit für Hobbys haben, wird der Schultag schon um 14:00 Uhr zu Ende sein* since this adds to the variety

If your goal is an **A***, you need to do all of the above and:
- speak confidently and fluently – remember the small fillers.
- use a wide range of different tenses e.g. present: *Die erste Stunde beginnt um Viertel vor neun;* imperfect (past): *Man hatte keine Prüfungen;* future *In meiner Idealschule wird es 15 Schüler in einer Klasse geben.*

• Preparing for an extended writing task about school

Info-Abend in der Europaschule

Am Mittwoch, den 6. Mai um 19 Uhr, findet in der Europaschule in der Willy-Brandt-Straße ein Informationsabend statt. Eltern sind herzlich eingeladen, sich über die Schule zu informieren.

• 1983 begann der Bau der ersten Gebäude und im September 1985 kamen die ersten Schülerinnen und Schüler zum Unterricht. Zurzeit sind mehr als 1400 Schülerinnen und Schüler bei uns.

• Wir sind eine Gesamtschule, das heißt eine Schule für alle Kinder, die sonst entweder in die Hauptschule, in die Realschule oder ins Gymnasium gehen.

• Drei Tage in der Woche sind sogenannte „Langtage": An diesen Tagen sind die Schülerinnen und Schüler bis 15:50 Uhr in der Schule. In der Mittagszeit bekommen sie ein warmes Essen im Schulrestaurant, und am Nachmittag bietet die Schule kreative, sportliche oder spielerische Aktivitäten in kleinen, altersgemischten Gruppen, z. B. Computer, Billard, Singen und Sport.

• Unsere Schule ist sehr gut ausgestattet. Letztes Jahr haben wir sowohl ein Multi-Media-Studio als auch ein voll ausgestattetes Musik-Studio eröffnet, und in den nächsten Jahren werden wir nicht nur eine Theaterbühne, sondern auch ein neues Tanzstudio bauen. Unsere Klassenzimmer sind hell und freundlich, und mitten im Gebäude befindet sich das Schulrestaurant. Es ist ein angenehmer Treffpunkt mit viel Licht und vielen Pflanzen.

• Wir legen großen Wert auf unsere Kontakte mit Schulen in anderen Ländern. Letztes Jahr hatten wir Schüleraustausche mit Schweden, Italien und Großbritannien. Im Herbst ist eine Gruppe aus unserer Schule in die USA gefahren und im nächsten Sommer wird uns eine Gruppe aus den USA besuchen.

Wir freuen uns auf Ihren Besuch!

1 Structure.
Each of the six paragraphs deals with a different aspect of the school. Which paragraph deals with ...?

a rooms and facilities in the school
b afternoon school
c the information evening
d partner schools abroad   **e** type of school
f number of pupils in the school

2 Time phrases.
Find the time phrases in the text and write them out.

a *on Wednesday*   **b** *at 7 pm*   **c** *in 1983*
d *in September*   **e** *till 3.50 pm*   **f** *at midday*
g *in the afternoon*   **h** *last year*   **i** *in autumn*
j *next summer*

3 Plurals.
What are the plural forms of the following nouns?

a die Schülerin   **b** der Schüler   **c** das Kind
d der Tag   **e** die Aktivität   **f** die Gruppe
g das Klassenzimmer   **h** der Kontakt

4 Adjectives.
Which adjective in yellow means ...?

a *light*   **b** *equipped*   **c** *other*   **d** *pleasant*
e *so-called*   **f** *mixed-age*

Over to you!

Write an article in German for your school website to introduce your school to some German students who are visiting next month. First read the tips below. Then write at least 200 words in German. You could include:

- information about where your school is, what sort of school it is, the school day, school uniform, school subjects and extra-curricular activities.
- what you think of the school and why.
- a description of a school trip that has recently taken place.
- details of some activities that the German students will do, or places they will visit.

Tipp

- Use a range of tenses, e.g. **letzte Woche** + past tense, **nächste Woche** + future tense.
- When you have finished writing your article, re-read the instructions for the writing task and check that you have included all the information requested.

Grade**Studio**

To make sure you have a chance of getting a **grade C** in your writing, you should:

- write a plan of what you are going to say. Why a plan? It helps to ensure you complete the various tasks set and convey relevant information. If you include ideas in your plan (one word prompts will do!), you'll be more likely to include material which shows that you can provide more than a minimal response.
- avoid long lists of nouns (e.g. of all the rooms in your school). The following expressions provide variety: *nicht nur ... sondern auch ...* (not only ... but also ...) *sowohl ... als auch* (both ... as well as ...)

If you are aiming for a **grade A**, you should also:

- use the right prepositions in a range of time phrases, which give your writing more cohesion.

  e.g. *Ich komme kurz **vor halb neun** in der Schule an und **um 9 Uhr** beginnt die erste Stunde.*

  ***Nach halb vier** haben wir frei, obwohl wir **am Abend** viele Hausaufgaben haben.*

If your goal is an **A***, you need to do all of the above and:

- use adjectives to add interest and get higher marks.

  e.g. *Wir haben **moderne** PCs, und sowohl ein **großes** Multi-Media-Studio, als auch eine **praktische** Theaterbühne.*

  *Wir haben eine nicht nur **sehr kleine**, sondern auch sehr sehr **dunkle** Kantine.*

Now you try it! 1

Write an essay plan for your website article.
Remember to give enough information to go beyond a minimal response.

Now you try it! 2

Write the missing prepositions to answer the question.
(Need help? See exercise 2 on page 62)
Wann?

1 ☐ *Freitag* 2 ☐ *März*
3 ☐ *zwei Uhr* 4 ☐ *nächsten Winter*
5 ☐ *Morgen*

Now you try it! 3

Write the sentences in German.

1 We have both a fully equipped multimedia studio and a very dark dance studio.
2 We have not only big but also light classrooms.

Talking about your school timetable

Die [erste] Stunde beginnt / endet um …	*The [first] lesson starts / ends at …*	Philosophie	*philosophy*
Wir haben die [zweite] große Pause um …	*We have the [second] break at ….*	Physik	*physics*
Mein Lieblingsfach ist …	*My favourite subject is …*	Politik	*politics*
Meine Lieblingsfächer sind …	*My favourite subjects are …*	[Chemie] habe ich montags / dienstags.	*I have [chemistry] on Mondays / Tuesdays.*
Biologie	*biology*	Wir haben [Sport] einmal / zweimal / dreimal in der Woche.	*We have [sport] once / twice / three times a week.*
Chemie	*chemistry*		
Darstellendes Spiel	*drama*	Ich finde Fächer wie [Chemie] sehr schwer.	*I find subjects like [chemistry] very difficult.*
Deutsch	*German*		
Englisch	*English*		
Erdkunde	*geography*	Ich finde [Sprachen] viel schwerer als [Mathe].	*I find [languages] much more difficult than [maths].*
Französisch	*French*		
Gemeinschaftskunde	*PSHCE*	Ich finde [Politik] sehr …	*I find [politics] very …*
Geschichte	*history*	nützlich	*useful*
Informatik	*IT*	interessant	*interesting*
Kunst	*art*	leicht	*easy*
Mathe	*maths*	schwer	*difficult*
Musik	*music*		

Describing your school routine

Um [Viertel nach sechs] …	*At [quarter past six] …*	fahre ich [mit dem Schulbus] in die Schule	*I go to school [by bus]*
wache ich auf	*I wake up*	endet der Schultag	*school ends*
stehe ich auf	*I get up*	fahre ich nach Hause	*I go home*
dusche ich	*I shower*	gibt's Abendessen	*there's supper*
frühstücke ich	*I have breakfast*	esse ich zu Mittag	*I eat lunch*
Ich esse …	*I eat …*	mache ich meine Hausaufgaben	*I do my homework*
Müsli / Toastbrot	*muesli / toast*		
Schinken / Käse	*ham / cheese*	mache ich AGs	*I do clubs*
Um / Gegen [sieben Uhr] …	*At / Around [seven o'clock] …*	sehe ich fern	*I watch TV*
		gehe ich ins Bett	*I go to bed*

Saying how you will behave at school

Wir werden …	*We will …*	Man muss …	*You have to …*
Ich werde …	*I will …*	die Toiletten sauber halten	*keep the toilets clean*
meine Hausaufgaben machen	*do my homework*	Hausaufgaben machen	*do homework*
pünktlich zur Schule kommen	*get to school on time*	im Gang langsam gehen	*walk slowly in the corridor*
mit dem Rad zur Schule kommen	*go to school by bike*	auf den Treppen ordentlich gehen	*walk sensibly on the stairs*
hilfsbereit / pünktlich / höflich sein	*be helpful / punctual / polite*	alle Computer / Lichter am Ende des Tages ausschalten	*turn off all computers / lights at the end of the day*
weder [gemein] noch [aggressiv] sein	*be neither [mean] or [aggressive]*	Man darf nicht …	*You are not allowed to …*
mich ordentlich anziehen	*dress neatly.*	kichern	*giggle*
kein Messer zur Schule mitbringen	*not bring a knife to school*	lachen	*laugh*
nicht rauchen	*not smoke*	flüstern	*whisper*
		plaudern	*chat*

Man darf nicht mit dem Skateboard zur Schule kommen.	*You are not allowed to come to school on a skateboard.*
Man darf keinen Kaugummi auf den Boden wegwerfen.	*You are not allowed to throw chewing gum on the floor.*
Man soll mit dem [Bus / Rad] zur Schule kommen.	*You should come to school by [bus / bike].*
Man soll nicht schwänzen.	*You should not skive.*
Mobbing ist streng verboten.	*Bullying is strictly forbidden.*
Messer sind streng verboten.	*Knives are strictly forbidden.*
Meiner Meinung nach ist das [sehr] …	*In my opinion that is [very] …*
gut	*good*
[un]fair	*[un]fair*
streng	*strict*
locker	*relaxed*
unmöglich	*impossible*

Describing your clothes

Ich trage …	*I wear …*	ein [buntes] …	*a [colourful] …*
Er / Sie trägt …	*He / She wears …*	Kleid	*dress*
einen [roten] …	*a [red] …*	Hemd	*shirt*
Rock	*skirt*	Sweatshirt	*sweatshirt*
Pullover	*jumper*	[gepunktete] …	*[spotty] …*
eine [gelbe] …	*a [yellow] …*	Strumpfhosen	*tights*
Hose	*pair of trousers*	Schuhe	*shoes*
Jacke	*jacket*	Sportschuhe	*trainers*
Krawatte	*tie*	Jeans	*pair of jeans*
Bluse	*blouse*		

Describing your school

Unsere Schule liegt [am Stadtrand].	*Our school is [on the edge of town].*	schrecklich	*dreadful*
		dreckig	*dirty*
Es gibt dort über [1.500] Schüler.	*There are over [1,500] pupils there.*	sauber	*clean*
		frisch	*fresh*
In meiner Klasse gibt es [29] Schüler.	*There are [29] pupils in my class.*	Wir haben eine große / neue …	*We've got a big / new …*
Die Schüler / Lehrer sind [ziemlich] …	*The teachers / pupils are [quite] …*	Sporthalle	*sports hall*
		Kantine	*canteen*
sympathisch	*nice/likeable*	Bibliothek	*library*
nett	*nice*	Nach der Schule gibt es viele / keine AGs.	*After school there are lots of / no clubs.*
fair	*fair*	Es gibt [k]einen Chor.	*There is [not] a choir.*
streng	*strict*	Es gibt [k]ein Orchester.	*There is [not] an orchestra.*
Die Schule ist sehr / echt …	*The school is very / really …*	Das ist schade / positiv, finde ich.	*I think that's a shame / positive.*
Die Klassenzimmer sind meistens …	*The classrooms are mostly …*		
alt	*old*		

Talking about anxieties at school

Ich habe Angst vor [Messern / den Prüfungen].	*I'm afraid of [knives / exams].*
Ich habe keine Freunde.	*I haven't got any friends.*
Ich habe Probleme mit dem Unterricht.	*I have problems with the lessons.*
Die Hausaufgaben finde ich stressig.	*I find homework stressful.*
Die Mitschüler mobben mich.	*Other pupils bully me.*
Ich bekomme schlechte Noten.	*I get bad marks.*

4 Kind, Freund, Bürger

1 Zu Hause geht's gut

- Talking about your family
- Reviewing the accusative case

lesen 1 Wer bin ich? Lies die Sätze 1–6 und finde die Person.

1 Meine Mutter heißt Claudia und ich habe einen Bruder, der Axel heißt und eine Schwester, die Angela heißt.

2 Meine Söhne heißen Hans und Christian und ich habe einen Mann, der Joshua heißt.

3 Meine Tanten heißen Lisa und Franka und ich habe einen Bruder und eine jüngere Schwester.

Joshua Bärbel Wilhelm Eva

Hans Christian | Claudia Lisa Franka

Axel Angela Anna Thomas

4 Ich habe zwei Schwestern, die Lisa und Claudia heißen.

5 Ich habe drei Töchter und eine Frau, die Eva heißt.

6 Ich habe einen Bruder, zwei Nichten und einen Neffen.

hören 2 Hör zu. Welches Familienmitglied ist das? Wähle die Antwort aus der Wortkiste aus. (1–8)

> Halbbruder   Stiefvater   Tante
> Sohn   Cousin
> Großmutter   Enkelsohn
> Stiefmutter   Schwester   Mutter

Grammatik

lern weiter 217

Relative pronouns 1

In English relative pronouns are often translated as 'who', 'which' or 'that'.

Ich habe einen Bruder, der Axel heißt.
I have a brother <u>who</u> is called Axel.

Ich habe zwei Schwestern, die Angela und Anna heißen.
I have two sisters <u>who</u> are called Angela and Anna.

Nominative relative pronouns

masculine	feminine	neuter	plural
der	die	das	die

lesen **3** Lies den Text. Finde zehn positive und sechs negative Charaktereigenschaften.

Beispiel: + geduldig = patient

Zu Hause gibt es meinen Vater, meine Stiefmutter, meine Schwester und mich. Meine Mutter heißt Jana und ich finde sie geduldig und total großartig. Sie ist oft gut gelaunt und humorvoll. Mein Vater heißt Gerhard. Ab und zu ist er ganz locker und er ist bestimmt sehr intelligent. Aber ich finde ihn pessimistisch und oft humorlos. Er kann schon manchmal gemein und egoistisch sein. Ich wohne auch mit meiner jüngeren Schwester zusammen. Manchmal ist sie wirklich klasse – nett, komisch und freundlich. Aber im Moment ist sie unhöflich und frech!
Katja

 hören **4** Hör zu. Fünf junge Leute rufen eine Talkshow an. Finden sie ihre Familien positiv (p), negativ (n) oder positiv und negativ (pn)? (1–5)

sprechen **5** Gruppenarbeit. Wie sieht die Familie aus?

- Wie sieht die Familie aus?
- Findet der Sohn die Familie positiv?
- Findet die Mutter die Familie positiv?
- Wie finden die Töchter den Vater?

schreiben **6** Wähle ein Familienmitglied aus (Aufgabe 5). Wie findet er / sie die Familie? Schreib einen kurzen Text.

 **Grammatik**

lern weiter 209

The accusative case

This is used for the direct object of the verb, that is, the person or thing that the action is being done to.

Ich habe einen Vater.	*I have a father.*
Ich liebe meinen Bruder.	*I love my brother.*
Ich finde ihn total klasse!	*I find him great!*

Pronouns

nominative			
m	**f**	**nt**	**pl**
der	die	das	die
ein	eine	ein	-
mein	meine	mein	meine
er	sie	es	sie

accusative			
m	**f**	**nt**	**pl**
den	die	das	die
einen	eine	ein	-
meinen	meine	mein	meine
ihn	sie	es	sie

Ich habe	einen Bruder / Stiefvater / Sohn / Onkel,	der [Peter] heißt.
	eine Schwester / Halbschwester / Mutter / Tochter,	die [Angelika] heißt.
	zwei Brüder / Schwestern,	die [Hans] und [James] heißen.
	eine jüngere Schwester / einen älteren Bruder.	

Ich bin ein Einzelkind.			
Mein Bruder	heißt		[Thomas].
Meine Oma			[Ruby].
Meine Eltern	heißen		[Susan] und [Ian].
Ich finde ihn / sie	oft / ab und zu / immer	sehr / wirklich / total / (nicht) zu / ziemlich / ganz	nett / egoistisch / faul / frech / geduldig / (un)freundlich / großartig / komisch / schlecht gelaunt / gut gelaunt / klasse / humorvoll / humorlos / unhöflich / sehr streng / gemein.
Er / Sie ist			
Sie sind			

2 Sie gehen mir auf die Nerven

- Discussing how well you get on with family and friends
- Using separable verbs

Das Abendessen ist immer sehr schwierig. Wo sollen wir sitzen, um Streit zu vermeiden? Wir können nur neben jemandem sitzen, den wir mögen.

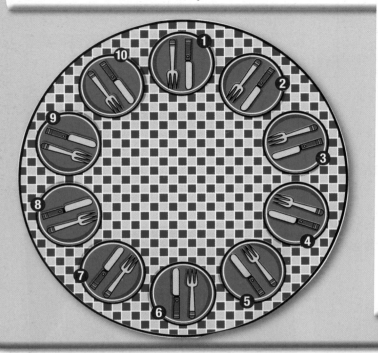

- Mein Cousin Paul ist launisch. Er kommt nicht gut mit Opa aus. Und er kann seine Schwester – unsere Cousine Monika – nicht leiden. Onkel Johann geht ihm auch auf die Nerven! Und ich komme auch nicht gut mit ihm aus.
- Vater ist ganz altmodisch und sitzt immer auf Stuhl Nummer eins.
- Tante Silvia kommt gut mit Onkel Johann aus, aber sie kann meine Cousine Monika, ihre Tochter, nicht leiden.
- Vater ist nicht sehr freundlich. Aber er kommt ziemlich gut mit meiner Mutter aus. Er versteht sich auch gut mit Paul. Paul ist unser Cousin.
- Ich setze mich immer auf Stuhl Nummer drei neben Tante Silvia.
- Mein Bruder Jens kommt sehr gut mit Opa aus. Aber Jens und ich verstehen uns nicht so gut.
- Oma ist ganz locker und die ganze Familie liebt Oma. Und sie kommt super gut mit meiner Cousine Monika und Onkel Johann aus.

 2 Hör zu und überprüfe es.

 3 Partnerarbeit. Kommst du gut mit deiner Familie aus?

- Wie sieht deine Familie aus?
- Wie ist deine Mutter / dein Vater / deine Schwester / dein Bruder?
- Kommst du gut mit ihm / ihr aus?

Grammatik

Separable verbs 1

Separable verbs have two parts – the verb and a separable prefix. In the present tense the prefix goes to the end of the clause.

auskommen (*to get on with*)
Ich komme gut mit John **aus**. *I get on well with John.*
Sie kommt nicht gut mit ihm **aus**. *She doesn't get on well with him.*

Wie kommst du mit [John / deinem Vater / deiner Mutter] aus?
Ich komme [sehr / ziemlich / nicht] gut mit [ihm / ihr] aus.
Ich kann ihn / sie [nicht] leiden.
Er / Sie geht mir auf die Nerven.
Ich verstehe mich [nicht] gut mit [meinem Bruder / meiner Schwester].

lesen **4**

Lies das Blog und die Sätze unten. Wer sagt das (1–7)? Klaas (K), Savara (S) oder Ökokrieger (Ö)?

Was ist ein guter Freund?

Klaas_dv
14.08.09
21:24

Was ist ein guter Freund? Ich habe viele Kollegen, aber ein guter Freund ist so schwer zu finden! Meiner Meinung nach hat ein guter Freund immer Zeit für dich ... und er hat auch viel Geduld. Wenn man Zeit mit mir verbringt, braucht man viel Geduld – ich kann sehr launisch sein.

Savara99
18.08.09
12:31

Für mich soll ein guter Freund nie neidisch auf andere Freunde sein. Und ich bin mit dem Klaas einverstanden. Ein guter Freund ist schwer zu finden und ein guter Freund hat immer Zeit für dich. Ein guter Freund redet mit dir über alles. Das ist mir sehr wichtig.

Ökokrieger2
20.08.09
16:43

Für mich ist es eine Frage der Kommunikation. Mit guten Freunden kann man über alles sprechen. Auch Unterstützung ist in einer Freundschaft wichtig. Ein guter Freund gibt immer Unterstützung. Ich finde es auch nützlich, die gleichen Interessen zu haben – es ist aber nicht notwendig.

1 With good friends you can talk about everything.
2 Having the same interests is useful.
3 A good friend has a lot of patience.
4 A good friend should not be jealous of other friends.
5 Support is important in a friendship.
6 A good friend always has time for you.
7 I can be very moody.

hören **5**

Hör zu. Kristian spricht über seinen Freund Jochen. Welche vier Sätze sind richtig?

1 Kristian and Jochen were good friends although they had different interests.
2 Jochen always had time for Kristian.
3 Kristian was never moody, although Jochen was.
4 Jochen had a lot of patience.
5 The problem started when Jochen found a girlfriend.
6 Kristian likes Karla but is jealous.
7 Kristian could find it difficult to be a good friend to Jochen.

Ein guter Freund ...
... hat immer Zeit für dich.
... gibt immer Unterstützung
... redet mit dir über alles
... hat die gleichen Interessen
... hat viel Geduld
... soll nicht neidisch auf andere Freunde sein.

schreiben **6**

Schreib einen Blog-Eintrag über Familie und Freunde. Ist das Leben besser mit Freunden oder Familie?

- Write an entry on your blog giving details of friends and family and how you get on.
- Say why you get on or don't get on with certain people and what you think a good friend should be like.
- Include separable verbs (**auskommen**) and reflexive verbs (**sich verstehen**).

- Discussing what attracts you to someone
- Using separable verbs in different tenses

 1 Lies den Text und verbinde die englischen Ausdrücke (1–8) mit den deutschen.

Was macht Jungen an?
Was macht Mädchen an?

Was macht uns an? Mach das Quiz — gib jeder Aussage von unten eine Nummer.
Was ist für dich am wichtigsten an einem Partner/einer Partnerin?

a	ein sympathisches Lachen		g	viel Humor	
b	lange Haare		h	Komplimente machen	
c	geheimnisvolle Augen		i	ein durchtrainierter Körper	
d	natürlich sein		j	ein gepflegtes Aussehen	
e	gut zuhören können		k	gutes Aftershave/gutes Parfüm	
f	gute Tänzer/innen		l	Schokolade und Blumen kaufen	

1 = ... macht mich gar nicht an
2 = ... macht mich nicht an
3 = ... macht mich ziemlich an
4 = ... macht mich ganz stark an
5 = ... macht mich total an

1 a defined body
2 the ability to listen well
3 good dancers
4 buying chocolate and flowers
5 a well-groomed appearance
6 making compliments
7 mysterious eyes
8 being natural

 2 Mach das Quiz für dich selbst und teile die Antworten dann deinem Partner/deiner Partnerin mit.

■ Was macht dich an?
● Ein durchtrainierter Körper macht mich total an. Und dich?

rammatik

Separable verbs 2
If a separable verb is sent to the end of the clause (e.g. after **obwohl** (*although*), or when used with the verb **werden** (future marker), the prefix and the verb appear together.

Obwohl ihn schöne Mädchen anmachen, ...
  Although he finds pretty girls attractive ...
Schöne Mädchen werden ihn immer anmachen.
  He will always find pretty girls attractive.

To create the past participle, **ge** is inserted in between the prefix and the verb:
Lange Haare und ein sympathisches Lachen haben ihn angemacht.
He was attracted by long hair and a nice smile.

hören **3**

Hör zu und lies die Texte. Wer passt am besten zusammen? Und wer wird hier keinen Partner finden? Schreib eine Kontaktanzeige für die Frau, die keinen Partner finden kann.

Jan

Hallo! Ich bin kräftig und ziemlich muskulös und suche ein nettes Mädchen. Ich liebe Mädchen, die gut tanzen können. Das macht mich an! Als Person bin ich ziemlich laut und lustig. Ich mache oft Späße und bin immer lebendig. Ich habe blaue Augen und blonde Haare. Meine ideale Partnerin ist ziemlich lustig, und auch liebevoll.

Carina

Ich bin der Thomas und ich bin auf der Suche nach einem süßen Mädchen. Ich bin klein und schlank mit braunen Augen – meine Haare sind kurz und braun. Ein sympathisches Lachen macht mich total an. Ich muss immer gut aussehen und ich trage teures Aftershave und gehe oft Kleidung einkaufen. Meine ideale Partnerin ist nachdenklich und ziemlich ruhig, wie ich.

Thomas

Chantal

Ich heiße Klaus und ich suche ein Mädchen, das gut zuhören kann. Ich verbringe gern Zeit mit meiner Partnerin und möchte über alles sprechen können. Für mich ist es wichtig, dass meine Partnerin natürlich ist. Wenn ich mit einem Mädchen zusammen bin, mache ich oft Komplimente und ich kaufe immer Blumen oder Schokolade oder so was.

Emily

Klaus

Katja

sprechen **4**

Gruppenarbeit. Bereite deine Antworten vor und dann nimm am Speed-Dating teil!

- Was für eine Person bist du?
- Was macht dich an?
- Wie ist dein idealer Partner / deine ideale Partnerin?

sprechen **5**

Nimm einen Videoclip für eine Singlebörse im Internet auf.

Record an MP4 file for an inter-school dating site.

It can include details of the following:

- What you look like and what you look for in a partner.
- Your hobbies – what you do, giving last weekend as an example.
- What you want to do in life.

In addition to a variety of tenses, opinions, adjectives and intensifiers, try using separable verbs in different tenses.

Was macht dich an?	
lange Haare / ein sympathisches Lachen / viel Humor / ein durchtrainierter Körper / ein gepflegtes Aussehen / gutes Aftershave / Komplimente machen / gut zuhören können / guter Tänzer / gute Tänzerin / Schokolade und Blumen kaufen / natürlich sein	macht mich an.
Mein idealer Partner ist	klein / groß / schlank / kräftig / muskulös.
Meine Traumfrau hat	lange / kurze / blonde / schwarze Haare / grüne / braune Augen.

1 Hör zu und lies die Texte. Wie heißen die blauen Sätze auf Englisch?

Andreas
In der Zukunft werde ich nicht heiraten. Auf immer und ewig ist total unrealistisch, finde ich. Meine Eltern sind nach fünfzehn Jahren geschieden und jetzt wohnen ich und meine Geschwister bei meiner Mutter. Sie ist jetzt alleinerziehende Mutter. Mein Vater hat eine neue Frau und eine Stieffamilie. Wir sind jetzt ganz glücklich und obwohl die Situation vielleicht nicht ideal ist, sind meine Eltern immer noch gute Freunde. Ich werde nicht heiraten – Liebe ist wichtiger als ein Blatt Papier.

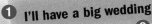

1 I'll have a big wedding

2 single mother

3 I want to remain single for a few years

4 my parents are divorced

5 "Till death do us part" is unrealistic

6 my parents split up

Lotte
Familie für mich ist nicht nur meine Mutter, mein Vater und meine Geschwister, sondern auch meine Freunde. Als ich jünger war, haben sich meine Eltern getrennt und ihr Freund und sein Partner waren wie Väter für mich. Jetzt ist meine Mutter wieder verheiratet und ich lebe in einer Stieffamilie. Liebe ist meiner Meinung nach wichtig in einer Familie. In der Zukunft will ich auch heiraten und hoffentlich werde ich eine supergroße Hochzeit haben.

Peter
Meine Familie wohnt jetzt in Köln, aber als ich ein Kind war, wohnten wir in Berlin. Mein Vater hat in Köln einen neuen Job. Das ist schade, weil meine Großeltern und meine Tante immer noch in Berlin leben. Ich kann mir nicht vorstellen, verheiratet zu sein oder eine feste Freundin zu haben. Ich will für einige Jahre ledig bleiben – ich will reisen und die Welt sehen.

 2 Lies die Texte noch mal. Wer ist das?

1 Who is sad that their extended family lives far away?

2 Who won't get married even when they fall in love?

3 Whose family life includes a supportive same-sex couple?

4 Who is in a one-parent family at the moment?

5 Who wants to do some living before they settle down?

6 Who feels that a traditional wedding is an option?

 3 Kopiere und verbinde die Sätze.

1 Ich werde heiraten, weil

2 Bevor ich eine feste Freundin habe,

3 Als ich jung war,

4 Ich hoffe, eines Tages eine

5 Ich werde nicht heiraten, weil

a supergroße Hochzeit zu haben.

b Liebe wichtiger als ein Blatt Papier ist.

c es besser für die Kinder ist.

d will ich die Welt sehen.

e haben sich meine Eltern scheiden lassen.

4 Partnerarbeit. Gedächtnisspiel.

- Choose one of the alternatives from each cloud and note them down.
- Take turns in reading the text from the beginning, guessing your partner's choices.
- Each time you get it wrong, your partner says 'falsch' and it is his/her turn to guess your answers.
- Each time you get it wrong, you have to start at the beginning!

Grammatik
lern weiter 216

Subordinating conjunctions and using different connectives

weil (*because*), **dass** (*that*) and **obwohl** (*although*) all send the verb to the end of the sentence or clause:
Ich werde nicht heiraten, weil Liebe wichtiger als ein Blatt Papier ist.

Others are: **als** (*when* (*one occasion*) (past tense)), **bevor** (*before*), **bis** (*until*) **damit** (*so that*), **nachdem** (*after*), **sobald** (*as soon as*) and **wenn** (*when* (present and future)/*if*):
Ich will heiraten, sobald ich eine Partnerin finde.
I want to marry as soon as I find a partner.
Nachdem ich eine Freundin finde, will ich heiraten.
After I find a partner, I want to marry.

Mein Name ist **Jens / Klaus / Karl** und meine Eltern sind seit **12 / 13 / 14** Jahren geschieden. Ich wohne jetzt bei **meinem Vater / meiner Mutter / meinen Großeltern** In der Zukunft werde ich **doch / vielleicht / wahrscheinlich** heiraten. Das Familienleben ist sehr **wichtig / gut für Kinder / liebevoll**, finde ich. Im Moment will ich **die Welt sehen / reisen / einen Job finden** und dann in **5 / 10 / 2** Jahren ein nettes Mädchen treffen.

---

5 Verändere den Text. Wie sieht die Zukunft für dich aus?

You are debating about the pros and cons of marriage online. Use exercise 4 as a model.

> Ich will heiraten / nicht heiraten / weil …
> … die Ehe gut für Kinder ist.
> … Liebe wichtiger als ein Blatt Papier ist.
> … auf immer und ewig unrealistisch ist.
> … ich zuerst reisen will.
> … ich die Welt sehen will.
> … meine Eltern sich getrennt haben.
> … meine Eltern geschieden sind.

• Talking about problems and giving advice
• Checking written work effectively

1 Lies die Texte. Was ist das Problem? Wähle einen englischen Ausdruck (a–e) für die Texte.

JUGENDPROBLEME

❶ **?** Meine Freundin hat angefangen, Drogen zu nehmen. Sie raucht ganz oft Haschisch und ich glaube, dass sie inzwischen auch ab und zu härtere Drogen nimmt. Was soll ich machen?

❷ **?** Ich habe ein großes Problem. Die anderen Jungen in meiner Klasse schikanieren mich.
Ich werde oft „Weichling" oder „Fettsack" genannt.
Ich habe die Nase voll. Was würdest du tun?

❸ **?** Ich will nicht ausgehen, weil ich viele große Pickel habe, überall im Gesicht. Ich werde nie eine nettes Mädchen finde, wenn ich so aussehe!

❹ **?** Ich leide an Stress. Wir bekommen sehr viele schwere Hausaufgaben und bald sind Prüfungen. Ich bin total müde, weil ich kaum schlafen kann. Das Leben ist heute gar nicht einfach für Schüler.

❺ **?** Meine Freunde wollen alle abends im Park rumhängen und Bier trinken – aber sie sind oft stockbesoffen. Ich weiß nicht, ob ich jeden Tag so viel trinken will. Aber es ist nicht leicht, neue Freunde zu finden …

a Physical appearance
b Alcohol intake
c Substance misuse
d Pressure at school
e Bullying

2 Lies die Probleme noch mal. Füll die Lücken aus. Der Rat ist für welches Problem?

Ein [ ] … Freund akzeptiert dich wie du bist! Wie du aussieht, ist für Freunde und auch für eine Partnerin, die dich liebt, [ ] … ! Eine Partnerin [ ] … immer für dich da sein. Ich weiß, dass du dich unwohl [ ] … , aber würdest du einen Freund ablehnen, nur weil er [ ] … hat? Freunde haben vielleicht die [ ] … Interessen oder sie verbringen viel Zeit miteinander. Sei selbstsicher – du bist doch eine liebevolle und nette Person.

> sollte gleichen Freund
> Pickel guter
> Liebe fühlst sein
> unwichtig

3 Hör zu. Für welches Problem aus Aufgabe 1 ist der Rat? Welche Lösungen werden vorgeschlagen? (1–4)

Grammatik

lern weiter **211**

Adjective endings (accusative)
Adjectives in German need to agree in number, gender and case when used before a noun. These are the endings for the accusative case.

indefinite article

masculine	Ich hasse mein**en** ält**eren** Bruder.
feminine	Ich liebe meine neu**e** Deutschlehrerin!
neuter	Ich habe ein groß**es** Problem.
plural	Ich habe viele groß**e** Probleme!

Grammatik

lern weiter
214

Conditional mood

To express what you *would* do in German, we use the verb **würden** and the infinitive.

Ich würde mit ihm sprechen.   **Wir würden ihm vergeben.**
Du würdest mit ihr sprechen.   **Ihr würdet direkt fragen.**
Er würde einen Brief schreiben.   **Sie würden ihm eine SMS schreiben.**

---

sprechen 4

Partnerarbeit. Guter Rat, schlechter Rat. Schreibt drei mögliche Lösungen für ein Problem auf. Was würdest du tun? Was sollte man tun?

■ Du leidest an Stress. Du bekommst zu viele Hausaufgaben. Was würdest du tun?

   a Ich würde machen, was ich will.

   b Ich würde die Hausaufgaben von meiner Schwester abschreiben.

   c Ich würde mit dem Lehrer / der Lehrerin darüber sprechen.

● Ich würde machen, was ich will. Aber ich sollte mit [dem Lehrer / der Lehrerin] darüber sprechen!

> Ich habe ein großes Problem!
> Ich habe viele große Probleme!
> Was würdest du tun?
> Ich würde …
> … mit (X) darüber sprechen.
> … direkt fragen.
> … machen, was ich will.
> … mich entschuldigen.
> … ihm / ihr vegeben.
> … eine SMS schreiben.
> … einen Brief schreiben.

---

schreiben 5

Ratgeber! Beschreibe und beantworte ein Problem, das junge Leute oft belastet.

The class is setting up a web page with typical problems, together with sensible advice. Write and answer an email about such a problem.

● Say you have a problem and describe it.

● Say what has happened in the past to create this problem.

● Ask what you should do.

● Respond using the conditional mood – give three possibilities.

● Include some adjectives in the accusative case.

Tipp

Checking written work

Always check written work, both <u>what is there</u> and <u>what is not there</u>!

● Check the gender of nouns, word order (verbs as second and final idea / word order after words like **weil**), and verb endings.

● Make sure you've included three tenses: past, present and future.

● Make sure that you have used a variety of intensifiers, opinions, connectives and negatives in your writing.

- Talking about supporting the community
- Manipulating new structures to suit own purposes

1 Lies die Texte. Wer macht das? Wähle drei Bilder für jeden Text.

Amnesty ist sehr wichtig für Anna. Sie glaubt an Menschenrechte. Sie leitet in ihrer Schule eine Amnesty-Gruppe und dadurch kämpft sie für Menschenrechte. Die Gruppe schreibt Briefe an Menschen, die wegen ihrer Religion, Hautfarbe, Sexualität oder wegen ihres Geschlechts in einem ausländischen Gefängnis sind. Die Gruppe sammelt auch Spenden für den Umweltschutz. Zu Hause hilft Anna der Familie. Sie kümmert sich um ihre alte Oma, wenn die Eltern abends ausgehen.

Raj macht auch ganz viel. Er will anderen helfen, aber er ist nicht Mitglied in einer Gruppe. Wenn er in die Stadt geht, gibt er Obdachlosen etwas zu essen. Samstags arbeitet er am Telefon für die Samariter. Er verbringt ziemlich viel Zeit mit behinderten Menschen – seine Schwester benutzt einen Rollstuhl und sie gehen oft zusammen in die Stadt.

das Gefängnis = *prison*
der / die Obdachlose = *homeless person*

2 Lies die Texte noch mal. Schreib Untertitel für die Bilder (a–g). Benutze Sätze aus den Texten.

Beispiel: **a** = Seine Schwester benutzt einen Rollstuhl.

3 Hör zu. Was machen sie, um anderen zu helfen? Welche zwei Bilder sind das aus Aufgabe 1? (1–3)

Grammatik lern weiter 209

Prepositions with the accusative

Some prepositions automatically trigger the accusative case:

für (*for*), **um** (*around*), **durch** (*through*), **gegen** (*against / towards*), **bis** (*until / up to*), **ohne** (*without*), **wider** (*against*) – remember FUDGEBOW!

Ich sammle Spenden für den Umweltschutz.
I collect donations for environmental protection.

4 Lies den Text. Spricht Ruth von der Vergangenheit (V), Gegenwart (G) oder Zukunft (Z)?

lesen

1 Helping at Scouts

2 Working for the Samaritans

3 Visiting an old people's home

4 Buying the Big Issue

5 Fighting for human rights

... Ich versuche, anderen zu helfen, aber ich bin an der Universität und habe nicht so viel Zeit. Als ich jünger war, habe ich an einer Schulgruppe teilgenommen, wo wir Briefe an junge Menschen im Ausland geschrieben haben, die ungerecht im Gefängnis waren. Heute bin ich Mitglied von Amnesty, aber im Moment mache ich nichts dafür. Als Kind habe ich meiner Mutter bei den Pfadfindern geholfen – in Zukunft werde ich das nicht mehr machen. Ich würde gern am Telefon für die Samariter arbeiten oder vielleicht genug Zeit haben, um ältere Leute in einem Altersheim zu besuchen. Ich kaufe ab und zu eine Straßenzeitung, aber ich weiß, dass ich mehr machen sollte. **Ruth**

> Pfadfinder = *Scouts*

5 Gruppenarbeit. Sprecht gemeinsam über das Bild und beantwortet dann die Fragen.

sprechen

- Was macht er um anderen zu helfen?
- Was würde er machen / nicht machen?
- Was hat er schon gemacht?

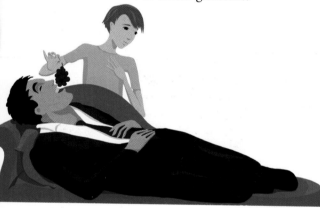

Tipp

Manipulating structures

E.g. Am Telefon für die Samariter arbeiten.

- You could change the verb:
  Present tense: **Ich arbeite** am Telefon für die Samariter.
  Future plans: **Ich werde** für die Samariter arbeiten.
  Perfect tense: **Er hat** für die Samariter **gearbeitet**.
- You could change the noun (remembering the preposition **für**):
  Ich will am Telefon **für Amnesty** arbeiten.
  Ich würde am Telefon **für die Grünen** arbeiten.

6 Schreib einen Artikel für die Zeitschrift eurer Partnerschule.

schreiben

- Say what you do and what people should do to help others.
- Include what your school has done in the past (money raised / letter writing campaigns).
- Possible future directions for your school.

> In addition to a variety of tenses, opinions, adjectives and intensifiers, this time try to be more creative when manipulating structures and try using more prepositions with the accusative.

Was könnte man machen, um anderen zu helfen?	
Man könnte ... Ich würde (nie / gern) ...	... sich / mich um die Oma kümmern.
	... Obdachlosen etwas zu essen geben.
	... Spenden für den Umweltschutz sammeln.
	... am Telefon für die Samariter arbeiten.
	... mit behinderten Menschen Zeit verbringen.
	... für Menschenrechte kämpfen.
	... Briefe schreiben – an Menschen, die in einem ausländischen Gefängnis sind.

● Preparing for a conversation about your family and friends

You are going to hear an example of part of a discussion between a teacher and a student based on the task below. Look at the photo and listen to the extract, then carry out the activities to help you prepare for your own speaking task.

Task: Family and friends

You are going to have a conversation with your teacher about your family and friends. Your teacher could ask you the following:

- Can you describe your family?
- How do you get on with your family?
- What have you done recently together with your family?
- How important is a best friend for you?
- What would your ideal friend be like?
- ! (A question for which you have not prepared.)

Preparation

1 Listening for adjectives

1 The student is talking about how she gets on with her family. Listen out for the phrases below and put them in the order in which she says them. Which phrases describe a positive relationship? Check what they mean in English.

a Obwohl es manchmal Streit über Hausaufgaben gibt.
b Mit meiner Stiefmutter streite ich mich regelmäßig.
c Wir verstehen uns großartig.
d Dafür kann ich meinen Halbbruder nicht leiden.
e Ich komme sehr gut mit meiner Schwester aus.
f Er geht mir auf die Nerven.

2 Which of the following adjectives does she use to describe members of her family?

| a böse | b dynamisch | c frech | d freundlich |
| e froh | f egoistisch | g gefährlich | h lästig |

Pick out the negative characteristics. What do they all mean?

3 The student uses three different tenses. Name them in the order she uses them and give an example of each one from what she says.

2 Listening for ways to keep the conversation going
1 What are the teacher's two questions and what tenses are they in?
2 This student takes the initiative and develops her responses. What extra information does she offer? Which other tenses does this allow her to use?
3 How does she keep the conversation going?

3 Listening for verbal clues
1 The student is asked about her dream boyfriend. Note the information you think she will give. How could she develop her response beyond a straightforward answer?
2 Now listen. Did you predict the right information? What tense did the student use in the extra information?
3 Sometimes you need some 'stalling time' while you think about what to say. What did this candidate say to buy herself more time?

Tipp

Use **nicht** to change a positive adjective into a negative characteristic
e.g. ☺: sie ist froh → ☹: sie ist nicht froh
  she is happy   *she is not happy*

It works the other way round as well!
e.g ☺: sie ist → ☹: sie ist nicht
  egoistisch   **egoistisch**
  she is selfish   *she is not selfish*

Useful language

Use time phrases to make your sentences more interesting and sophisticated.

ab und zu	*from time to time, now and then*
manchmal	*sometimes*
regelmäßig	*regularly*
diesen Sommer	*this summer*
gestern	*yesterday*
letzten Monat	*last month*
letzten Sommer	*last summer*
neulich	*recently*

A special case:

seit   *for, since*

e.g. Wir kennen uns schon seit vielen Jahren.
    We have known one another for many years.
Present tense in German but past tense in English!

würde + infinitive   *would*

e.g. Mein Idealfreund würde gern tanzen.
    My ideal boyfriend would like dancing.

Over to you!

- Jot down all the information you can give in response to these questions. Have you remembered to include opinions and reasons?
- Plan how you can introduce a range of tenses – even when your teacher asks you a question in the present tense.
- With a partner, practise giving full answers. Ask your partner questions about his/her family and friends as this will make you think about the unpredictable question your teacher might ask you.

Grade**Studio**

To make sure you have a chance of getting a **grade C** in your speaking, you should:
- give your opinions e.g. *Mein Halbbruder ist frech* (my half-brother is cheeky).
- use a range of vocabulary e.g. not just *gut* but try *großartig* (splendid), *ausgezeichnet* (excellent).
- use different tenses and time references e.g. *Ich habe meine Oma besucht, letzten Monat, nächstes Jahr.*

If you are aiming for a **grade A**, you should also:
- use different tenses and time references e.g. *Ich habe meine Oma besucht; Wir kennen uns schon seit vielen Jahren.*
- develop and expand the conversation: go beyond a straightforward answer to the question asked, volunteer extra information.
- include some more sophisticated opinions e.g. *Mein Bruder nervt mich* (My brother annoys me); *Ich verstehe mich großartig mit meiner Oma* (I get on splendidly with my grandmother).

If your goal is an **A***, you need to do all of the above and:
- use the correct adjective endings e.g. *Mit meiner best**en** Freundin kann ich über alles reden.*
- compare and contrast. Draw comparisons between e.g. what you used to do and what you do now. *Mein idealer Freund muss viel Humor haben.*
Mein letzter Freund war eine Niete – er war immer schlecht gelaunt.

Ärger mit den Eltern

Was kann ich machen?

Ich bin 17 Jahre alt, ich wohne zu Hause bei meinen Eltern und gehe noch in die Schule. Eigentlich komme ich mit meinen Eltern gut aus: Sie interessieren sich für mich, sie helfen mir, wenn ich in der Schule Probleme habe – ja, sie lieben mich.

Meine Eltern lieben mich aber zu viel! Sie können nicht loslassen. Das war schon immer so. Als ich klein war, durften andere Kinder bei Freunden übernachten – ich nicht. Als es vor drei Jahren eine Jugendreise nach England gab, waren meine Eltern auch dagegen.

Es gibt oft Ärger, wenn ich abends mit Freunden ausgehen will. Meine Eltern haben immer Angst, dass etwas Schlimmes passieren kann. Ich muss versprechen, dass ich spätestens bis elf Uhr zurückkomme. Das ist oft peinlich. Wenn ich zum Beispiel auf einer Party bin, muss ich fast immer als Erste nach Hause fahren. Meine Freunde dürfen später mit dem Auto zurückfahren, aber meine Eltern sagen, dass ich mit dem letzten Bus fahren muss. Es gibt bei uns immer Konflikte, wenn ich zu spät nach Hause komme.

Jetzt ist es besonders schlimm bei uns. Meine Freundin Eva hat eine Tante, die in Österreich ein großes Haus hat. Im Sommer wird die Tante in Amerika sein, und Eva darf ein paar Freunde ins Haus einladen. Eine Gruppe aus meiner Klasse wird im August hinfahren – und ich möchte mit ihnen fahren!

Meine Eltern sind natürlich nicht begeistert. Sie sagen, dass es zu teuer ist – aber ich glaube, sie wollen mir den Urlaub verbieten, weil sie mich nicht weglassen können. Ich bin deswegen verzweifelt – aber was kann ich machen? Bitte helfen Sie mir!
Christine

1 Find the expressions in the text and write them out.

I get on with my parents; they can't let go;
my parents are always afraid

I have to promise;
by 11 at the latest; it's often embarrassing

my friends can come home later by car; things are
especially bad at the moment; please help me

2 Subordinate clauses. Write out two more sentences from the text with each pattern.

A dass + verb at the end
Meine Eltern haben immer Angst, dass etwas Schlimmes passieren kann.

C als/wenn + verb/comma/verb
Als ich klein war, durften andere Kinder bei Freunden übernachten.

B wenn + verb at the end
Sie helfen mir, wenn ich in der Schule Probleme habe.

Over to you!

Having already consulted a British youth magazine about a relationship problem, now write to a German magazine so that you can compare the advice.

First read the tips below. Then write the German letter in at least 200 words. You could include:

- an explanation of who the relationship is with.
- a description of past events that illustrate how the relationship has gone wrong.
- reference to a coming event (e.g. a holiday) which makes the problem particularly acute.

Note: In this letter you *don't* have to write about yourself if you don't want to. You can make it all up!

Tipp

- When you've finished your letter, read it through for mistakes, e.g. check that all nouns begin with a capital letter.
- Always include one or two opinions, and say *why* you feel as you do. For help with using sentences with **weil**, see pages 216–217.

GradeStudio

To make sure you have a chance of getting a **grade C** in your writing, you should:
- make sure you use a range of tenses.
- learn and use a variety of phrases for talking about relationships.
  - e.g. *Meine Eltern haben Angst.* (My parents are afraid)
    Meine Eltern sind dagegen. (My parents are against it)
    Ich komme mit meinen Eltern gut aus. (I get on well with my parents)

Now you try it! 1

Adapting the example sentences, write in German:

1 My mum is afraid and my dad is against it.
2 I get on with my grandparents.

If you are aiming for a **grade A**, you should also:
- connect sentences with *dass*, *als* and *wenn*.
  als = when, refers to a past event
  wenn = when, used in the present tense
  - e.g. *Ich weiß, **dass** meine Mutter dagegen **ist**.*
    ***Wenn** ich nicht vor elf Uhr **zurückkomme**, **haben** meine Eltern Angst.*
    *Ich hatte Ärger mit meinen Eltern, **als** ich letzte Woche ins Kino gegangen **bin**.*

Now you try it! 2
Write the sentences in German.

1 I was in trouble with my mum when I went to a party last weekend.
2 If I don't phone every day my dad is scared.

If your goal is an **A***, you need to do all of the above and:
- learn some sophisticated expressions for saying people are angry or annoyed.
  - e.g. *Sie waren von der Idee überhaupt nicht begeistert.* (They weren't at all enthusiastic about the idea)
    Er ist davon nicht so richtig überzeugt. (He is not really convinced about it)
    Meine Mutter wird sofort wütend. (My mother gets angry at once)

Now you try it! 3
Write the sentences in German.

1 My parents aren't at all enthusiastic about my boyfriend.
2 When I said that I wanted to travel, my parents got angry at once.

- Listening and reading for specific detail, including numbers
- Identifying points of view and drawing conclusions
- Coping with unfamiliar language

The activities on these two pages are designed to help you develop the listening and reading skills you will need in your GCSE exam.

Listening

1 Listen to this message on the telephone answering machine of the Tourist Office in Annaberg. When is the Tourist Office open? Note the correct letter for each day listed.

| a 10am – 6pm | b 10am – 8pm | c 10.30am – 6.30pm | d 10am – 3pm | e closed | f 10am – 1pm |

Tuesday	Saturday	Sunday

2 Listen again. Which number (1–7) would you choose if you wanted information about ...?

a	skiing in the area
b	finding a hotel
c	bus and train travel
d	local castles and churches

3 Listen to this interview with actor Sadullah Abakay from the German TV series *Eine ganz interessante Familie* and answer these questions in English.

Tipp

- You need to be familiar with common 'word families'. An example of a very common word family is *Gemüse* (vegetables) and you should know that words like *Kartoffel*, *Blumenkohl*, *Erbsen* etc. belong to this family.
- In the first listening passage, did you hear *Wintersport* and were you able to link it with *skiing* in the answer? *Skiing* is a member of the *Wintersport* word family.
- Which word family mentioned in the listening passage do *bus* and *train* belong to? What about *local castles* and *churches*?
- Make a list of all the possible words which belong in each of these word families.

a What role does Sadullah play in the series? (1)

b Who do he and his sister live with, besides the parents? (2)

c How does he describe a 'Patchwork Family'? (1)

d Why does he think it might be difficult to live in a 'Patchwork Family'? Give two reasons. (2)

e In the series, which person does his character often have trouble with? (1)

f According to Sadullah, how can a patchwork family solve these problems? (1)

Reading

While surfing the internet, you read this chat forum about grades in school reports.

Thema: Keine Schulnoten mehr im Zeugnis?

Donnerstag, 21. August 2008 20:02 Uhr
Prinzessin Beate
In der Waldorfschule hatten wir keine Noten im Zeugnis. Der persönliche Kommentar vom Lehrer ist viel besser, denn da sieht man, wo man noch arbeiten muss und was man gut gemacht hat. An den Noten sieht man das nicht.

Donnerstag, 21. August 2008 19:30 Uhr
Eine Schülerin
Man kann sich gut an den Noten orientieren: Man weiß, wo man steht. Die Schule ist einfach zum Lernen da und ohne Noten nimmt man alles vielleicht nicht so ernst. An deinen Noten sehen auch die Lehrer, was du noch lernen musst. Noten haben aber auch Nachteile. Meine Schwester geht jetzt auf eine Montessorischule, weil sie auf einer anderen Schule enormen Stress mit den Noten hatte. Vielleicht ist vieles doch einfacher ohne Noten.

Donnerstag, 21. August 2008 18:45 Uhr
Cilli94
Was? Noten abschaffen?
Manchmal ist man mit einer 3 enttäuscht, aber wenn man dann eine 2 oder 1 bekommt, ist das motivierend. „Das wirst du doch schaffen!", sage ich mir immer. Schulnoten finde ich also wichtig, weil sie motivieren. Bekommst du schlechte Noten, kannst du immer auf eine Schule mit niedrigerem Niveau wechseln!

Englisch __ 5
Geschichte __ 5
Mathe __ 5
Deutsch __ 5
Kunst __ 5

1 Note the correct initial for each statement below:
B (Prinzessin Beate), S (Eine Schülerin), C (Cilli94).

a	Who is in favour of grades?
b	Who is against grades?
c	Who can see both sides?

2 School grades in reports: positive or negative? Copy and complete the grid in English: give two positive and two negative aspects of school grades.

☺ positive	☹ negative
1	1
2	2

Tipp

- To get a grade C and above, you need to be able to recognise opinions and points of view.
- Look for clues to help you e.g. *Schulnoten finde ich also wichtig* – is this a positive or a negative statement about marks? Yes, it is positive, but can you find other clues to support your theory e.g. *sie motivieren*. You quite often have to put two and two together!

Describing my family

Ich habe einen Halbbruder, der [Lukas] heißt.	I have a half-brother who is called [Lukas].
Ich habe eine Schwester, die [Lena] heißt.	I have a half-sister who is called [Lena].
Ich habe zwei Schwestern die ... heißen.	I have two sisters who are called ...
Ich habe eine jüngere Schwester.	I have a younger sister.
Ich bin ein Einzelkind.	I am an only child.
Mein Halbbruder heißt ...	My half-brother is called ...
Meine [Stief]mutter	My [step]mum is called ...
Mein Großvater heißt ...	My granddad is called ...
Ich finde ihn / sie ...	I find him / her ...
sehr	very
wirklich	really
(nicht) zu	(not) too
ziemlich	rather
ganz	quite
nett	nice

egoistisch	selfish
faul	lazy
geduldig	patient
(un)freundlich	(un)friendly
großartig	great
komisch	funny
gut gelaunt	good tempered
schlecht gelaunt	bad tempered
klasse	great
humorvoll	humorous, amusing
humorlos	humourless
(un)höflich	(im)polite
frech	cheeky
gemein	mean
streng	strict
oft	often
ab und zu	now and again
immer	always

Family relationships

Wie kommst du mit deinem Vater aus?	How do you get on with your father?
Wie kommst du mit deiner Mutter aus?	How do you get on with your mother?
Ich komme sehr gut mit ihm aus.	I get on very well with him.
Ich komme nicht gut mit ihr aus.	I don't get on with her.
Ich kann ihn / sie (nicht) leiden.	I can't stand him / her.
Er / Sie geht mir auf die Nerven.	He / She gets on my nerves.
Ich verstehe mich nicht gut mit meinem Bruder.	I don't get on well with my brother.
Ich verstehe mich gut mit meiner Schwester.	I get on well with my sister.

Talking about friends

Ein guter Freund ...	A good friend ...
hat immer Zeit für dich	always has time for you
gibt immer Unterstützung	always gives support
redet mit dir über alles	talks with you about everything

hat die gleichen Interessen	has the same interests
hat viel Geduld	has a lot of patience
soll nicht neidisch auf andere Freunde sein	shouldn't be jealous of other friends

Talking about what attracts you to someone

Was macht dich an?	What attracts you?
lange Haare	long hair
ein sympathisches Lachen	a nice smile
viel Humor	lots of humour
geheimnisvolle Augen	mysterious eyes
ein durchtrainierter Körper	a fit body
ein gepflegtes Aussehen	someone who looks after their appearance
gutes Aftershave / gutes Parfüm	nice aftershave / perfume
Komplimente machen	making compliments
gut zuhören können	being able to listen well

gute Tänzer/innen	good dancers
Schokolade und Blumen kaufen	buying chocolate and flowers
natürlich sein	being natural
Mein idealer Partner / meine ideale Partnerin ist ...	My ideal partner is ...
lustig	funny
liebevoll	loving
nachdenklich	thoughtful
ruhig	quiet
muskulös	muscular

Talking about relationships

Ich will [nicht] heiraten, weil …	I [don't] want to get married because …
… es besser für Kinder ist	… it's better for children
… Liebe wichtiger als ein Blatt Papier ist	… love is more important than a piece of paper
… auf immer und ewig unrealistisch ist	…"till death us do part" is unrealistic
… ich reisen will	… I want to travel first
… ich die Welt sehen will	… I want to see the world
… meine Eltern sich getrennt haben	… my parents separated
… meine Eltern geschieden sind	… my parents are divorced

Dealing with problems

Ich habe ein großes Problem!	I have a big problem!
Ich habe viele große Probleme!	I have lots of big problems!
Meine Freundin hat angefangen, Drogen zu nehmen.	My friend has started to take drugs.
Die anderen Jungen in meiner Klasse schikanieren mich.	The other boys in my class pick on me.
Ich habe viele große Pickel überall im Gesicht.	I have loads of giant spots all over my face.
Wir bekommen sehr viele schwere Hausaufgaben und bald sind Prüfungen.	We get loads of hard homework and exams are coming up.
Meine Freunde wollen alle abends im Park rumhängen und Bier trinken.	My friends want to hang out in the park and drink beer every evening.
Was würdest du tun?	What would you do?
Ich würde …	I would …
mit [Sarah] darüber sprechen	speak to [Sarah] about it
direkt fragen	ask directly
machen, was ich will	do what I want
ihm / ihr vergeben	forgive him / her
mich entschuldigen	apologise
ihm / ihr eine SMS schreiben	send him / her a text
ihm / ihr einen Brief schicken	send him / her a letter

Helping other people

Was könnte man machen, um anderen zu helfen?	What could you do to help others?
Man könnte …	You could …
Ich würde [nie / gern] …	I would [never / like to] …
sich um die Oma kümmern	look after Grandma
Obdachlosen etwas zu essen geben	give homeless people something to eat
Spenden für den Umweltschutz sammeln	collect donations for environmental protection
am Telefon für die Samariter arbeiten	staff the phones for the Samaritans
mit gehbehinderten Menschen Zeit verbringen	spend time with disabled people
für Menschenrechte kämpfen	fight for human rights
Briefe schreiben – an Menschen, die in einem ausländischen Gefängnis sind	write letters to people who are in a foreign jail

5 Gesundheit

1 Du bist was du isst

- Talking about your eating and drinking habits
- Giving advice to a friend

lesen 1 Lies die Informationsseite von unten und finde darin folgende deutsche Wörter. (1–6)

1 three cold drinks
2 two examples of unhealthy items
3 four fruits
4 three vegetables
5 three dairy products
6 two hot drinks

Iss dich fit!

Ein EU-Projekt in Vorarlberg versucht, die Zahl übergewichtiger Kinder und Jugendlicher im Bodenseeraum zu reduzieren. Hier sind ihre Tipps zur gesunden Ernährung.

Ein gutes Frühstück ist äußerst wichtig!
Für einen super Start in den Tag …
Trink Milch und iss Milchprodukte wie Käse und Joghurt.
Nimm dazu Obst oder Rohkost (Äpfel, Bananen, Orangen, Aprikosen)!

Energie für zwischendurch
Wenn du zwischendurch mal Hunger hast, greif zum frischen Obst zu!
Probier mal Gurken oder Karotten mit Dipp oder köstlichen Naturjoghurt mit Obst und Haferflocken.

Mittagessen
Zum Mittag empfehlen wir Salat, Reis oder Nudeln mit selbst gemachter Soße aus frischen Tomaten, Pilzen, Erbsen und Zwiebeln. Lecker und gesund!
Als Nachtisch iss mal Desserts aus frischen Früchten.

Abendessen
Am Abend iss nur ein leichtes Essen wie frisches Gemüse mit Dipp, Salat oder Suppe.

Zum Trinken
Trink Wasser, Kräuter- und Früchtetee (mit Honig), wenn du Durst hast.

Naschkatzen lieben Süßigkeiten, Kuchen, Torten, süße Getränke und Säfte – das darfst du auch essen und trinken, aber nur ab und zu!

schreiben 2 Schreib die Broschüre von oben um, damit du falsch und ungesund informierst! Wer hat den schlimmsten/lustigsten Rat gegeben?

Beispiel: Zum Mittag iss Süßigkeiten mit Bananendipp. Wenn du Hunger hast, versuch mal Wurst mit Joghurt.

Grammatik

lern weiter **213**

Informal commands

To give advice to somebody you know, take the **du** part of the present tense verb and take off the **-st** ending.
du trinkst (*you drink*) → **trink**! (*drink!*)
exception:
du isst (*you eat*) → **iss**! (*eat!*)

hören 3

Drei Jugendliche beschreiben ihre Essgewohnheiten und -probleme.
Hör zu und wähl die richtigen Antworten aus. (1–3)

① **a** Phillip is 15 / 16 / 17 years old.

b Phillip has a healthy / an unhealthy / no snack
at break time.

c Phillip has meat with potatoes / meat with
pasta / sandwiches for his lunch.

② **a** Last year Tim spent two months in
hospital / on holiday / on a course.

b He found the food tasty / horrible / OK.

c At home he eats eggs, vegetables and
sausages / chocolate, pies and sweets / meat,
eggs and vegetables.

d He now weighs 41 / 51 / 55 kilos.

③ **a** Madleen doesn't eat yogurt, eggs or
milk / meat or fish / chocolate.

b Madleen eats healthily because she is worried
about her teeth / doesn't want to put on
weight / doesn't like unhealthy food.

c Madleen never / sometimes / always eats
chocolate during the week.

Phillip

Tim

Madleen

schreiben 4

Der Zahnarzt möchte wissen, was du an einem
typischen Tag isst und trinkst.

Beispiel: Frühstück – Müsli mit Milch und Zucker,
Toastbrot mit Honig, heiße Schokolade

Zwischendurch – Banane, Brot mit Käse, Apfelsaft

> „Ich esse weder Fleisch noch Fisch."
> means *"I eat neither meat nor fish."*

sprechen 5

Partnerarbeit. A ist Zahnarzt / Zahnärztin.
B beantwortet seine / ihre Fragen.

- Was isst du normalerweise zum Frühstück?
  Und in der Pause? Was isst du gern zum
  Mittag?
- Was trinkst du an einem typischen Tag?
- Bist du eine Naschkatze? Isst du gern Süßes?

Iss / Probier mal [Schokolade].
Trink [Milch].
Zum Frühstück esse ich [nichts].
Zum Mittag esse ich gern [Toastbrot].
Zum Abendessen trinke ich [ab und zu] [Milch].
In der Pause trinke ich normalerweise [Saft].
Das war lecker / gesund / ungesund.

⭐ Tipp

Try to extend your answers to every
question.
Was isst du zum Frühstück?
(Repeat some of the question!)
**** Zum Frühstück esse ich
Toastbrot …**
(Add another detail of food!)
*** … mit Schinken.
(Add a past tense clause!)
****** … , aber heute habe ich Toast
mit Honig gegessen.**
(Add an opinion!)
***** … und das war lecker.

- Discussing healthy and unhealthy lifestyles
- Preparing for listening activities

lesen 1 Lies die Werbung von unten. Welche Sprechblasen passen zu Stefanie und welche passen zu Fred?

Kommt bald ins Fernsehen ...

der neue Zeichentrickfilm von BDS: Stefanie und Fred!

Stefanie ist eine Sportskanone und ihr Freund, Fred, ist ein Stubenhocker. Wenn seine Freundin bei der Fußballmannschaft trainiert oder noch ein 10-km-Rennen macht, liegt Fred lieber mit Chips und Cola auf dem Sofa.

F. Owlpelts   S.P. Ortlich

1 Ich gehe dreimal in der Woche zum Training. Sport macht mir Spaß!

2 Am liebsten spiele ich Computerspiele und sehe fern.

3 Meine Hobbys sind Fußball, Radfahren und Joggen.

4 Mein Lieblingsessen ist Currywurst mit Pommes.

5 Ich esse gern Obst und Gemüse.

6 Ich trinke gern Cola und ab und zu trinke ich auch Bier.

7 Mein Lieblingsgetränk ist Wasser oder Milch. Süße Getränke trinke ich nie.

8 Ich fahre mit dem Auto zur Schule, weil das so schnell ist.

9 Ich fahre mit dem Rad zur Schule, weil das entspannend ist.

10 Sport fällt mir schwer, weil ich unfit bin.

11 Ich habe nie geraucht und werde auch nie rauchen, weil das ungesund ist.

12 Ich rauche ab und zu, weil meine Freunde das machen.

lesen 2 Lies die Werbung noch mal. Was passt zusammen?

1 Stefanie treibt
2 Sport fällt Fred schwer, weil
3 Stefanie findet Rauchen
4 Stefanie isst
5 Fred
6 Stefanie

a trinkt manchmal Alkohol.
b gesünderes Essen als Fred.
c ungesund.
d viel Sport.
e geht oft zum Training.
f er nicht sehr aktiv ist.

sprechen 3

Gruppenarbeit. Ist man in deiner Klasse lieber ein Stubenhocker oder eine Sportskanone? Macht Interviews.

- Bist du sportscheu?
- Gehst du oft zum Training?
- Wie findest du Sport?
- Was ist dein Lieblingsessen und -getränk?
- Wie fährst du zur Schule? Warum?
- Hast du je geraucht?

Ich gehe [dreimal] in der Woche zum Training.
Sport macht mir Spaß.
Sport fällt mir schwer, weil ich unfit bin.
Mein Lieblingsessen ist [Currywurst mit Pommes].
Mein Lieblingsgetränk ist [Milch].
Ich fahre mit dem [Auto / Rad] zur Schule, weil das [schnell / entspannend] ist.
Ich rauche [ab und zu].
Ich habe [nie] geraucht.
Ich bin [un]fit / aktiv / sportscheu].

hören 4

Ellen und Dieter sind beide übergewichtig und heute sind sie in der Jugendklinik. Hör zu und beantworte die Fragen auf Englisch.

⭐ Tipp

- Read the questions before you listen and then, while you are listening, try to focus on the language relevant to the questions.

zunehmen = *to put on weight*
abnehmen = *to lose weight*
adipös = *obese*

1 What does the counsellor ask the teenagers to do? (2)
2 What happened to Ellen's parents three years ago?
3 What happened to Ellen as a result?
4 How much does Ellen now weigh?

5 What is Dieter's problem?
6 What reasons does he give for his problem? (2)
7 Why was Dieter bullied at school?
8 What did the other pupils do during sport?

schreiben 5

Schreib einen kurzen Text zum Thema: Bist du lieber eine Sportskanone oder ein Stubenhocker?

- Do you consider your lifestyle to be healthy or unhealthy? Why?
- Do you eat healthy or unhealthy foods?
- What sort of exercise do you do regularly?
- Give an example of something you did recently which was healthy or unhealthy.

Bist du eine Stefanie oder eher ein Fred? Schreib uns über deinen Lebensstil und gewinnt tolle Preise ...

- Talking about illnesses
- Using correct adjective endings

lesen 1 Hör zu und lies die Telefonnachrichten. Was passt zusammen? (1–6)

 **a**  **b**  **c**  **d**  **e**  **f**

Montagvormittag in der Sportklinik

1 Ich habe gestern meinen rechten Fuß beim Fußballspielen verstaucht. Er tut jetzt furchtbar weh und ist sehr geschwollen.

2 Hallo? Letzte Woche war ich beim Skifahren und ich bin auf der Piste ausgerutscht. Seitdem habe ich furchtbare Rückenschmerzen. Haben Sie noch einen Termin frei?

3 Auatschee. Mein linkes Bein ... mein Bein, das tut irrsinnig weh. Ich habe das verletzt. Ich kann es nicht bewegen. Ist das vielleicht gebrochen? Wenigstens habe ich ein Tor geschossen.

Montagvormittag beim Hausarzt

4 Ah, es geht mir sehr schlecht. Ich habe seit heute früh Fieber (39,3 Grad). Dazu habe ich auch Kopfschmerzen und ich kann weder trinken noch essen.

5 Frau Klein am Apparat. Der arme Elias hat nun seit über einer Woche Schnupfen und seit ein paar Tagen auch Husten. Ich mache mir große Sorgen, weil er nichts isst und nur wenig trinkt. Meine Nummer ist . . .

6 Meine Freundin hat mir gerade eine SMS geschickt. Sie hat Bauchschmerzen und fährt morgen in ein Feriensportcamp. Was soll sie tun? Bitte rufen Sie mich unter der folgenden Nummer an 0 ...

hören 2 Hör zu. Was empfiehlt man diesen Patienten? (1–7)

sprechen 3 Hinterlasse für diese Personen Telefonnachrichten beim Arzt. Gib so viele Details wie möglich an.

Grammatik
lern weiter **218**

Seit + present tense
To say you have been doing something since/for a certain length of time, use **seit** + present tense.

Elias hat seit einer Woche Schnupfen.
Elias has had a cold for a week.
Ich habe seit heute früh Fieber.
I have had a temperature since early this morning.

Grammatik

Lern weiter 211

Adjective endings

When adjectives are used before a noun, the endings differ for the definite article (**der**) or an indefinite-style article (**ein**, **mein**, **kein**, etc.).

	nominative		accusative	
m	der recht**e** Arm	mein recht**er** Arm	den recht**en** Arm	meinen recht**en** Arm
f	die recht**e** Hand	meine recht**e** Hand	die recht**e** Hand	meine recht**e** Hand
nt	das recht**e** Bein	mein recht**es** Bein	das recht**e** Bein	mein recht**es** Bein
pl	die gut**en** Finger	keine gut**en** Finger	die gut**en** Finger	keine gut**en** Finger

Mein rechter** Arm tut weh.**   *My right arm hurts.*
Ich habe den rechten** Arm verletzt.**   *I have hurt my right arm.*

lesen 4

Jeden Tag sind deutsche Schüler/innen wegen Krankheiten abwesend.
Lies diese E-Mails und finde in jeder E-Mail ein Beispiel der:

1 Vergangenheit	2 Gegenwart	3 Zukunft

Die arme Sandrine hat gestern ihren linken Fuß beim Training verletzt. Der Fuß ist sehr geschwollen. Wir waren gestern beim Arzt und er hat uns einen Verband gegeben. Sandrine muss den Fuß heute kühlen und ruhig stellen. Sie wird diese Woche nicht zur Schule kommen.
Carole

Martin kann heute nicht schwimmen gehen, weil er Durchfall hat. Er bleibt zu Hause, aber hoffentlich wird er morgen wieder zur Schule kommen. In der Nacht hat er auch sein Bein verletzt, aber hoffentlich ist das nicht so schlimm.
Frau Wendland

Der kleine Tobias hatte gestern Fieber und schreckliche Kopfschmerzen. Er hat in der Nacht nicht geschlafen und jetzt ist er sehr, sehr müde. Er bleibt heute im Bett, aber morgen wird er wieder zur Schule kommen.
Herr Martins

Es geht mir sehr schlecht. / Ich bin krank.			
Ich habe ...	seit	vorgestern	Durchfall, Fieber, Schnupfen, Husten, Kopfschmerzen, Bauchschmerzen, Rückenschmerzen, Ohrenschmerzen, Halsschmerzen.
		heute früh	
		einer Woche	
[Der Arm] tut weh.			
Ich habe gestern meinen linken Fuß verstaucht / mein rechtes Bein gebrochen / verletzt.			

schreiben 5

Dein deutscher Austauschpartner / deine deutsche Austauschpartnerin ist bei dir zu Besuch und ist krank / hat sich verletzt. Schreib eine E-Mail an seine / ihre Eltern.

- Say how long your exchange partner has been ill or when / how the injury occurred.

- Explain when your partner will be back at school.

4 So jung und schon gestresst?

- Discussing teenage stress
- Using the conditional mood

lern weiter 214

 1 Zu welcher Kategorie gehört jede Sprechblase?

Beispiel: 1 e

a appearance	b friendships	c future	d family	e school	f health

Es ist mir sehr wichtig ...

1 in der Klasse beliebt zu sein.

2 wie die Bilder in den Medien auszusehen (attraktiv, sexy, schlank).

3 die neueste Markenkleidung zu tragen.

4 meine Eltern nicht zu enttäuschen.

5 reich und berühmt zu werden.

6 eine Freundin zu haben.

7 die Prüfungen zu bestehen.

8 mich nicht mit meinen Freunden zu streiten.

9 gut zu schlafen.

 2 Lies die Sprechblasen noch mal. Kopiere und ergänze die Tabelle für dich.

Es ist mir ...

	sehr wichtig	wichtig	gar nicht wichtig
Beispiel:		*1* in der Klasse beliebt zu sein.	

3 Partnerarbeit. Vergleicht eure Antworten.

- Ist es dir wichtig, in der Klasse beliebt zu sein?
- Ja, das ist mir sehr wichtig. Ist es dir wichtig, wie die Bilder in den Medien auszusehen?

 4 Kummerkiste-Radio 11. Hör zu. Kopiere und ergänze die Tabelle auf Englisch. (1–3)

cause of stress	
how sufferer feels	
advice given	

Grammatik

The conditional mood

You've already met the conditional with **würden** (see page 75).
Some conditional forms are irregular such as **wäre** (from **sein** *to be*) and **hätte** (from **haben** *to have*).
Wenn ich gestresst wäre, würde ich ... machen.
If I were stressed I would ...
Wenn ich Probleme hätte, würde ich ... machen.
If I had problems I would ...

lesen **5**

Lies diese Briefe an das Jugend-Magazin und beantworte folgende Fragen auf Englisch.

Zu Hause und in der Schule fühle ich mich dauernd gestresst und jetzt kann ich auch nachts nicht schlafen. Das hat letzten Sommer angefangen – ich hatte Prüfungen und ich hatte auch Probleme mit meiner Freundin. Zurzeit passiert es jede Nacht, dass ich nicht zum Schlafen komme. Ich habe eine neue Freundin, aber ich mache mir noch große Sorgen über die Schule, weil ich kein schlechtes Zeugnis bekommen will. Wie kann ich diese Schlaflosigkeit überwinden?
Karl, 17

Ich bin Mitglied bei der Schulvolleyball- und Handballmannschaft, spiele auch Geige und Klavier, mache noch dazu Pfadfinder, AGs und Segelklub. Ich bin nie richtig zu Hause und habe nie Zeit, einfach nur zu chillen. Seit zwei Jahren geht es so – Sport, Musik, Freunde, Familie. Das ist mir einfach alles zu viel und jetzt bin ich total erschöpft – kaputt!
Paula, 17

Die Schlaflosigkeit ist ein großes Problem für viele junge Leute. Wenn ich dieses Problem hätte, würde ich einen guten Nachtrhythmus einführen. Ich würde nach 15 Uhr keinen Kaffee oder Tee mehr trinken. Ich würde am Abend ein leichtes Abendessen essen und dann würde ich mich beim Fernsehen entspannen oder Musik hören. Ich würde auch etwas früher ins Bett gehen und mich entspannt vor dem Schlafen baden.
Peter vom Jugend-Magazin

Wir leben wohl in einer 24/7-Welt, aber es muss nicht jede Stunde volle Aktion sein! Ich würde den Tag NICHT mit Aktivitäten vollstopfen. Ich würde unbedingt Zeit zum Chillen finden. Ich würde eine oder zwei Aktivitäten sofort aufgeben. Viel Glück und immer mit der Ruhe!
Peter vom Jugend-Magazin

1 What is Karl's problem?

2 Why did the problem begin?

3 How has the problem worsened?

4 Why is he worried about school now?

5 Name four things he is advised to do.

6 Name four activities which Paula does.

7 What effect has her lifestyle had on her?

8 Name three things she is advised to do.

sprechen **6**

Gruppenarbeit. Macht eine Mindmap zum Thema „Stress und Jugendliche".

Ich habe ein Problem mit meiner Freundin.

Ich will meine Eltern nicht enttäuschen.

Freunde

Familie

STRESS!

Haut / Figur

Ich habe viele Pickel.

Schlafen

Schule

Mathe fällt mir schwer.

Ich bin immer müde.

Zu Hause fühle ich mich [gestresst / kaputt / aggressiv / deprimiert].

In der Schule bin ich (total) [erschöpft / müde / einsam].

Ich mache mir Sorgen über [die Schule / die Prüfungen / meine Haut / meine Figur].

schreiben **7**

Wähl eine Kategorie aus der Mindmap aus und schreib darüber einen Brief an die Problemseite.

- Discussing teenage smoking and drinking issues
- Word order after *dass, weil* and *wenn*

 1 Lies diesen Artikel aus einer Jugendzeitschrift und such dir die deutschen Wörter aus.

Eure Meinung über Zigaretten

a Ich habe nie geraucht, weil das schlecht für die Gesundheit ist. **Michaela**

b Ich rauche ab und zu, vielleicht mal auf einer Party oder am Wochenende, aber meiner Meinung nach ist Rauchen eigentlich eine Geldverschwendung. **Thorsten**

c Ich finde Rauchen toll, weil ich immer Diät halte. Wenn ich rauche, esse ich weniger! **Simone**

d Ich rauche nicht, weil das so stinkt. Ich mag es nicht, wenn die Haare und Kleidung nach Zigaretten stinken. Das ist ekelhaft. **Anna**

e Früher habe ich oft geraucht, aber letztes Jahr ist meine Großmutter an Lungenkrebs gestorben und ich habe mit den Zigaretten sofort Schluss gemacht. Rauchen ist tödlich und man sollte es vermeiden. **Max**

1 a waste of money
2 smoking is deadly
3 lung cancer
4 because it smells
5 bad for your health.
6 you should avoid it.
7 it's disgusting

 2 Lies den Artikel noch mal. Wer findet Rauchen positiv (p) und wer findet es negativ (n)?

 3 Hör diesen Dialogen zu und wähl zu jedem eine Schlagzeile aus. (1–4)

a Deine Wahl: Aufhören oder krank werden!
b Sportler rauchen nicht!
c Kluge Leute machen den Freunden nicht alles nach!
d Tabak hilft der Figur aber zerstört die Gesundheit!
e Rauchen ist auf dem Schulgelände verboten!

Grammatik lern weiter 216

dass, weil and wenn
- Remember that **dass** (*that*), **weil** (*because*), **wenn** (*when/if*) send the verb to the end of the sentence.
- **Ich habe nie geraucht, weil das schlecht für die Gesundheit ist.**
  I have never smoked because that is bad for your health.

4 Partnerarbeit. A stellt B Fragen. A ist Nichtraucher. B ist Raucher.

- Seit wann rauchst du?
- Wie oft rauchst du?
- Warum rauchst du?
- Meiner Meinung nach ist Rauchen (tödlich).

Ich rauche	ab und zu,	weil	das toll / cool / entspannend ist.
	am Wochenende,		meine Freunde das machen.
	auf Partys,		ich Diät halte.
	nie,		das teuer / tödlich ist.
Meiner Meinung nach		ist Rauchen ekelhaft.	
Ich finde, dass Rauchen		eine Geldverschwendung ist.	

5 Lies die Erfahrungsberichte zum Thema Alkohol. Welche Person sagt das?

1 Meine Familie ist daran schuld.
2 Ich trinke immer mehr.
3 Ich lebe seit vier Jahren mit Alkohol.

Bin ich süchtig?

atoms_npl

Ich bin sechzehn Jahre alt, aber ich habe schon mit zwölf Jahren Alkohol getrunken. Jetzt trinke ich eigentlich jeden Freitag- und Samstagabend viel Alkohol. Fast JEDES Wochenende bin ich betrunken. Ich habe dazu im Internet viele Informationen gelesen, und jetzt mache ich mir große Sorgen, weil ich glaube, dass ich auf dem Weg zum Alkoholiker bin.

loewe.xp

Mit elf Jahren habe ich bei einer Grillparty mein erstes Bier getrunken. Mein Vater hat mir ein kleines Glas Bier gegeben. Seit dem Tag trinke ich immer mehr und mit der Zeit ist das zu einer schlimmen Gewohnheit geworden. Anfangs habe ich nur ungefähr 6 Bier am Wochenende getrunken. Mittlerweile trinke ich aber eine Flasche Wodka und 1–2 Bier. Ich weiß, dass ich ein Alkoholproblem habe. Bitte helft mir da irgendwie …

---

 6 Lies die Erfahrungsberichte noch mal. Welche Person ist das?

1 I started drinking at the age of 12.
2 I think I may be on the way to becoming an alcoholic.
3 It's become a bad habit.
4 I get drunk every weekend.
5 I know I have an alcohol problem.

---

 7 Hör diesem Radiointerview mit der Direktorin einer Schule in Hamburg zu. Wähl die richtigen Antworten aus.

1 Ten out of thirty pupils / the whole class / no pupils drink alcohol at this school.
2 Pupils use Sunday to recover / drink / chill out together.
3 Girls drink more than / less than / the same amount as boys.
4 Teenagers drink to be like their friends / forget their problems / avoid dancing.
5 Teenagers are encouraged to drink by friends / advertising / older siblings.
6 An alcohol ban would change the lives of teenagers / have no effect / be unpopular.

Mit [zwölf] Jahren	habe ich	schon Alkohol	getrunken.
Am Wochenende		ungefähr 6 Bier	
Jetzt Fast jedes Wochenende	trinke ich viel Alkohol. bin ich betrunken.		
Ich weiß, / Ich glaube,	dass ich	viel trinke. ein Alkoholproblem habe. immer mehr trinke. auf dem Weg zum Alkoholiker bin.	
Ich mache mir Sorgen,			

 8 Stell dir vor, du hast ein Alkoholproblem. Beschreib dein Problem für das Forum aus Aufgabe 5.

1 Lies die Broschüre von der Drogenberatungsstelle.
Wähl eine Frage (a–d) für jeden Absatz.

a Warum nimmt man Drogen?

b Was ist eine Droge?

c Was mache ich, wenn ein Freund / eine Freundin Drogen nimmt?

d Wie lange nimmt man Drogen?

Jugendliche und Drogen – wir informieren

 Unter Drogen versteht man Suchtmittel, die mehr oder weniger psychisch und meist auch körperlich süchtig machen. Neben den legalen Drogen, wie Alkohol, Zigaretten, Schlankheitstabletten und Koffein gibt es auch die illegalen Drogen, wie Cannabis, Heroin und Kokain.

Leider glauben immer noch viele Jugendliche, dass Drogen „cool" sind. Man ignoriert die Gefahren und genießt die Effekte, sei es sich zu entspannen, innerlich „abzudriften" oder Nächte durchzutanzen. Wenn man Drogen nimmt, lernt man dadurch oft neue „Freunde" kennen, die stark auf Drogen stehen. Man hängt mit ihnen rum und nimmt gemeinsam Drogen – mit der Zeit wird es immer schwieriger, die Drogen aufzugeben.

 Für die meisten Jugendlichen bleibt der Drogenkonsum eine Probierphase. Junge Leute probieren alles – Musik, Kleider, Sport, Zigaretten – und das ist ganz normal. Diese Phase beginnt während der Schulzeit und endet beim Eintritt in das Erwachsenenleben. Wenn der Konsum sich aber zur Gewohnheit entwickelt und man abhängig wird, wird das kritisch.

Dein Freund / deine Freudin nimmt Drogen. Was tun?
Lass ihn / sie wissen, dass du ihn / sie immer unterstützen wirst.
Sprich mit seinen / ihren Freunden / Freundinnen darüber – zusammen könnt ihr dem Betroffenen vielleicht besser helfen.
Ruf eine Drogenberatungsstelle an und hol dir Informationen.
Gib seinen / ihren Eltern Bescheid.

 Tipp

- Break German words down to aid understanding. For example **Erwachsenenleben** is **Erwachsenen** (*grown up*) + **Leben** (*life*) **Drogenberatungsstelle** is **Drogen** (*drugs*) + **Beratungs** (*from* **beraten** *to advise*) + **Stelle** (*place*).

- Look out for cognates to aid your understanding. See if you can find at least six more cognates in this article: **Alkohol**, **legale**, **Drogen** …

- Don't worry about understanding every word, but use the context to help you.

- Remember that lots of small words send the verb to the end of the sentence, so you might need to look to the end of the clause to find the connected verb.

5

2 **Lies die Broschüre noch mal. In welchem Absatz lernt man Folgendes?**

a There are drug support services available for teenagers.

b Teenagers can get drawn into new friendship groups through drugs.

c A cup of coffee could be viewed as a drug.

d Adolescence is a time for experimenting.

e It's easy to forget the dangers and enjoy the effects.

f It becomes a problem when drugs become a habit.

3 **Hör diesen Leuten bei der Radioshow zu. Welches Foto passt zu welchem Dialog?** (1–3)

4 **Hör noch mal zu und wähl die richtigen Antworten aus.**

1 a Person 1 thinks drugs damage the body /
don't improve performance / can ruin your career.

b He says that the risk is worth it / he would never take
the risk / there are no risks.

2 a Person 2's sister ended up in hospital because she
took a drugs overdose / after a fight over drugs /
because her friend took an overdose.

b Person 2 is afraid that his sister won't be able to leave
hospital / will have to go to rehab / will return to drugs.

3 a The band members smoke joints to relax /
to impress each other / to help them play music.

b Person 3 doesn't want to smoke joints all the time /
try hard drugs / stay clean.

5 **Gruppenarbeit. Diskutiert die Probleme von Alkohol,
Zigaretten und Drogen unter euch.**

- Was ist heutzutage das größte Problem für Jugendliche:
  Alkohol, Zigaretten oder Drogen?

- Warum greifen viele Jugendliche zu Drogen, Alkohol
  oder Zigaretten?

- Was kann passieren, wenn man illegale oder legale
  Substanzen nimmt?

Meiner Meinung nach ist [Rauchen / Trinken / Drogennehmen] gefährlich / cool.
Für mich ist [Drogennehmen] das größte Problem für Jugendliche.
Ich denke, dass [harte Drogen] schrecklich sind.
Ich habe Angst, dass [meine Schwester mit Drogen anfangen wird].
Es ist sehr schwierig, [Drogen / Zigaretten] aufzugeben.
Ich bin total gegen [Drogen / Zigaretten].
Man soll [Alkohol] auf jeden Fall vermeiden.
Ich würde das Risiko nie eingehen.

You are going to hear part of a discussion between a teacher and a student. Listen to the extract, then carry out the activities to help you prepare for your own speaking task.

Task: Interview with someone who works in a sports centre

You are being interviewed by your teacher. You will play the role of someone who works at a sports centre and your teacher will play the role of the interviewer.

Your teacher could ask you the following:

- How popular is the sports centre and why?
- What sport would you recommend for someone who is not very active?
- Have you personally used the gym?
- What team sports can one play?
- Is it possible for vegetarians to get a healthy snack?
- What are the rules on smoking in the sports centre?
- What is the centre going to do to promote a healthy lifestyle?
- ! (A question for which you have not prepared.)

Preparation

1 Listening for information

1 The student is going to talk about swimming as an example of a sport for someone who is not very active. Note the information you think he could give.

2 Listen to the first section. What information did he give about swimming? Were your predictions correct?

2 Listening for time references

1 The interviewer asks a closed question „Waren Sie schon im Fitnessraum?" Jot down in German how you would answer this question. Now listen to the student. Who provided more detail – you or the student?

2 In the exchange on team sports, how many tenses does the student use? Can you give an example of each?

3 The student uses ten different time phrases. Pick out as many as you can while you listen and then check the meaning.

3 Listening for clues to the meaning

1 Do you think the student feels the café is suitable or unsuitable for the interviewer? Which clues helped you decide?

2 This student knows he has to show initiative if he wants an A*. How does he demonstrate initiative in what he says about the café?

Useful language

Question words

Welche Sportaktivitäten ...?	**Which** sports ...?
Was für einen Sport treiben Sie?	**What** sort of sport do you do?
Wie ist das Essen im Café?	**What** is the food in the café like?
Was essen Sie gern?	**What** do you like eating?
Wer würde Pommes essen?	**Who** would eat chips?
Wo spielst du Fußball?	**Where** do you play football?
Wann gehst du schwimmen?	**When** do you go swimming?
Wie viele Stunden Sport treibst du pro Tag?	**How many** hours of sport do you do a day?

Over to you!

Look at your task sheet and ...

- decide what you are going to say to answer the questions. Check the vocabulary lists at the end of the Chapter for words and phrases which you could use.

- consider what further details you could add – how could you introduce a range of tenses and opinions?

- think about the unpredictable question your teacher could ask – work with a partner to brainstorm ideas.

Grade**Studio**

To make sure you have a chance of getting a **grade C** in your speaking, you should:
- use a range of tenses e.g. *Ich hatte eine Erkältung* (I had a cold) (imperfect tense); *Ich habe ein Sandwich gegessen* (I ate a sandwich) (perfect tense).
- use the present tense with a future time phrase e.g. *Kommen Sie nächsten Sonntag um 7 Uhr vorbei* (Come along next Sunday at 7 o'clock) to talk about things in the future.
- give a few reasons using *weil*. Remember the verb goes to the end of the sentence e.g. *weil Fitness für mich eine sehr wichtige Rolle spielt* (because being fit is very important to me).

If you are aiming for a **grade A**, you should also:
- show you can use modal verbs e.g. *Ich könnte schon vieles empfehlen* (I could recommend lots of things). Remember modal verbs take an infinitive which goes at the end of the sentence.
- use the conditional e.g. *Schwimmen wäre ideal für Sie* (Swimming would be ideal for you).

If your goal is an **A***, you need to do all of the above and:
- use a variety of exciting words and phrases e.g. *Es hängt davon ab* (it all depends on); *Je mehr Sport man treibt, desto fitter wird man* (The more sport you do, the fitter you get); *Sport fördert die Gesundheit* (Sport promotes good health).

Adresse: @   ›los

Mein Traum – der Berlin-Marathon

Interview mit unserer Biologielehrerin, Frau Silvia Bachmann.

• ***Frau Bachmann, manche Schüler sehen Sie immer wieder beim Jogging. Ist das Ihr Lieblingshobby?***

SB: Ja, das stimmt. Ich habe vor ungefähr zehn Jahren angefangen zu joggen, es hat mir gefallen, und nun versuche ich jeden Tag zu laufen.

• ***Haben Sie immer Zeit für Ihr Hobby?***

SB Leider nicht immer. Aber ich stehe früh auf und laufe noch vor dem Frühstück. Zu dieser Zeit sind die Straßen leer, das Licht ist schön, und ich fühle mich wohl. Es ist natürlich weniger lustig, wenn es regnet.

• ***Joggen Sie in erster Linie für Ihre Gesundheit?***

SB: Nein, ich treibe diesen Sport aus Spaß. Aber die Gesundheit ist mir natürlich wichtig. Ich versuche gesund zu essen (also viel Obst und Gemüse, zum Beispiel), ich rauche nicht, und ich vermeide starken Alkohol. Aber ein Paradebeispiel bin ich nicht! Ich sollte mir Schokolade verbieten ..., aber ich liebe Schokolade, und ich kaufe mir oft einen Riegel!

Gut für die Gesundheit?

• ***Werden Sie auch in den Sommerferien so gesund leben?***

SB: In den Sommerferien werde ich mit meiner Familie nach Spanien fahren. Ich werde sicher manchmal zu viel essen und viel zu spät aufstehen, aber ich habe vor, jeden Tag zu joggen, wenn es möglich ist.

• ***Möchten Sie mit ihrem Hobby ein besonderes Ziel erreichen?***

SB: Ja, ich habe einen Traum ... Ich möchte einmal im Berlin-Marathon laufen. Das muss doch toll sein! Aber bevor ich das machen kann, muss ich noch viel trainieren!

• ***Freuen Sie sich auf so viel Training?***

SB: Hmm ... Ja, doch. Aber neben dem Training muss auch Raum für das Leben sein. Gewinnen ist mir egal. Das Leben muss mir Spaß machen!

---

1 What are the English translations of the six questions?

2 The interviewer uses the polite form "Sie". What are the words for:

    a *you*   b *your*?

3 Find five time expressions in the text. Write them in German and English.

    e.g. *vor ungefähr zehn Jahren – about ten years ago*

4 Expressions with: verb + zu + infinitive. Find and write out the following expressions.

    I started to jog   *I try to run*   *I try to eat healthily*   *I intend to jog*

5 Inversion is when the verb comes before the subject, e.g. *Gestern <u>war ich</u> in der Stadt.* Look at the text: is there inversion after ...

    a *und nun*   b *aber*   c *Nein, ...*   d *in den Sommerferien*

Over to you!

Write an imaginary interview with a German-speaking sports personality.

Write at least 200 words in German. You could include:

- a short introduction of the personality you are interviewing.
- questions and answers about:
  - how his / her interest in sport began
  - training every day / every week
  - lifestyle: food, friends, evenings
  - plans for the future.

Tipp

- Learn a few questions off by heart. You can then adapt them as required if you write a letter or an interview in the exam.
- Remember the capital letters with **Sie / Sie / Ihnen / Ihr** when meaning "you / your" (formal).

GradeStudio

To make sure you have a chance of getting a **grade C** in your writing, you should:

- use *du* (informal sing.) or *Sie* (formal sing. / pl.) as appropriate in letters or interviews. Take care with the verb endings:
  - du `...st du?`
  - e.g. *Lebst du gesund? Hast du viel trainiert?*
    Wirst du bald wieder segeln?
  - Sie `...en Sie?`
  - e.g. *Trainieren Sie jeden Tag? Wann sind Sie nach Berlin gefahren?*

Now you try it! 1

Look at the examples on the left.

1 Write the examples in yellow in the "Sie" form and write the examples in green in the "du" form.

If you are aiming for a **grade A**, you should also:

- use the following pronouns correctly:
  - du `du/dich/dir/dein_`
  - e.g. *Ich möchte **dich** einladen und mit **dir** baden gehen.*
  - Sie `Sie/Sie/Ihnen/Ihr_`
  - e.g. *Wer trainiert **mit Ihnen?** Was ist **Ihr** Traum?*
- use some expressions with *zu* + infinitive at the end of the sentence.
  - e.g. *Ich habe angefangen, Gitarre **zu** spielen.*
    *Ich habe vor, jeden Tag **zu** joggen.*

Now you try it! 2

Look at the examples on the left.

1 Write the yellow example sentences in the "Sie" form and the green questions in the "du" form.

Write in German:

2 *I have started to learn Spanish.*
3 *We intend to sail every day.*

If your goal is an **A***, you need to do all of the above and:

- use some expressions which require dative pronouns,
  - e.g.

*Ich kaufe **mir** nie CDs.*	I never buy myself CDs.
*Es gefällt **mir**.*	I like it.
*Sport ist **mir** wichtig.*	Sport is important to me.
*Das ist **mir** egal.*	I don't care.
*Tischtennis macht **mir** Spaß.*	Table tennis is fun.

Now you try it! 3

1 Write the yellow phrases in the interview on page 100 in German and in English.

Talking about your eating and drinking habits

Müsli	muesli	Zwiebeln	onions
Milch	milk	Wasser	water
Früchte	fruit	Kräuter-/Früchtetee [mit Honig]	herbal/fruit tea [with honey]
Apfelsaft	apple juice	Süßigkeiten	sweets
Käse	cheese	Kuchen	cakes
Joghurt	yogurt	Torten	gateaux
Brot	bread	süße Getränke	sweet drinks
Wurst	sausage	Säfte	juices
Haferflocken	porridge	Iss/Probier [Gemüse].	Eat/Try [vegetables].
Reis	rice	Trink [Milch].	Drink [milk].
Nudeln	pasta	Zum Frühstück/	For breakfast/
Suppe	soup	zum Mittag/	lunch/
Fleisch	meat	zum Abendessen/	supper/
Obst	fruit	in der Pause …	at break …
Äpfel	apples	esse ich gern [Toastbrot].	I like to eat [toast].
Bananen	bananas		
Orangen	oranges	esse ich [ab und zu] Obst.	I eat fruit [now and again].
Aprikosen	apricots		
Salat	salat/lettuce	trinke ich [nichts].	I drink [nothing].
Gemüse	vegetables	trinke ich [normalerweise] Milch.	I [normally] drink milk.
Gurken	cucumbers		
Karotten	carrots	Das finde ich …	I think that's …
Tomaten	tomatoes	(un)gesund	(un)healthy
Pilze	mushrooms		
Erbsen	peas		

Talking about your lifestyle

Ich gehe [dreimal] in der Woche zum Training.	I train [three times] a week.
Sport macht mir Spaß.	I enjoy sport.
Sport fällt mir schwer, weil ich unfit bin.	I find sport difficult because I am unfit.
Mein Lieblingsessen ist [Currywurst mit Pommes].	My favourite food is [sausages and chips].
Mein Lieblingsgetränk ist [Milch].	My favourite drink is [milk].
Ich fahre mit dem [Auto/Rad] zur Schule, weil das [schnell/entspannend] ist.	I go to school by [car/bike] because that is [quick/relaxing].
Ich rauche [ab und zu].	I smoke [now and again].
Ich habe [nie] geraucht.	I have [never] smoked.
Ich bin …	I am …
(un)fit	(un)fit
aktiv	active
übergewichtig	overweight
sportscheu	unsporty

Talking about illnesses

Mir ist schlecht.	I feel ill.	Fieber	a temperature
Ich bin krank.	I'm ill.	Schnupfen	a cold
Ich habe seit vorgestern/ heute früh/ einer Woche …	Since the day before yesterday/this morning/ last week I've had …	Husten	a cough
		Kopfschmerzen	a headache
		Bauchschmerzen	stomach ache
Durchfall	diarrhoea	Rückenschmerzen	backache

Ohrenschmerzen — earache
[Mein Arm] tut weh. — My arm hurts.
[Mein Fuß] ist geschwollen. — My foot's swollen.
Ich habe gestern … — Yesterday I …
  meinen linken Fuß verstaucht. — sprained my left foot.

mein rechtes Bein gebrochen / verletzt. — broke / injured my right leg.
Er bleibt im Bett. — He will stay in bed.
Sie wird [diese Woche / morgen] [nicht] zur Schule kommen. — She [will / won't be] coming to school [this week / tomorrow].

Talking about teenage worries

Es ist mir sehr / gar nicht wichtig … — It is very / not at all important to me …
  in der Klasse beliebt zu sein. — to be popular in class.
  wie die Bilder in den Medien auszusehen. — to look like the pictures in the media.
  die neueste Markenkleidung zu tragen. — to wear the latest labels.
  meine Eltern nicht zu enttäuschen. — not to disappoint my parents.
  reich und berühmt zu werden. — to be rich and famous.
  eine Freundin zu haben. — to have a girlfriend.
  die Prüfungen zu bestehen. — to pass my exams.
  mich nicht mit meinen Freunden zu streiten. — not to argue with my friends

  gut zu schlafen. — to sleep well.
Zu Hause fühle ich mich … — At home I feel …
In der Schule bin ich [total] … — At school, I am [totally] …
  gestresst — stressed
  kaputt — exhausted / shattered
  aggressiv — aggressive
  deprimiert — depressed
  erschöpft — exhausted
  müde — tired
  einsam — lonely.
Ich mache mir [große] Sorgen über … — I worry [a lot] about …
  die Schule — school
  die Prüfungen — exams
  meine Haut — my skin
  meine Figur — my figure

Discussing smoking and drinking

Ich rauche am Wochenende / auf Partys, ab und zu … weil … — I smoke at the weekend / at parties / now and again because …
  das toll ist. — it's great.
  meine Freunde das machen. — my friends do it.
  ich Diät halte. — I'm on a diet.
Ich rauche nie, weil das tödlich ist. — I never smoke because it's deadly.
Ich finde, dass Rauchen … — I think smoking …
  ekelhaft ist. — is disgusting.
  eine Geldverschwendung ist. — is a waste of money.
Mit [zwölf] Jahren habe ich schon Alkohol getrunken. — I drank alcohol when I was [twelve].
Jetzt trinke ich viel Alkohol. — I drink a lot of alcohol now.
Ich weiß / glaube, dass ich … — I know / think that I …
  viel trinke. — drink a lot.
  immer mehr trinke. — am drinking more and more.
  ein Alkoholproblem habe. — have an alcohol problem.
Ich mache mir Sorgen, dass ich auf dem Weg zum Alkoholiker bin. — I'm worried that I'm becoming an alcoholic.

Giving your opinion on issues

Meiner Meinung nach ist [Rauchen / Trinken / Drogennehmen] gefährlich / cool. — In my opinion, smoking / drinking / taking drugs is dangerous / cool.
Für mich ist [Drogennehmen] das größte Problem für Jugendliche. — I think that [taking drugs] is the biggest youth problem.
Ich bin total gegen [Drogen / Zigaretten]. — I am totally against [drugs / cigarettes].

6 Die Arbeitswelt

1 Der Jobmarkt

- Discussing advantages of different jobs
- Linking personality traits to jobs

 lesen 1

Was passt zusammen? Warum finden sie ihre Berufe positiv?

Beispiel: 1 f. Can practise her languages.

1 Ich bin Sekretärin bei einer internationalen Firma. Ich mag meinen Job, weil ich meine Fremdsprachen üben kann.

2 Ich bin Mechanikerin. Mein Beruf ist interessant, weil ich etwas Praktisches machen mag.

3 Ich bin Feuerwehrmann. Ich mag meinen Job, weil er gut bezahlt ist.

4 Ich bin Zahnärztin. Ich finde meine Arbeit gut, weil man Kontakt zu Menschen hat.

5 Ich bin Lehrerin und ich mag meinen Job, weil ich gern mit Kindern arbeite.

6 Ich arbeite als Briefträger. Ich mag meine Arbeit, weil ich gern im Freien bin.

 hören 2

Hör zu. Was passt zusammen (Bilder aus Aufgabe 1)? Warum finden sie ihre Berufe positiv? (1–5)

 sprechen 3

Rollenspiel. Was bin ich von Beruf?

Beispiel:

- ■ Ich repariere Autos und Wagen.
- ● Aha! Sie sind Mechaniker! Warum lieben Sie Ihren Beruf?
- ■ Ich mag den Job, weil ich etwas Praktisches machen mag.
- **1** Ich kümmere mich um kranke Leute.
- **2** Ich versuche, Verbrecher zu fassen.
- **3** Ich schreibe Berichte über große Gebäude.

Language patterns

Notice the male – female patterns:

> Arzt / Ärztin; Zahnarzt / Zahnärztin; Tierarzt / Tierärztin
> Briefträger(in); Elektriker(in); Polizist(in); Sekretär(in

Ich bin ... / Ich arbeite als ...
Krankenschwester / Krankenpfleger
Lehrer / Lehrerin.
Ich mag / liebe den Job / die Arbeit, weil ...
... ich meine Fremdsprachen üben kann.
... ich gern mit anderen [Leuten / Kindern] arbeite.
... ich gern im Freien bin.
... ich etwas Praktisches machen mag.
... [es] gut bezahlt ist.
... man Kontakt zu Menschen hat.
... ich gern in einem Team bin.
... ich viele Erfahrungen sammle.

lesen **4** Lies den Artikel und beantworte die Fragen auf Englisch.

Was ist wichtiger am Arbeitsplatz? Gute Noten aus der Schulzeit oder positive Charaktereigenschaften? Wir haben Herrn Doktor Bulman gefragt.

Viele Charaktereigenschaften sind wichtig für jeden Job! Menschen, die freundlich und höflich sind, haben im Leben oft mehr Erfolg als Menschen, die gemein, egoistisch oder schlecht gelaunt sind. Wir suchen alle gute Kollegen am Arbeitsplatz, die humorvoll und locker sind. Aber einige Berufe brauchen bestimmte Eigenschaften oder Fähigkeiten. Eine gute Sekretärin kann schnell tippen – aber eine gute Sekretärin muss auch organisieren können und geduldig sein. Ein guter Mechaniker kann Autos reparieren – aber er sollte auch ehrlich sein. Ein guter Mechaniker darf nicht ungeduldig oder unhöflich sein.

Also, gute Noten aus der Schulzeit oder positive Charaktereigenschaften? Meiner Meinung nach sind beide sehr wichtig. Ohne gute Noten oder die richtigen Qualifikationen bekommt man kaum eine gute Stelle.

1 What is the key question that the article tries to address?
2 What types of people have more success in life?
3 What types of people do we hope to work with?
4 What two specific examples of jobs does he give?
5 What character traits are linked to these jobs?
6 What is Dr Bulman's answer to the key question?

sprechen **5** Partnerarbeit. Wie ist ein guter … ?

Beispiel:

■ Wie ist ein guter Clown?

● Ein guter Clown ist humorvoll, freundlich und immer komisch – er ist nie schüchtern!

> Big Brother-Teilnehmer
>
> Bibliothekarin
>
> Bergmann
>
> Weltraumfahrerin

> Ein guter Arzt ist immer … und oft … aber nie …
>
> attraktiv / berühmt / ehrlich / ernst / geduldig / gemein / großartig / höflich / humorlos / intelligent / komisch / locker / ordentlich / schüchtern / unfreundlich / unternehmungslustig

schreiben **6** Schreib einen Text für die Schulbroschüre.

You are writing three short case studies for the careers options brochure in your school. Include:

● Three different jobs.
● The reasons the postholders enjoy their work.
● What type of person you need to be in this line of work.

Grammatik
lern weiter **211**

Adjective endings; nominative
Notice the following pattern of adjective endings. These follow the indefinite article and are in the nominative case.

Ein gute**r Beruf ist …**
Eine gute **Ärztin ist …**
Ein gute**s System ist …**

- Talking about part-time jobs
- Developing understanding of word order

1 Lies die Texte. Schreib die Tabelle ab und füll sie auf Englisch aus.

Ich habe einen Teilzeitjob. Ich brauche das Geld für mein Hobby – ich spiele in einer Band und wir kaufen immer Instrumente, Musik oder Software für den Computer. Ich arbeite am Wochenende an einer Tankstelle. Ich finde die Arbeit langweilig. Ich mag den Job nicht, weil ich gern in einem Team bin. Ich bediene den ganzen Tag Kunden, das heißt von sechs Uhr morgens bis fünf Uhr nachmittags, und sitze einfach nur da, um die Bezahlung entgegen zu nehmen. Aber ich bekomme ziemlich viel Geld dafür. Wenn ich Samstag und Sonntag arbeite, verdiene ich fast € 200. Das ist gar nicht schlecht!

Ich arbeite in einem Supermarkt, um Geld zu verdienen. Ich arbeite abends, mittwochs und freitags, und oft auch am Samstag – die Stunden sind immer anders. Die Arbeit ist meistens ziemlich interessant. Jede Woche mache ich etwas anderes. Manchmal arbeite ich an der Kasse und manchmal bediene ich Kunden am Bäckerschalter. Was ich nicht leiden kann, ist das Bodenwischen. Ich verbringe ziemlich viel Zeit bei der Arbeit, und das hat einen schlechten Einfluss auf meine Hausaufgaben – aber ich verdiene ganz viel. Ich bekomme € 8,50 pro Stunde – das finde ich gut bezahlt. Ich mag den Job, weil ich gern mit anderen Menschen arbeite. Ich bin gern in einem Team.

	Where?	When?	Hours?	Wages?	Opinion?
1					
2					

2 Hör zu. Wer macht was? Wann? Wie viel verdienen sie? (1–4)

a **b** **c** **d** **e** **f**

g jeden Tag (außer Sonntag)

h am Wochenende

i am Samstag

j morgens

k dreimal in der Woche

l zweimal in der Woche

m € 8 pro Stunde

n € 9 pro Stunde

o € 10 pro Stunde

p € 11 pro Stunde

6

Klassenumfrage. Mach Interviews mit vier Personen. Schreib die Antworten auf.

- Hast du einen Teilzeitjob?
- Wann und wo arbeitest du?
- Wie viel verdienst du?
- Wie ist die Arbeit?

Joel: Babysitter
Wochenende
€ 5 /Stunde
anstrengend

Lies den Text und zeichne ein Tortendiagramm.

- Hier sind die Ergebnisse der Klassenumfrage über Teilzeitjobs.
- Von 32 jungen Leuten haben 24 einen Teilzeitjob.
- Acht arbeiten in einem Geschäft und vier arbeiten in einem Restaurant.
- Vier machen Babysitten, um etwas Geld zu verdienen.
- Zwei Schüler tragen Zeitungen aus und zwei arbeiten an einer Tankstelle.
- Von den vier, die übrig bleiben, arbeiten zwei in einer Fabrik, eine Person arbeitet bei ihrem Vater in einer Kneipe und eine Person arbeitet als Gärtner.

Ich habe	keinen Job / einen Teilzeitjob.
Ich arbeite	als Kellner(in) / Stadtführer(in) / Verkäufer(in) / Babysitter.
	in einem Supermarkt / Restaurant / an einer Tankstelle.
	am Wochenende / morgens / zweimal pro Woche / nach der Schule.
Ich trage Zeitungen aus.	
Ich verdiene	[€ 8] pro Stunde / pro Woche.
Ich finde die Arbeit	schwer / gut bezahlt / schlecht bezahlt / anstrengend / langweilig / interessant.

Gruppenarbeit. Teilzeitjobs und unsere Klasse.

Create a set of PowerPoint slides to give a presentation about part-time jobs in your class. Include:

- Statistics and graphs.
- Information about what jobs people have.
- How much they earn.
- Their opinions about the jobs + reasons (using *weil*).

Grammatik

lern weiter 216

More complex word order; *weil* with two verbs
Ich möchte etwas Praktisches machen. ➡

Ich mag den Job, **weil** ich etwas Praktisches machen **möchte.**

Ich mag den Job [nicht], weil ...
... ich gern im Freien bin.
... ich gern etwas Praktisches mache.
... er [gut bezahlt / schlecht bezahlt] ist.
... es Spaß macht / es viel zu tun gibt.
... ich gern in einem Team bin.
... ich gern allein arbeite.

3 Mein Arbeitspraktikum

- Giving details and opinions about work experience
- Using modal verbs in the imperfect tense

1 Hör zu und lies die Texte. Wer sagt das (1–6)?

Thomas

Ich habe in einem Geschäft gearbeitet. Die Erfahrung war nicht besonders gut. Der Arbeitstag hat früh begonnen, weil der Supermarkt um sechs Uhr öffnet und um zweiundzwanzig Uhr schließt. Verkäufer sind Schichtarbeiter. Mein Arbeitstag hat früh um halb sieben begonnen, aber er war schon um 14 Uhr zu Ende. Ich habe in verschiedenen Abteilungen gearbeitet, um viele Erfahrungen zu sammeln. Ich musste mit Kunden sprechen und an der Kasse arbeiten. Ich wollte aber die Organisation des Supermarkts verstehen, vielleicht mit dem Personalchef arbeiten. Ich freue mich, dass ich nur eine Woche da verbracht habe.

Für mein Arbeitspraktikum habe ich in einem Büro gearbeitet. Die Leute waren super nett und ich habe zwei tolle Wochen da verbracht. Am Anfang war ich nervös und die Arbeit war ganz langweilig. Ich musste das Büro sauber machen und für uns alle Kaffee kochen, aber als die Chefin wusste, dass ich Verantwortung tragen konnte, habe ich das Telefon beantwortet und E-Mails geschrieben. Die Arbeit in einem Büro hat mir gefallen. Der Arbeitstag ist länger als in einer Schule. Die Arbeit begann um neun Uhr und war um siebzehn Uhr zu Ende. In Zukunft würde ich gern in einem Büro arbeiten, weil ich tolle Erfahrungen gemacht habe.

Lilly

1 At the beginning the tasks were boring but things got better later.

2 I had a varied experience, but there were more things I wanted to learn.

3 The working day is longer than a school day.

4 I really had a lot of fun.

5 I had to get up early because the business has long opening hours.

6 The boss became aware that I could take on more responsibility.

2 Rollenspiel. Du bist Thomas oder Lilly.

- Wo hast du dein Arbeitspraktikum gemacht?
- Wie lange hast du da gearbeitet?
- Wann hat der Arbeitstag begonnen?
- Was hast du gemacht?
- Wie fandest du das Praktikum?

Grammatik

lern weiter 215

Imperfect tense of modal verbs
To talk about the past using modal verbs, use the imperfect tense.

ich konnte	du konntest
er / sie / es konnte	wir konnten
ihr konntet	Sie / sie konnten

Other modal verbs

infinitive	ich form	meaning
dürfen	durfte	was allowed to
mögen	mochte	liked
müssen	musste	had to
sollen	sollte	was supposed to
wollen	wollte	wanted to

hören 3 Hör zu. Bring die Bilder in die richtige Reihenfolge.

hören 4 Hör noch mal zu. Was passt zusammen?

1 Für sein Praktikum
2 Am Montag
3 Am Dienstag
4 Am Mittwoch
5 Am Donnerstag
6 Am Freitag

a hat er einer alten Dame geholfen.
b hat er einen Bericht über den Unfall geschrieben.
c hat er eine Präsentation über die Gefahren von Feuer gemacht.
d hat Stefan eine Woche bei der Feuerwehr in Köln verbracht.
e hat er ein Feuer gesehen.
f hat er die Kollegen kennengelernt.

sprechen 5 Partnerarbeit. Mach Interviews. Nimm ein MP4 für deinen deutschen Freund / deine deutsche Freundin auf und lade es hoch.

- Wo hast du dein Arbeitspraktikum gemacht?
- Wie lange hast du da gearbeitet?
- Was hast du gemacht?
- Wie fandest du das Praktikum?

Grammatik

lern weiter 216

More complex word order; *weil* with perfect tense
When using **weil** with the perfect tense the auxiliary verb (**haben** / **sein**) is sent from second position right to the end – and comes after the past participle.

Ich habe an der Kasse gearbeitet. ➡
Es hat mir gefallen, weil ich an der Kasse gearbeitet habe.

When preparing, make sure you include:
- More complex word order (use of **weil** and the perfect tense, for example).
- Three examples of modal verbs in the imperfect tense.

Ich habe	in einem Geschäft / in einem Büro	gearbeitet.
	eine Woche / zwei Wochen	da verbracht.
Der Arbeitstag hat um [8] Uhr begonnen.		
Ich bin	mit dem Bus / mit dem Auto	gefahren.
Ich habe	E-Mails geschrieben / das Telefon beantwortet.	
Ich musste	an der Kasse arbeiten / mit Kunden sprechen.	
Ich fand die Erfahrung	toll / positiv / negativ.	
Meine Kollegen waren [freundlich].		

Sommer in Spanien, Winter in Österreich

- Preparing an application for a holiday job
- Revisiting the conditional tense

lesen 1 Lies die Anzeigen (a–f) und finde Stellen für diese Personen (1–6). Schreib die Telefonnummern auf.

a Wir brauchen Sie als **Empfangsmitarbeiter/in** in unserem internationalen Hotel. Englisch in Wort und Schrift, Flexibilität und gute MS Office-Kenntnisse.
Tel.: 0181 2453886

b Wir suchen dringend mehrere Personen, die im Sommer bei uns als **Kellner** arbeiten wollen. Restauranterfahrung erforderlich.
Tel.: 0223 4665662

c Können Sie gut Skifahren und schwimmen? Wir suchen von Oktober bis Februar **Sporttrainer** für Studenten.
Tel.: 0771 218734

d Für unser Team suchen wir erfahrene **Verkäufer/innen**. Winter- oder Sommersaison.
Tel.: 0223 3990900

e **Au-pair** für zwei Mädchen in einer freundlichen Münchener Familie gesucht. Essenzubereitung und Hundbetreuung auch erforderlich.
Tel.: 0333 4389576

f **Mitarbeiter** für unsere Küche gesucht. Wir sind ein katholisches Altersheim und suchen sympathische und geduldige Mitarbeiter.
Tel.: 0454 3554553

1 Ich würde gern mit Kindern arbeiten.

2 Vor zwei Jahren hatte ich einen Teilzeitjob in einer Pizzeria.

3 Ich bin Sportfan und sehr fit.

4 Ich kenne mich sehr gut mit Computern aus und bin freundlich.

5 Ich habe mein Arbeitspraktikum in einem Geschäft gemacht.

6 Ich kümmere mich um meine Oma. Ich koche und ich gehe für sie einkaufen.

lesen 2 Lies den Lebenslauf und verbinde die Untertitel mit den Texten (a–f).

Persönliche Charaktereigenschaften

Schulabschlüsse   Geburtsdatum

Sonstiges   Berufserfahrung

Geburtsort

LEBENSLAUF
Michael Brand

a 18.05.1993.

b Colchester, England.

c GCSE Englisch, Mathe, Naturwissenschaften, Deutsch, Sport, Erdkunde, Betriebswirtschaft, Religion.

d Zwei Jahre als Kellner. Ich habe mein Arbeitspraktikum in einem Büro in Colchester gemacht.

e Freundlich, humorvoll und sehr unternehmungslustig.

f Ich bin sportlich und musikalisch. Ich spiele in einer Fußballmannschaft und ich spiele Gitarre in einer kleinen Band.

hören 3 Annabel hat ein Jobinterview. Hör zu und mach Notizen auf Englisch.

a Personal information
b Reason for wanting job
c Personal characteristics
d Part-time job
e Previous work experience
f Working hours of advertised jobs

lesen 4

Lies die Bewerbung. Wie heißt das auf Deutsch?

Sehr geehrte Damen und Herren,

Ich möchte mich um den Ferienjob als Sporttrainer in Ihrem Winterpark bewerben. Ich habe die Anzeige in der Zeitung gelesen.

Ich besuche die Eastborne-Gesamtschule in Nordwestengland. Meine Lieblingsfächer sind Sport und Fremdsprachen. Ich kann Deutsch und ein bisschen Französisch.

Ich habe bereits Erfahrungen als Kellner gesammelt und ich habe mein Arbeitspraktikum in einem Büro gemacht. Ich komme gut mit Kollegen und überhaupt mit Menschen aus. Als Kellner musste ich immer höflich und freundlich sein und im Büro war ich sehr hilfsbereit. Diese Eigenschaften sind sehr wichtig für einen Sporttrainer.

Ich bin sehr sportlich und fit. Ich kann sehr gut schwimmen. Bei Ihnen würde ich meine Berufserfahrungen erweitern und mein Deutsch verbessern.

Als Anlage schicke ich Ihnen meinen Lebenslauf und ich hoffe, bald von Ihnen zu hören.

Mit freundlichen Grüßen

Michael Brand

1 to apply for
2 improve my German
3 my CV
4 I have experience
5 the advertisement
6 Yours faithfully
7 these characteristics
8 Dear Sir or Madam

Grammatik lern weiter 214

Conditional mood (revisited)
To say you *would* do something use verb **würden** + infinitive at the end of the sentence.

Ich würde gern in Spanien arbeiten.
I would like to work in Spain.
Er würde als Verkäufer arbeiten.
He would work as a shop assistant.

schreiben 5

Bewirb dich um eine Stelle aus Aufgabe 1. Schreib einen Lebenslauf und eine Bewerbung.

Ich habe Erfahrungen als [Kellner] gesammelt.
Ich [habe / hatte] einen Teilzeitjob als [Kellner].
Als [Kellner] musste ich immer [höflich] und [freundlich] sein.
Ich bin [sehr fleißig] und [ziemlich intelligent].

sprechen 6

Partnerarbeit. Du bewirbst dich um eine Stelle. Dein(e) Partner(in) interviewt dich.

You have been invited for an interview for the job from exercise 5. Hold a formal mock interview with your partner.

- Können Sie sich bitte vorstellen?
- Warum bewerben Sie sich um diese Stelle?
- Was für eine Person sind Sie?
- Was für Arbeitserfahrungen haben Sie?
- Haben Sie Fragen an uns?

- Talking about future job possibilities
- Developing the ability to compare and contrast

lesen 1

Lies die Aussagen. Wähle die Nummer, die am besten zu dir passt.

quiz

		1	2	3	4	5

A	Ich will die Schule so schnell wie möglich verlassen.
B	Ich möchte eine Lehre machen oder einen Job finden.
C	Ich möchte gern sobald wie möglich Geld verdienen.
D	Für mich sind Freunde und Familie am wichtigsten.
E	In Zukunft will ich eine hohe Lebensqualität haben – mit Zeit für mich und meine Hobbys.
F	Ich arbeite, um zu leben.

G	Ich werde auf die Oberstufe gehen.
H	Ich will auf die Uni gehen, um zu studieren.
I	Man verdient oft mehr Geld, wenn man auf die Uni geht.
J	Für mich sind ein guter Job und guter Lohn sehr wichtig.
K	In Zukunft will ich eine hohe Lebensqualität und genug Geld haben, um das Leben zu genießen.
L	Ich lebe, um zu arbeiten.

1–10 Für dich ist dein Job wichtig, aber Freunde, Familie und Zeit für dich selbst sind viel wichtiger. Du arbeitest nur, um genug Geld zu verdienen, um dein persönliches Leben zu finanzieren.

11–20 Du bist eine verständige Person mit vernünftigen Ansichten über das Leben. Für dich ist dein persönliches Leben genauso wichtig wie auch dein berufliches Leben.

21–30 Für dich sind Job, Geld und Aufstiegsmöglichkeiten sehr wichtig – vielleicht zu wichtig. Du solltest manchmal Zeit für dich haben und Zeit mit Freunden verbringen.

sprechen 2

Partnerarbeit. Schau mal das Foto von Polly und Holly an. Was sind ihre Prioritäten? Benutzt eure Fantasie!

Polly

- Polly ist meiner Meinung nach ehrgeizig und ziemlich fleißig. Sie will bestimmt auf die Uni gehen, um zu studieren.

- Das meine ich auch. Sie will vielleicht Geschäftsfrau werden.

- Sie hat ihr Arbeitspraktikum in einer Firma gemacht.

Holly

Expressions of comparison

Use a variety of expressions when comparing two jobs.

X ist anders als Y	*X is different to Y*
X ist so ähnlich wie Y	*X is similar to Y*
X und Y sind unterschiedlich	*X and Y are different*
X ist das Gegenteil von Y	*X is the opposite of Y*
Im Vergleich mit ...	*In comparison with ...*

lesen **3** Lies den Text. Was sagen Adam und Thomas? Mach eine Zusammenfassung auf Englisch.

> Zwei Studenten mit ganz verschiedenen Ansichten über ihr Leben wurden von „Rap und Rock" interviewt. Adam und Thomas studieren an der Universität Hamburg. Adam studiert Naturwissenschaften und Politik und Thomas Informatik und Mathe.

Adam

> Ich will einen Job mit sehr guten Aufstiegsmöglichkeiten und ich will genug Geld, um das Leben zu genießen. Ich bin froh, jetzt hier an der Uni zu sein – das Studentenleben ist toll – aber ich weiß, dass ich Arbeitserfahrungen und gute Qualifikationen brauche, um einen gut bezahlten Beruf zu bekommen. Ich arbeite ganz viel und ich genieße mein Studium.

> Student sein ist klasse! Ich habe viele neue Freunde kennengelernt und bin immer auf Partys oder bei meiner Freundin. Man muss nicht nur studieren. In der Zukunft werde ich bestimmt einen Job finden. Man braucht nicht nur einen guten Abschluss, sondern man muss auch die richtige Persönlichkeit haben.

Thomas

hören **4** Hör zu. Janet spricht mit einer Berufsberaterin. Beantworte die Fragen auf Englisch.

1 What does Janet want to be and why is this realistic?
2 What does she need to work on to improve her chances?
3 What are the positive aspects of this career?
4 What are the risks involved?

schreiben **5** Stärken-Schwächen-Chancen-Risiken

Write about yourself and your career choices for a German school magazine.

Outline what type of person you are and what is important for you in a job.

Make an analysis of two different careers that you may consider following – give strengths, weaknesses, opportunities and threats for these choices.

- Talk about your past work experience.
- Include comparisons between the two jobs.
- Conclude by giving your future job intentions.

Ich will / Ich werde Ich möchte / Ich würde gern	auf die Oberstufe gehen / die Schule verlassen / eine Lehre machen / auf die Uni gehen / einen Job finden.
Es gibt gute Aufstiegsmöglichkeiten.	
Man kann einfach eine Stelle bekommen.	
Ich habe mein Berufspraktikum [in einem Geschäft] gemacht.	
Ich habe einen Teilzeitjob als	Kellner / Babysitter.

1 Lies den Artikel. Was verstehst du? Schreib fünf Sätze auf Englisch und vergleich deine Sätze mit deinem Partner / deiner Partnerin.

Ein Tourbus, hunderte Fans und viele große, bunte **Plakate**! So ist das Leben eines Popstars. Mika ist ein libanesisch-britischer Sänger, Komponist und Produzent. Mit seinem ersten Album *Life in Cartoon Motion* im Jahre 2007 hatte er ein positives Debüt. Von der Popmusik der 1970er und 1980er Jahre **beeinflusst**, verkaufte er weltweit davon bislang fast drei Millionen Alben.

Mika ist **Legastheniker** und er hatte Probleme in der Schule – seine Klassenkameraden haben ihn **gehänselt**. Deshalb hat seine Mutter ihn zu Hause unterrichtet. In dieser Zeit begann er sich für Musik zu interessieren. Heute ist er ganz berühmt und auch **erfolgreich**.

Für viele neue Popstars verändert sich das Leben natürlich sehr viel. Wenn man einkaufen geht, wird man an jeder Ecke erkannt. Als Popstar, wenn man auf Tournee ist, steht man früh auf. Es gibt oft lange Diskussionen über das Konzert von gestern oder man spricht über die **Anlagen**. Man übt mit der Band und man versucht, immer neue Lieder zu schreiben. Nachmittags muss man zum nächsten Ort für das nächste Konzert fahren. Der Job ist abwechslungsreich, aber wir wissen alle – Popstar zu sein ist total cool.

Mika ist regelmäßig von einer **Traube** Menschen umringt, wenn er über die Einkaufsstraße der Stadt geht. Seit seiner **Kindheit** liebt er Musik. Als Musiker will er in Zukunft immer noch Musik machen und Musik schreiben.

2 Wie heißen die blauen Wörter auf Englisch? Rate mal ohne Wörterbuch! Hast du richtig geraten?

3 Lies den Artikel noch mal und beende die Sätze auf Englisch. Gib so viele Einzelheiten wie möglich an.

1 Mika is a Libyan-British ...
2 His first album *Life in Cartoon Motion* ...
3 Because he had problems at school ...
4 When on tour a pop star ...
5 In the future Mika ...

 Tipp

Developing reading skills
- Read the whole text through and try to get the gist. What is the text about? Who is writing? Who is the audience?
- When looking for a deeper understanding make intelligent guesses – don't look up every word, only ones which seem to be needed to unlock the meaning.

hören **4** Hör zu. Jeopardy. Welche Frage passt? (1–6)

a Kannst du dich bitte vorstellen?

b Hast du Auszeichnungen gewonnen?

c Magst du deinen Job?

d Was willst du in der Zukunft machen?

e Was machst du als Popstar?

f Wie ist deine Musik?

sprechen **5** Partnerarbeit. Mach ein Interview mit Mika. Benutze die Fragen aus Aufgabe 4.

hören **6** Hör zu. Wer spricht? Beantworte für jede Person die Fragen auf Englisch.

- Who is speaking and why are they famous?
- When do they usually start and finish work?
- What do they do at work?
- What plans do they have for the future?

schreiben **7** Schreib ein Interview für die Zeitschrift *Neu*. Schreib über eine berühmte Person und ihren Job.

Ich stehe [früh / spät / um [6] Uhr] auf.
Der Arbeitstag fängt um [9] Uhr an und endet um [18] Uhr.
Es gibt lange Diskussionsveranstaltungen über die Wirtschaft.
Ich schreibe Lieder. / Ich mache Konzerte. / Ich übe mit der Band. / Ich faulenze. Ich treffe Bürger. / Ich schreibe Briefe. / Ich nehme an Aufgaben teil.
Der Job ist [einfach / stressig / abwechslungsreich].

- Discussing problems at work
- Considering the impact of new technologies in the workplace

lesen **1**
Lies den Text. Welcher Untertitel (a–d) passt zu welchem Absatz?

Die Arbeit heute

1
Obwohl heute oft Stress oder Müdigkeit am Arbeitsplatz zu finden sind, ist die Arbeitswelt heute fairer. Benachteiligung wegen Geschlecht oder Rasse ist illegal. Gleichberechtigung und Multikulturalismus sollten heute am modernen Arbeitsplatz zu finden sein. Ob man einen Job bekommt, ist eine Frage der Erfahrung und Qualifikation und nicht wie man aussieht.

2
Man muss sehr flexibel sein. Die Hälfte der Arbeitnehmer ist weniger als fünf Jahre in ihrem Job. Man muss immer neue Aufgaben lernen und bereit sein, mit anderen Strukturen oder Systemen umzugehen. Früher hatte man nur einen Job für das ganze Leben. Heute verändert sich alles ganz schnell und man muss flexibel reagieren.

3
Kommunikation auf Arbeit ist sehr wichtig und in den letzten Jahren viel schneller geworden. Mit Computern und Internet kann man mit Geschäftspartnern aus aller Welt zusammen arbeiten. Durch E-Mails, Textnachrichten und Webinhalte ist Kommunikation einfacher.

4
Wegen der neuen Technologien arbeiten viele Menschen öfter zu Hause. Man kann mit seinen Kollegen und dem Chef einfach in Kontakt bleiben, ohne im selben Büro zu sein. Der Arbeitstag verändert sich – man arbeitet oft, wann und wo man will. Ein Büro ist ziemlich teuer – oft muss man einen Arbeitstisch teilen und manchmal hat man gar keinen Platz zum arbeiten. Um im Job effektiv zu sein, braucht man einfach einen Laptop und dann geht's los mit der Arbeit!

a Die Technologien am Arbeitsplatz

b Diskriminierung

c Wo und wann man arbeitet

d Charaktereigenschaften und Fähigkeiten

⭐ Tipp

Don't panic when confronted with a long and complex text. Scan through for gist and then look up words which will unlock the meaning of the sentence. The activities do not necessarily require you to understand everything!

lesen **2**
Lies den Text noch mal. Welche <u>vier</u> Aussagen sind richtig? Benutze wenn nötig ein Wörterbuch.

1 There is less stress at work today because it is fairer.
2 Discrimination due to race is illegal in the workplace.
3 Most people will be in their next job for less than five years.
4 You need to be ready to adapt to new systems and structures.
5 Communication has become quicker.
6 Working from home has decreased recently.
7 Sometimes people have to share desks.
8 It is difficult to do your job with just a laptop.

wegen der Technologie = *because of the technolo*

Grammatik 🔍 lern weiter **217**

Um ... zu constructions
Um ... zu means *in order to*. You always need it in German even though we often leave 'in order to' out in English.

Wir werden neue Technologien benutzen, um Probleme zu lösen.
We will use new technologies to solve problems.

lesen **3** **Partnerarbeit. Rate mal! Wie sieht die Welt heute aus?**

1 In den nächsten _____ Sekunden werden 34 Babys geboren.

2 Die heutigen Schüler werden später einmal bis zu ihrem _____. Geburtstag 10 bis 14 Jobs haben.

3 Die 21-Jährigen von heute haben in ihrem Leben schon _____ Stunden ferngesehen.

4 Die 21-Jährigen von heute haben in ihrem Leben schon _____ Stunden am Telefon verbracht.

5 Sie haben _____ E-Mails / SMS verschickt.

6 Mehr als 70 % der _____-Jährigen benutzen einen Computer.

7 Mehr als _____ neue Nutzer schreiben sich jeden Tag für MySpace ein.

8 Wenn MySpace ein Land wäre, wäre es das _____ größte Land auf der Erde.

hören **4** **Hör zu. Überprüfe deine Antworten aus Aufgabe 3.**

hören **5** **Hör noch mal zu und beantworte die Fragen auf Englisch.**

1 Give two examples of where some of the 34 new babies are born.

2 How many employees have worked in their current job for fewer than five years?

3 How much time has the average 21-year-old spent in his/her lifetime watching videos?

4 How does the speaker describe the number of texts sent in the world each day?

Grammatik — lern weiter 218

Prepositions with the genitive

A few prepositions trigger the genitive case: **außerhalb** (*outside*), **laut** (*according to*), **statt** (*instead of*), **während** (*during*), **wegen** (*because of*).

	nominative	genitive
m	der	des*
f	die	der
nt	das	des*
pl	die	der

*adding **-s** or **-es** to the noun.

schreiben **6** **Bereite eine Präsentation vor. Wie wird die Arbeitswelt für dich sein?**

You are delivering a presentation at a parents' evening in German.

• Describe what the world of work is like.

• Describe what the world of work may be like in the future.

• Use at least two **um … zu** constructions.

• Use a variety of tenses and grammatical structures.

Man muss sehr flexibel sein.
Man muss neue Aufgaben lernen.
Man muss lernen, mit anderen Strukturen oder Systemen umzugehen.
Man muss oft einen Arbeitstisch teilen.
Durch E-Mails, Textnachrichten und Webinhalte ist Kommunikation einfacher.
Man kann mit [dem Chef / Kollegen] einfach in Kontakt bleiben.

Sprachtest

You are going to hear part of an interview between a teacher and a student.
Listen to the extract, then carry out the activities to help you prepare for your own speaking task.

Task: Interview with a part-time waitress

You are being interviewed by your teacher. You will play the role of someone who works part time in a restaurant and your teacher will play the role of the interviewer.

Your teacher could ask you the following:

- Which restaurant do you work in? How long have you worked there?
- Do you like your part time job as a waitress? Why?
- Would you recommend working in a restaurant?
- Will you continue working as a waitress in the future?
- What qualities do you need for your future job/career?
- What would be your dream job?
- ! (A question for which you have not prepared.)

Preparation

1 Listening for information

1 The student starts by talking about whether or not she likes her part-time job as a waitress. Jot down what you think she might find good and what she might find bad.

2 Now listen. Did you predict correctly? Make a note of any additional things she mentions.

3 Can you tell how she feels about her job? Listen for the phrases below and put them in the order in which they are said. Are they positive or negative?

a Die Arbeit ist nicht nur mies bezahlt.	d Ich bin gern in einem Team.
b Ich wäre lieber im Freien.	e Aber die Arbeit kann ich einfach nicht leiden.
c Aber das hat gereicht!	f Ich würde diesen Job nicht empfehlen.

2 Listening for future references

1 The student uses different ways to refer to her future career plans.
Which phrases do you hear? What do they mean in English?

a Aber ich freue mich richtig darauf.	d Später versuche ich, einen Job zu finden.
b Ich habe vor, eine Lehre zu machen.	e Ich hoffe, bei Longleat eine Lehre als Gärtnerin zu machen.
c Ich werde im Juni die Schule verlassen.	

2 To make her sentences more detailed and varied, the student uses time phrases.
Which of these does she use? Check the meaning and remember to use them.

> bald   danach   drei Jahre   einen Tag pro Woche   heutzutage
> im Juni   von Zeit zu Zeit   während der Lehrzeit

3 Listening for adjectives

1 According to the student, which of these adjectives describe a good gardener?

> böse   dreckig   faul   fleißig   geduldig   ordentlich

Useful language

Ich freue mich auf diesen Beruf.

Ich hoffe, eine Lehre als Friseur zu machen.

Ich bin froh, dass ...

Ich mache den Job, **um** Arbeitserfahrungen **zu** sammeln.

Der Job ist sehr abwechslungsreich.

Wenn ich viel Geld **hätte**, **würde** ich mein eigenes Gartenzentrum **haben**.

Die Arbeit ist **nicht nur** mies bezahlt, **sondern auch** anstrengend.

Talking about a job

I am looking forward to this career.

I am hoping to do an apprenticeship as a hairdresser.

I'm glad that ...

*I do the job **in order to** get work experience.*

The job is very varied.

*If I **had** lots of money I **would have** my own garden centre.*

*The work is **not only** badly paid **but also** strenuous.*

Over to you!

- Look back through this chapter and brainstorm all the information you could give in answer to these questions.
- Work with a partner.

- Have you included your point of view as well as facts? Have you spoken about the past as well as the present? Have you explained what you might do in the future?

GradeStudio

To make sure you have a chance of getting a **grade C** in your speaking, you should:
- give your opinions
  e.g. *Der Job ist nicht stressig; Meiner Meinung nach ist eine gute Gärtnerin immer fleißig.*
- try to vary your sentences: instead of always beginning your sentences with *ich* try starting some sentences with *jedes Wochenende* (every weekend) or *letzten Monat* (last month). Remember if you do this the verb has to come next, so *Letzten Samstag habe ich sieben Stunden gearbeitet.*
- include a sentence or two with *weil* (because). Remember *weil* sends the verb to the end of the sentence e.g. **weil** *man viel Kontakt zu Menschen* **hat**.

If you are aiming for a **grade A**, you should also:
- use a range of tenses. Use the present tense to talk about things you do every day, but remember you can use certain phrases in the present tense to denote future plans and intentions
  e.g. *Ich hoffe* (I hope); *Ich freue mich auf ...* (I'm looking forward to ...)
- use a variety of more interesting words and phrases. So rather than just *schlecht* try *mies*, or try *abwechslungsreich* instead of *interessant.*

If your goal is an **A***, you need to do all of the above and:
- use a wide range of structures, including *um ... zu ...* clauses (in order to).
  e.g. *Ich mache den Job,* **um** *ein bisschen Geld* **zu** *verdienen und* **um** *Arbeitserfahrungen* **zu** *sammeln.*
      Ich werde die Berufsschule besuchen, **um** *die Theorie* **zu** *lernen.*
- show that you understand the German system of genders and cases.
  Use the accusative case after *für* e.g. *für die Stellen*, the dative case correctly after *bei* e.g. *bei schlechtem Wetter*, and the genitive after *während* e.g. *während der Lehrzeit.*

Ein total positives Erlebnis

a Ich wollte schon lange mal in einem Friseursalon arbeiten, weil ich mich sehr für Mode interessiere, und es mir wichtig ist, was ich für eine Frisur habe. Ich bin auch der freundliche, offene Typ, und rede gerne mit Menschen.

b Na gut, als ich mich für mein Arbeitspraktikum bewerben musste, habe ich mich natürlich in einem Friseursalon beworben, und ich habe zwei Wochen in einem kleinen, gemütlichen Salon in der Nähe von meiner Schule verbracht. Es hat mir riesigen Spaß gemacht. Ich hatte wahnsinnig freundliche MitarbeiterInnen, obwohl sie alle viel älter waren als ich.

c Haare schneiden durfte ich nicht, weil ich nicht ausgebildet bin. Ich habe aber manchen Kunden die Haare gewaschen. Ich konnte zuschauen, wie die Friseure und Friseurinnen gearbeitet haben. Sie mussten immer freundlich sein. Viele Kunden reden sehr gerne – über ihre Familie, ihre Arbeit, ihre Lieblingsfußballmannschaft. Meine Kollegen und Kolleginnen mussten zuhören und immer Interesse zeigen, auch wenn das Thema zum Sterben langweilig war!

d In der zweiten Woche ist mein Lehrer bei uns vorbeigekommen, um zu sehen, dass alles in Ordnung war. Wir haben uns ein bisschen unterhalten, und dann hat er mich gebeten, ihm die Haare zu schneiden. Das fand ich echt toll von ihm! Ich habe beim Schneiden sehr gezittert – aber es ging doch alles gut.

e Mein Arbeitspraktikum hat mir sehr gut gefallen. Ich hatte echt Glück. Viel mehr Glück als mein Freund, zum Beispiel. Er war in einem großen Büro, wo die Menschen unfreundlich waren und die Arbeit stinklangweilig war. Ich weiß nun, dass ich nächstes Jahr eine Ausbildung machen werde, um selber Friseurin zu werden.

---

1 *um … zu …* (in order to). **Find in the text the German for …**

> **a** *in order to see that everything was OK*
> **b** *in order to become a hairdresser myself*

2 Tenses. What tenses are used in paragraphs a–e?
e.g. *a* past and present tenses

3 Expressions with *weil*, *als*, *obwohl*, *wenn*, *dass*, *wo* + verb at the end of the sentence. Find an expression with each word and write the expressions in German and English.
e.g. **weil** – weil ich mich sehr für Mode interessiere
  = *because I'm very interested in fashion*
  als – …

Over to you!

In a competition, you can win two more weeks of work experience in Germany, with travel and accommodation paid. To enter, write in German about your own work experience.

First read the tips below. Then write at least 200 words in German. You could include:

- where and when you did your work experience; what the people were like.
- some things that happened.
- your opinion and reasons.
- whether you'll work there again, as a weekend job or as a career. Explain why (not).

Tipp

- Use a range of time expressions, e.g. *Am ersten Tag, am Ende der Woche*.
- Longer sentences impress: create them by linking short sentences with connectives such as *weil, obwohl, dass, als, wenn*, making sure you put the verb at the end of the sentence.

Grade**Studio**

To make sure you hve a chance of getting a **grade C** in your writing, you should:

- include not only the past tense, but other tenses too! e.g. say what the boss and workers do every day. (Present tense)
  *Der Chef **öffnet** den Laden um halb neun und die Mitarbeiter **kommen** um 8:45 Uhr an.*
  e.g. say whether you'll come back and work there again. (Future tense)
  *Ich **werde** nie in einem Friseursalon **arbeiten**!*

Now you try it! 1

Write the sentences in German.

1 *The workers open the shop at 8.30; the boss arrives at 9 o'clock.*
2 *I'll never work in a supermarket!*

If you are aiming for a **grade A**, you should also:

- use expressions with *um ... zu* + infinitive.
  e.g. *Mittags bin ich in ein Café gegangen, **um** eine Pizza **zu** essen.*
- use connectives like *weil, obwohl, als, wenn, dass*.
  e.g. *Ich weiß, **dass** ich Glück hatte.*
  *Es war toll, **obwohl** die Arbeit hart war.*

Now you try it! 2

Connect the parts with the words in italics.

1 Ich bin jeden Tag in den Laden gegangen, (*um ... zu ...*) ein Butterbrot kaufen.
2 Ich weiß, (*dass*) ich war ein bisschen faul.
3 Ich werde nie dort arbeiten, (*obwohl*) mein Arbeitspraktikum hat mir gefallen.

If your goal is an **A***, you need to do all of the above and:

- use a variety of modal verbs in the past tense.
  e.g. *Ich **konnte** mit dem Bus fahren.*
  *Ich **musste** früh ankommen.*
  *Wir **durften** nicht essen.*
- include adjectives – they add interest and variety and can help you get higher marks.
  e.g. *Ich hatte eine **langweilige** Arbeit in einer **schrecklichen** Werkstatt.*

Now you try it! 3

Replace the adjectives with ones of your choice.

1 Mein Arbeitspraktikum war in einem (schönen) Laden.
2 Ich hatte einen (netten) Chef, der jeden Tag mit seinem (großen) Hund ins Büro kam!

Hör- und Lesetest

- Identifying specific detail
- Understanding references to past, present and future events
- Drawing inference and conclusions

The activities on these two pages are designed to help you develop the listening and reading skills you will need in your GCSE exam.

Listening

1 You listen to this MP3 file of Lars talking about his family. Who is this?
Which picture matches his description of:

a Anja   **b** Carmen   **c** Mum

 ❶  ❷  ❸  ❹

2 Listen again. What is his family like? Select a characteristic for each person.

a Anja is quite [_____].   **b** Carmen is usually [_____].

c Mum is often [_____].   **d** Dad is always [_____].

a	b	c	d	e
exhausted	moody	late	lazy	funny

3 Who does which job? Select the right job for each person.
1 Anja   2 Carmen   3 Mum   4 Dad

a	b	c	d	e
computer scientist	nurse	sales person	teacher	doctor

4 Note the correct initial. **A** (Anja), **C** (Carmen), **M** (Mum), **D** (Dad).

1   Who plays an instrument?

2   Who watches TV?

3   Who goes walking?

4   Who goes ice-skating?

 ## Tipp

- Listen for key words. You know that you need to read the questions before you start listening. From the questions, you will have seen that Lars is talking about four people. Use the questions to help you focus on the specific information you need to listen out for on each person.

- Beware of jumping to conclusions! Did you hear the difference between *sie (Anja) trägt eine Brille* and *sie (Carmen) trägt **keine** Brille*? What difference does **keine** make to the meaning? Did you hear *sie (meine Mutter) hat keine Hobbys* and think she did nothing in her free time or did you listen on and hear *manchmal sieht sie fern*? What other wrong conclusion might you have jumped to if you had not been listening more carefully?

Reading

Adresse: @ www.toll.de › los

TOLL.de

TOLL.de - deine Online Jugendzeitschrift

Das **TOLL.de-Team** bietet Praktikanten (m/w) ein Arbeitspraktikum in München.

Als Praktikant/In wirst du dem Online-Team von **TOLL.de** beim Schreiben von Artikeln zu allen Themen helfen. Hast du Spaß daran, Texte zu aktuellen Jugendthemen zu schreiben? Ja? Dann solltest du dich sofort bewerben!

Das Praktikum bei **TOLL.de** dauert drei Monate. Bitte bewirb dich nicht für eine kürzere Periode.

<u>Die Fakten zum Praktikum bei TOLL Online:</u>

• Du musst zum Start des Praktikums mindestens 16 Jahre alt sein.

• Das nächste Praktikum bei **TOLL.de** ist vom 1. Januar bis zum 31. März.
• Du bekommst jeweils einen Monatslohn.
• Sehr gute Deutschkenntnisse sind absolut nötig. Gute Englischkenntnisse sind erwünscht.
• Umgang mit dem PC und dem Internet gehören zum Job.

Du hast Lust, bei **TOLL.de** ein Praktikum zu machen? Dann freuen wir uns auf deinen Bewerbungsbrief mit Lebenslauf und Zeugnissen!

Per Post: Redaktion **TOLL.de**, Franz-Josef-Str 8, 81737 München

Per E-Mail: praktikum@toll.de

Read the advert above about the possibility of work experience.
Which four sentences are correct? Note the correct letters.

A You will write articles only about the internet.
B You must enjoy writing about all youth concerns.
C You may not work for less than three months.
D You should not be older than 16.
E You must be able to speak English.
F You will get paid whilst on the work experience.
G You won't have to use a computer.
H Your application should include your CV and school reports.

Complete each of the sentences with one of the words that follow.
Note the correct letter.

1 Toll.de is an online youth ...

A club.
B magazine.
C newspaper.

2 You could begin this work experience ...

A whenever you like.
B in three months' time.
C on January 1st.

3 The ability to speak German is ...

A not necessary.
B really good.
C vital.

4 Understanding of the internet plays ...

A a small role.
B an important role.
C no role.

Tipp

• To get an A or A* you have to be able to 'draw simple conclusions' from what you have read.

• Look back at the reading text. What simple conclusion did you draw from the statement: *Das Praktikum bei TOLL.de dauert drei Monate. Bitte bewirb dich nicht für eine kürzere Periode*? That you may not work for less than three months.

• This is not stated word for word in the text, but we can infer this from the rest of the text.

Professions

Ich bin / arbeite als ...	I am / work as (a) ...
Arzt / Ärztin	doctor
Lehrer / Lehrerin	teacher
Sekretär / Sekretärin	secretary
Zahnarzt / Zahnärztin	dentist
Tierarzt / Tierärztin	vet
Brieftäger / Briefträgerin	postman / postwoman
Krankenpfleger / Krankenschwester	nurse
Mechaniker / Mechanikerin	mechanic
Elektriker / Elektrikerin	electrician

Ich mag / liebe den Job, weil ...	I like / love the job because ...
... ich meine Fremdsprachen üben kann	I can practise my languages
... ich gern mit anderen Leuten / Tieren / Kindern arbeite	I love working with other people / animals / children
... ich gern im Freien bin	I like spending time outside
... ich etwas Praktisches machen mag	I like doing practical things
... er gut bezahlt ist	it is well paid
... man Kontakt zu Menschen hat	you have contact with people
... ich gern in einem Team bin	I like being in a team
... ich viele Erfahrungen sammle	I collect (different) experiences
... er Spaß macht / es viel zu tun gibt	it is fun / there is a lot to do
... ich gern allein arbeite	I like working alone

Ein guter (Arzt) ist immer / nie / oft ...		A good doctor is always / never / often	
attraktiv	attractive	intelligent	intelligent
berühmt	famous	komisch	funny
ernst	serious	schüchtern	shy
geduldig	patient	ehrlich	honest
gemein	mean	locker	relaxed
großartig	great	ordentlich	organised
höflich	polite	unfreundlich	unfriendly
humorlos	humourless		
unternehmungslustig	enterprising		

Part-time jobs

Ich habe keinen Job.	I don't have a job.
Ich habe einen Teilzeitjob.	I have a part-time job.
Ich arbeite als ...	I work as (a) ...
Kellner(in)	waiter
Verkäufer(in)	sales assistant
Babysitter	babysitter
Ich arbeite in einem Restaurant.	I work in a restaurant.
Ich arbeite in einem Sportgeschäft.	I work in a sports shop.
Ich arbeite in einem Supermarkt.	I work in a supermarket.

Ich arbeite an einer Tankstelle.	I work at a service station.
Ich trage Zeitungen aus.	I deliver newspapers.
Ich arbeite am Wochenende.	I work at the weekend.
Ich arbeite dreimal in der Woche.	I work three times per week.
Ich bekomme / verdiene (€ 8) pro Stunde / pro Woche.	I earn (€ 8) per hour / week.
Ich finde die Arbeit [anstrengend / interessant / langweilig / gut / schlecht bezahlt]	I find the work [stressful / interesting / boring / well / badly paid]

Work experience

Ich habe [in einem Geschäft / in einem Büro] gearbeitet.	I worked [in a shop / in an office].
Ich habe [eine Woche / zwei Wochen] da verbracht.	I spent [one week / two weeks] there.
Der Arbeitstag hat um (9 Uhr) begonnen.	The work day began at (9 o'clock).
Ich bin [mit dem Bus / mit dem Auto] gefahren.	I went [by bus / in the car].

Ich habe [E-Mails geschrieben / das Telefon beantwortet].	I wrote [emails / answered the phone].
Ich musste [an der Kasse arbeiten / mit Kunden sprechen].	I had to [work on the till / talk to customers].
Meine Kollegen waren [freundlich].	My colleagues were [friendly].
Ich fand die Erfahrung [toll / positiv / negativ].	I found the experience [great / positive / negative].

Job interviews

Können Sie sich vorstellen?	*Can you introduce yourself?*
Warum bewerben Sie sich um diese Stelle?	*Why are you applying for this post?*
Was für eine Person sind Sie?	*What type of person are you?*
Was für Arbeitserfahrungen haben Sie?	*What work experience do you have?*
Haben Sie Fragen an uns?	*Have you got any questions for us?*
Ich habe Erfahrungen als [Kellner] gesammelt.	*I have [gained] experience as a [waiter].*
Ich [habe / hatte] einen Teilzeitsjob als [Verkäufer].	*I have / had a part-time job as [sales assistant].*

Als [Kellner] musste ich immer [höflich] und [freundlich] sein.	*As a [waiter] I always had to be [polite] and [friendly].*
Ich bin ...	*I am ...*
[sehr] fleißig	*[very] hard-working*
[ziemlich] intelligent	*[quite] intelligent*
zuverlässig	*reliable*
selbstständig	*independent*
hilfsbereit	*helpful*
immer guter Laune	*always in a good mood*

Future plans

Ich will / Ich werde / Ich möchte ...	*I want to / I will / I would like to ...*
auf die Oberstufe gehen	*go into the sixth form*
die Schule verlassen	*leave school*
eine Lehre machen	*do an apprenticeship*
auf die Uni gehen	*go to university*
einen Job finden	*find a job*
sobald wie möglich Geld verdienen	*earn money as soon as possible*

eine hohe Lebensqualität und genug Geld haben	*have a good quality of life and enough money*
das Leben genießen	*enjoy life*
meine Deutschkenntnisse verbessern	*improve my German language skills*
Berufserfahrung sammeln	*gain work experience*

Considering options

Es gibt gute Aufstiegsmöglichkeiten.	*There are good promotion prospects.*
Man kann einfach eine Stelle bekommen.	*You can easily get a job.*
Die Prüfungen sind schwer.	*The exams are hard.*

Daily life in different jobs

Ich stehe früh / spät / um [6 Uhr] auf.	*I get up early / late / at [6.00].*
Der Arbeitstag fängt um [9 Uhr] an und endet um [18 Uhr].	*The day begins at [9.00] and ends at [18.00].*

Es gibt lange Diskussionsveranstaltungen ... über die Wirtschaft	*There are long meetings ... about the economy*
Ich schreibe Lieder.	*I write songs.*
Ich übe mit der Band.	*I practise with the band.*
Ich mache Konzerte.	*I give concerts.*
Ich schreibe Briefe.	*I write letters.*
Ich nehme an Aufgaben teil.	*I take part in tasks.*
Ich faulenze.	*I laze around.*

Modern work life

Man muss sehr flexibel sein.	*You must be very flexible.*
Man muss neue Aufgaben lernen.	*You must learn new tasks.*
Man muss lernen, mit anderen Strukturen oder Systemen umzugehen.	*You must get to know other structures or systems.*
Man muss oft einen Arbeitstisch teilen.	*You often have to share a desk.*
Durch E-Mails, Textnachrichten und Webinhalte ist Kommunikation einfacher.	*Communication is easier through emails, text messages and webpages.*
Man kann mit dem Chef / Kollegen einfach in Kontakt bleiben.	*You can easily remain in contact with the boss / colleagues.*

7 Meine Umgebung

1 Zu Hause

- Talking about your home
- Using dative prepositions

 lesen 1 Lies die Anzeigen. Was passt zusammen?

❶ ❷ ❸

| ZUM VERKAUF | | ZU VERMIETEN |

a Großzügiges Einfamilienhaus mit Garten

Wir verkaufen unser familienfreundliches Haus in der Nähe des Stadtzentrums. Das Haus hat ein Wohnzimmer und vier Schlafzimmer, einen Keller, 2 Badezimmer und eine moderne Küche. Das Haus hat Zentralheizung und es gibt eine Doppelgarage gleich nebenan.

b Charmantes Haus mit eigener Garage

Ich wohne in einem Reihenhaus und muss wegen der Arbeit umziehen. Im Erdgeschoss gibt es einen Flur, einen Mehrzweckraum, eine Küche, ein Wohnzimmer und eine Toilette. Im ersten Stock gibt es zwei Schlafzimmer, ein kleines Arbeitszimmer und ein Badezimmer mit Dusche. Das Haus liegt am Stadtrand und hat eine Terrasse. Leider gibt es keinen Garten.

c Mehrfamilienhaus

Ich wohne in einer Wohnung im dritten Stock eines schönen, alten Wohnblocks in der Stadtmitte. Es gibt einen Aufzug und im Keller gibt es einen Waschraum. Man kann auch seine Fahrräder unten im Keller abstellen. Die 3-Zimmer-Wohnung ist ziemlich klein, aber gut gepflegt und sie hat einen schönen Balkon mit Blick auf den Dom.

lesen 2 Lies die Anzeigen noch mal. Welche Anzeige ist das?

1 It's on the outskirts of a town.
2 It's good for people with bikes.
3 The owner has to move for-work reasons.
4 It has a modern kitchen.
5 You get a view of a local landmark.
6 It has a study on the first floor.

hören 3 Hör dir diese Telefonnachrichten vom Immobilienmarkt an. Welche Anzeige aus Aufgabe 1 passt zu diesen Leuten? (1–3)

hören 4 Hör noch mal zu und beantworte die Fragen auf Englisch.

1 Name two things the first family wants.
2 Where does person 2 want to live?
3 What does person 3 need on the ground floor?

schreiben 5 Schreib eine Anzeige für dein Haus / deine Wohnung.

Ich wohne in …	einem Reihenhaus / Wohnblock / Einfamilienhaus.
	einer Wohnung im dritten Stock.
Das Haus / Die Wohnung liegt …	in der Stadtmitte / in der Nähe des Stadtzentrums.
	am Stadtrand.
Das Haus hat … Es gibt …	(k)ein / [2] Wohnzimmer / Schlafzimmer / Badezimmer / Arbeitszimmer.
	(k)eine Küche / Garage / Toilette / Dusche / Terrasse.
	(k)einen Keller / Flur / Balkon / Aufzug / Garten / Waschraum / Mehrzweckraum.
[Das Haus / Die Wohnung] ist familienfreundlich / klein / gut gepflegt / charmant / schön / großzügig.		

lesen **6** Hör zu und lies den Text. Beantworte die Fragen auf Englisch.

Ich heiße Jörg und seit fünfzehn Jahren wohne ich in diesem Haus in Basel. Im Haus gibt es einen Aufzug zum ersten Stock, wo sich mein Zimmer befindet. Die Tür ist breiter als normal und ich habe ein privates Badezimmer mit einer adaptierten Dusche und Toilette, aber sonst sieht mein Zimmer total chaotisch aus: Zeitschriften liegen auf dem Boden, Schulhefte unter der Kommode, Kleidung auf dem Bett und Computerspiele sind überall durcheinander! Im Garten habe ich meinen Basketballkorb, wo ich stundenlang übe. Ich würde nie umziehen, weil das Haus perfekt ist. Es liegt in einem ruhigen Vorort, meine Freunde wohnen gleich nebenan und die Geschäfte kann ich ohne Probleme mit dem Rollstuhl erreichen.

1 How long has Jörg lived in his house?
2 Name three things which help him as a wheelchair user.
3 Name three items in Jörg's bedroom and where they are.
4 What does Jörg do in the garden?
5 Give two reasons why Jörg would never move.

sprechen **7** Bereite einen Vortrag über dein Zuhause vor. Schreib über folgende Themen.

- Seit wann wohnst du hier?
- Wo liegt das Haus / die Wohnung?
- Wie ist dein Zimmer?
- Was gefällt dir an deinem Zuhause (nicht)?
- Würdest du gern umziehen?

Grammatik

lern weiter 209

Prepositions

- These prepositions are always followed by the dative case. Check their meaning.

aus außer bei gegenüber mit nach seit von zu

Ich gehe zur (zu der) Bibliothek.
I am going to the library.

- Others are followed by the dative case, if there is no movement involved. Check their meaning.

an auf hinter in neben über unter vor zwischen

(m) **Es gibt Zeitschriften auf dem Boden.**
There are magazines on the floor.
(f) **Ich wohne in einer Wohnung.**
I live in a flat.

Seit [fünfzehn] Jahren wohne ich in diesem Haus / dieser Wohnung. Mein Zimmer sieht chaotisch / ordentlich aus.			
Zeitschriften Schulhefte	liegen sind	auf unter neben	dem Boden / Bett.
			der Kommode.
Im Zimmer	gibt es	einen	Fernseher / Sessel / Tisch / Schrank / Teppich.
		eine	eine Kommode.
		ein	Bett.
Ich würde [nie] umziehen, weil das Haus [perfekt] ist.			

- Talking about your routine
- Using reflexive verbs

lesen 1 Lies das Interview mit dem deutschen Astronauten Thomas Reiter und mach dir Notizen auf Englisch.

Gets up: ....
After getting up: ....
Before breakfast: ....
After breakfast: ....
Exercise routine: ....
Lunch: ....
Rest of day: ....
Bedtime: ....

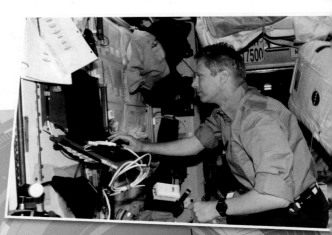

Mein Zuhause ist über der Erde!

Der deutsche Astronaut Thomas Reiter nimmt an Bord der Internationalen Weltraumstation an einer Mission teil.

INT: Wann beginnt ein typischer Tag für Sie an Bord der Raumstation?

TR: Ich stehe gegen 7 Uhr GMT auf und zuerst wasche ich mich. Dann rasiere ich mich. Vor dem Frühstück überprüfe ich mit meinen zwei Kollegen die zentralen Systeme.

INT: Und nach dem Frühstück, wie geht der Tag weiter?

TR: Anschließend haben wir das tägliche Planungsgespräch mit allen Kontrollzentren. Dann geht man an die Arbeit und die Experimente.

INT: Machen Sie auch mal Pause?

TR: Eigentlich nicht, aber ich mache eine Stunde Fitnesstraining. Ich mache besonders gern Jogging, Radfahren, Krafttraining …

INT: Und wann essen Sie zu Mittag?

TR: Mittagessen kommt nach dem Fitnesstraining gegen Uhr und dann folgt harte Arbeit bis 18 Uhr, dann wie Sport, Abendbrot, Vorbereitung des nächsten Tages.

INT: Und haben Sie auch Freizeit am Tag?

TR: Tja, nicht viel! Am Ende des Tages bleibt mir noch ei knappe Stunde Freizeit.

INT: Und wann gehen Sie ins Bett?

TR: Um 23 Uhr gehe ich schlafen.

lesen 2 Lies das Interview noch mal und beantworte die Fragen.

1 How many other people are on board?
2 Does Thomas work non-stop until midday?
3 What does Thomas do between midday and 6 pm?
4 Which types of exercise does Thomas particularly enjoy?
5 How much free time does he get at the end of the day?

hören 3 Hör dir den Radiowettbewerb „Wie gut kennt ihr euch?" an. Jeder Anrufer beantwortet Fragen zur Routine eines Bekannten. Wie viele Fehler machen diese Anrufer? (1–3)

1

11:30 gets up (no breakfast)
12:30 lunch
afternoon – lazes/TV
18:00 out with friends
01:00 bed

Dirk

2

07:00 shower/make-up
07:30 bike to school
14.00 lunch
afternoon –
sport/TV
22:00 bed

Brigitte

3

05:30 gets up
after training – shower/
breakfast in café
08:15 school

Markus

sprechen 4 Partnerarbeit. Du bist Journalist(in) und interviewst eine berühmte Person.

- Wann beginnt ein typischer Tag für Sie?
- Und nach dem Frühstück, wie geht der Tag weiter?
- Wann / Was essen Sie zum Mittag / Abendbrot?
- Was machen Sie am Nachmittag?
- Haben Sie auch Freizeit am Tag?
- Wann gehen Sie ins Bett / schlafen?

Grammatik

lern weiter 205

Reflexive verbs

Remember reflexive verbs need a reflexive pronoun to indicate you are doing something to 'yourself', such as washing, dressing, shaving yourself.

e.g. **ich wasche mich, sie schminkt sich**

sich rasieren – *to shave*
sich schminken – *to put on make-up*
sich anziehen – *to get dressed*
sich gewöhnen an – *to get used to something*

In the perfect tense:
Ich habe mich rasiert. *I shaved.*
**Ich habe mich geschminkt.*
I put make-up on.

⭐ Tipp

- Useful time expressions for daily routine:

samstags	*on Saturdays*
freitagabends	*on Friday evenings*
an einem Schultag	*on a school day*
täglich	*daily*
am Wochenende	*at the weekend*
während der Woche	*during the week*
am Abend	*in the evening*
am Nachmittag	*in the afternoon*
am Ende des Tages	*at the end of the day*
nach / vor dem Frühstück	*after / before breakfast*
zuerst	*firstly*
dann	*then*
anschließend	*afterwards*
stundenlang	*for hours*
meistens	*mostly*
normalerweise	*normally*
immer	*always*
oft	*often*

Um [acht Uhr]	wasche / rasiere / schminke	ich mich.
	ziehe	ich mich an.
Gegen [halb neun]	stehe	ich auf.
	dusche	ich.
Um [zwölf Uhr]	esse	ich zu Mittag.
Gegen [halb zehn]	gehe ich	schlafen / ins Bett.

schreiben 5 Du bist Dirk, Brigitte oder Markus aus Aufgabe 3. Gestern ist alles schief gegangen! Schreib eine E-Mail und erkläre, was du normalerweise machst, und was gestern alles passiert ist.

Beispiel: Normalerweise stehe ich um sieben Uhr auf, aber gestern bin ich um zehn Uhr aufgestanden, weil der Wecker kaputt war.

- Discussing your opinion on household chores
- Agreeing or disagreeing with somebody

1 Lies den Zeitungsartikel. Welches Bild passt zu welcher Person?

a b c d e f g h

Sollten Kinder im Haushalt helfen?

Sollte ein Kind im Vorschulalter im Haushalt schon helfen?

Tina Ach, dann ist man noch zu jung. In diesem Alter macht man nur Unordnung. Vielleicht könnte es schon damit helfen, manchmal die Wäsche in die Waschmaschine zu tun, aber sonst nichts!

Sollte ein Kind im Grundschulalter im Haushalt helfen?

Sam Da ist man immer noch sehr jung. Ein junges Kind könnte wohl jeden Tag sein Zimmer aufräumen und das Bett machen, aber das macht doch keiner!

Sollte man unter 16 Jahren im Haushalt helfen?

Joseph Ja, das ist eine gute Idee, finde ich. Ich bin 15 Jahre alt und ich helfe gern im Haushalt, weil ich dabei noch Taschengeld verdiene. Ich räume den Tisch ab und stelle alles in die Spülmaschine, ich mähe den Rasen und sauge Staub.

Sollte man ab 16 Jahren im Haushalt helfen?

Bree Das ist totaler Quatsch, finde ich! Man sollte das vielleicht machen, aber man hat dafür sehr wenig Zeit. Ich habe Schule, AGs, Hausaufgaben und noch Freunde und Hobbys, also Hausarbeit, nein danke!

Oli Ich bin 17 Jahre alt und helfe viel im Haushalt, weil meine Eltern beide ziemlich lange auf Arbeit sind und keine Zeit dafür haben. Ich bereite immer das Frühstück vor, ich gehe oft einkaufen und helfe auch mit dem Müll. Ab und zu bügele ich sogar!

2 Lies den Artikel noch mal und finde die vier richtigen Sätze.

1 Tina glaubt, dass kleine Kinder im Haushalt nur wenig helfen können.
2 Niemand glaubt, dass man Geld für Hausarbeit bekommen sollte.
3 Für Hausarbeit braucht man Zeit, und die fehlt leider oft.
4 Junge Kinder sind meistens sehr ordentlich.
5 Oli hilft im Haushalt, weil seine Eltern beide berufstätig sind.
6 Bree glaubt, dass Jugendliche nie im Haushalt helfen sollten.
7 Joseph erledigt vieles im Haushalt.

3 Hör dir die Radiosendung an. Vier Jugendliche besprechen den Zeitungsartikel. Mach Notizen auf Englisch. (1–4)

Chore(s)	When?	Opinion	Reason	Plans for own children

sprechen 4

Gruppenarbeit. A stellt die Fragen und B gibt eine Antwort dazu. C ist damit einverstanden. D ist nicht damit einverstanden.

- Sollte ein Kind im Vorschulalter / Grundschulalter im Haushalt helfen?
- Sollte ein Kind unter / ab 16 Jahren im Haushalt helfen?
- Werden deine Kinder im Haushalt helfen?

Tipp

Use these expressions to agree or disagree with someone.
Da stimme ich zu. *I agree.*
Das finde ich richtig / super.
I find that right / super.
Damit bin ich gar nicht einverstanden.
I completely disagree with that.
Das ist totaler Quatsch, finde ich.
I think that's absolute rubbish.

lesen 5

Lies Emils Brief an die Zeitung und finde je ein Beispiel:

- Future tense
- Two examples of subordinating conjunctions (*weil* etc.)
- Present tense
- Perfect tense
- Opinion

Ich bin total mit Bree einverstanden. Meiner Meinung nach sollten Kinder gar nicht im Haushalt helfen, weil sie einfach keine Zeit dafür haben. Als ich in der Grundschule war, habe ich ab und zu mein Zimmer aufgeräumt und manchmal auch den Tisch gedeckt. Aber jetzt muss ich für die Schule lernen, fit bleiben, Klavier üben usw. und ich finde das alles sehr anstrengend. Vielleicht werde ich selber Kinder haben, und dann wird es interessant sein, ob ich noch derselben Meinung bin! Emil

Man	könnte	die Wäsche in die Waschmaschine / alles in die Spülmaschine	stellen
In diesem Alter	sollte man	das Zimmer aufräumen.	
Wenn ich Kinder habe,	werden sie	das Bett machen.	
		staubsaugen / bügeln.	
		den Tisch decken / abdecken.	
		den Rasen mähen / einkaufen gehen.	
Ich decke [oft] den Tisch ab.			
jeden Tag / ab und zu / manchmal / immer / oft / nie			

lesen 6

Lies den Brief noch mal. Richtig (R), falsch (F) oder nicht im Text (N)?

1 Emil thinks teenagers should not do household chores.
2 When he was younger Emil used to help less at home.
3 Emil finds his lifestyle tiring.
4 Emil's parents do not work.
5 Emil will never change his opinion on chores.

schreiben 7

Bist du mit dem Artikel aus Aufgabe 1 einverstanden? Schreib einen Brief an die Zeitung.

- Say with whom you agree or disagree in the article.
- Say when / how you started to help at home.
- Say why you do / don't help now and give reasons.
- Say whether your children will have to help at home or not.

4 Wohnst du gern in deinem Wohnort?

**Lies die Texte aus einer deutschen Zeitschrift.
Welches Bild passt zu welchem Text?**

Mein Wohnort – pro und kontra

1

Ich wohne in einem Dorf auf dem Land und hier gibt es kein einziges Geschäft! Aber das Gute daran ist, dass wir viel Platz haben und es wenig Lärm oder Verkehr gibt. Hier kann man reiten und angeln gehen und im Winter kann man jeden Tag nach der Schule Skifahren! Die Umgebung ist sehr grün und gesund und nur drei Kilometer entfernt gibt es ein Sportzentrum mit Hallenbad. Wir haben auch gute Radwege und wenn ich mich langweile, fahre ich einfach mit dem Rad in die Stadt und treffe mich mit Freunden oder gehe ins Café. Dann geht's mir wieder besser!

Konrad

2

Ich wohne an der Küste und im Winter kann es wohl ein bisschen deprimierend sein, weil nicht so viel los ist. Im Sommer ist es aber hier wunderbar – ich gehe jeden Tag schwimmen, ich mache Segelkurse und gehe windsurfen. Ich habe viele Freunde hier und abends treffen wir uns oft am Strand und hängen dort rum. Das macht jede Menge Spaß! Die Geschäfte in der Stadt sind leider ziemlich klein und altmodisch, aber ich kaufe sowieso meistens im Internet ein, also macht mir das nichts aus.

Nina

3

Ich wohne in Düsseldorf, in Westdeutschland, und was mir hier nicht gefällt, ist der Dreck, Graffiti und Müll überall. Leider ist es hier auch ziemlich gefährlich und nachts habe ich Angst, alleine auszugehen. Was mir aber hier sehr gefällt sind die tollen Geschäfte und die vielen Kinos. Hier gibt es viel für junge Leute und ich gehe oft mit meinen Freunden in den Jugendklub oder zum Skatepark. Das macht mir Spaß.

Olivia

Lies den Zeitschriftsartikel noch mal. Wer …

1 findet den Dreck schrecklich, aber die Stadt gut?

2 findet das Dorfleben positiv?

3 kann die grüne Landschaft sowie ein lebendiges Stadtleben genießen?

4 macht Wassersportarten?

5 findet die Geschäfte nicht so gut?

6 wohnt in einer ruhigen Lage?

hören **3**

Drei Jugendliche besuchen ihre deutschen Austauschpartner.
Hör zu und wähl die richtigen Antworten aus. (1–3)

1 Diese Person …

  a wohnt auf dem Land / in der Stadt / in einer Wohnsiedlung.

  b findet die Unterkunft gut / schlecht / OK.

  c findet den Wohnort OK / langweilig / fantastisch.

2 Diese Person …

  a findet den Wohnort OK / schlecht / prima.

  b muss viele / keine / alle Aufgaben im Haushalt erledigen.

  c geht gern schwimmen / einkaufen / angeln.

3 Diese Person …

  a wohnt in einem ländlichen / städtischen / küstennahen Viertel.

  b sagt, dass in der Gegend gibt es nur / keine / viele Jugendliche.

  c findet die Erfahrung meistens positiv / negativ / langweilig.

Tipp

- Read the choices carefully before you listen and make sure you haven't missed out any small words like **gern** and **meistens**.
- You might have to infer meaning, i.e. in number 1 the speaker doesn't say directly the home is **OK / langweilig / fantastisch**, but you have to infer what he thinks from the information he provides.

Include some of these expressions in your work:
im Großen und Ganzen …
  on the whole
ein großer Nachteil ist …
  a big disadvantage is …
der größte Vorteil ist, dass …
  the biggest advantage is that …
das Gute daran ist, dass …
  the good thing about it is …

schreiben **4**

Dein Austauschpartner / deine Austauschpartnerin kommt
bald zu Besuch. Beschreib ihm / ihr deinen Wohnort.

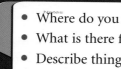

- Where do you live?
- What is there for young people?
- Describe things you like about your home area and things you dislike.

Hier gibt es … Wir haben …	[k]einen	Jugendklub / Skatepark.
	[k]ein	Sportzentrum / Hallenbad.
	[keine]	Geschäfte / Kinos / Radwege / Cafés / Graffiti.
	viel / keinen	Müll / Verkehr / Lärm.
Hier kann man	reiten / schwimmen gehen.	
Die Umgebung ist …	grün / gesund / wunderbar / gefährlich / deprimierend.	

sprechen **5**

Die Partnerschule möchte alles über deine Umgebung herausfinden.
Wähl dir einen Wohnort von unten aus und beantworte die Fragen.

- Wo wohnst du?
- Wie ist das Haus / die Wohnung?
- Was gibt es dort für junge Leute?
- Wie findest du es dort?

Scotland
Big house / countryside
Quiet / not much traffic
Good for skiing / walking
No cinemas / shops

Southwest England, on the coast
Terrace house
Swimming, sailing, water sports
Lively, lots for young people
Can be dangerous at night
Good for cycling

lesen **1** Lies den Artikel aus *Zuhause-Magazin*.
Welcher Text passt zu welchem Titel?

a Freunde sind ideale Mitbewohner

c Einkaufsmöglichkeiten vor der Tür

b Segeln und Strand

d Autos haben hier keine Priorität

Wie stellt ihr euch euren zukünftigen Wohnort vor?

1 In der Zukunft werde ich in einer großen Wohnung an der Küste wohnen. Ich werde ein eigenes Zimmer mit privatem Badezimmer haben und wir werden eine Jacht haben. Die Wohnung wird gleich am Strand liegen, damit ich täglich schwimmen und surfen gehen

kann. Das Leben wird nie langweilig sein, weil ich auch viele Freunde in der Nähe haben werde. Das Wetter wird auch immer sonnig und warm sein!
Finn, 17 Jahre

2 In der Zukunft werde ich auf dem Land in einer Wohngemeinschaft wohnen. Meine Freunde und ich werden alles selber im Haus und Garten erledigen.

Wir werden viele Gemüse- und Obstsorten im Garten haben und werden das dann alles in der Küche oder draußen auf dem Grill kochen. Das Leben in der Wohngemeinschaft wird besonders umweltfreundlich und ruhig sein.
Mia, 16 Jahre

3 Idealerweise werde ich in der Zukunft in einer Gegend wohnen, wo es auch noch viele andere Jugendliche gibt. Es wird einen Skatepark

geben, wo wir rumhängen können. In der Gegend wird es gar keine Autos geben. Die Gegend wird sauber und leise sein und alle Einwohner werden nur mit den öffentlichen Verkehrsmitteln fahren.
Nick, 17 Jahre

4 Mein zukünftiger Wohnort muss in der Nähe von den Geschäften liegen! Ich werde entweder zu Fuß oder mit dem Rad zum Einkaufszentrum fahren können. Ich wünsche mir auch einen Jugendklub, ein gutes Lokal und ein Kino ganz in der Nähe! Die Nachbarn werden alle jung und nett sein.
Yasmin, 17 Jahre

lesen **2** Lies den Artikel noch mal und beantworte folgende Fragen auf Englisch.

1 Who will help with the household chores?
2 How will Yasmin get to the shopping centre?
3 Who wants to live with their friends?

4 Why will Finn never get bored?
5 What will Nick's neighbourhood be like?
6 How often will Finn go to the beach?

hören 3

Das *Zuhause-Magazin* macht Interviews mit vier Personen. Hör zu und mach Notizen auf Englisch.

> Place   Reason   Type of house   What will there be?

schreiben 4

Bereite einen Text für das *Zuhause-Magazin* vor: „Wie stellt ihr euch euren zukünftigen Wohnort vor?"

⭐ Tipp

- Make some notes first to focus on what you are going to write. Jot down some sub-headings and make notes on each:
  Wo? Haus? Was wird's geben? Umgebung; Stimmung
- Give reasons for your choices:
  Ich werde mich nie langweilen, weil ich Freunde in der Nähe haben werde.
- Look at the texts on page 134 to help you with the basis of your text. Copy down the general words to discuss your ideal home, such as:
  Mein zukünftiger Wohnort muss … (verb to end)
  In der Zukunft werde ich …
- Make sure you are confident of using all three tenses wherever possible (past, present and future).

🔍 Grammatik

lern weiter 216

WO

wo (*where*) works like **weil** (*because*) and sends the verb(s) to the end of the clause.

Es wird einen Skatepark geben, **wo** wir rumhängen **können**.
There will be a skate park where we can hang out.
Das ist das Haus, **wo** wir gewohnt **haben**.
That is the house where we lived.

In der Zukunft	werde ich	ich in einer Wohnung	an der Küste auf dem Land	wohnen.
Ich	werde	ein eigenes Zimmer / eine Jacht		haben.
In der Gegend	wird es	einen Skatepark / ein Einkaufszentrum		geben.
Die Gegend	wird	umweltfreundlich / ruhig / sauber / leise / sicher		sein.
Ich wünsche mir auch		einen Jugendklub / ein gutes Lokal / ein Kino		ganz in der Nähe.

sprechen 5

Gruppenarbeit. Jeder wählt ein Foto von unten aus. Schreib sechs Sätze darüber und besprecht dann eure Ideen.

- Where will you live in the future?
- Why?
- What will there be there?

- What will it be like?
- Why have you chosen this location?

- Describing a town
- Developing reading strategies

lesen 1 Lies den Bericht vom Internet über Linz. Welcher Titel passt zu welchem Absatz (A–C)?

1 Einkaufen   **2** Lage   **3** Tourismus

Tipp

- Read the texts through once to get the gist of them and see how much you can understand on a first reading.

Adresse: @

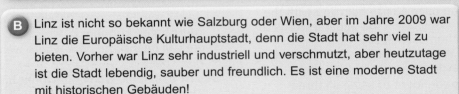

A Linz liegt an der Donau und ist die Hauptstadt von Oberösterreich. Linz hat ungefähr 190.000 Einwohner und ist die drittgrößte Stadt Österreichs. Die Stadt hat einen internationalen Flughafen und tolle Bahnverbindungen. Linz wird regelmäßig vom Verkehr überlastet und am besten benutzt man die öffentlichen Verkehrsmittel.

• Linz

B Linz ist nicht so bekannt wie Salzburg oder Wien, aber im Jahre 2009 war Linz die Europäische Kulturhauptstadt, denn die Stadt hat sehr viel zu bieten. Vorher war Linz sehr industriell und verschmutzt, aber heutzutage ist die Stadt lebendig, sauber und freundlich. Es ist eine moderne Stadt mit historischen Gebäuden!
- Der alte Linzer Dom wurde im 19. Jahrhundert im Stil der Gotik erbaut.
- Man kann eine der ältesten Kirchen in Österreich, die Martinskirche, besuchen.
- Anfang September gibt es „Die Linzer Klangwolke" – ein Musik-Event im Park an der Donau.

C Linz hat zwei große Einkaufszentren am Stadtrand, drei kleinere im Zentrum und die Linzer Landstraße im Stadtzentrum hat zahlreiche Geschäfte. Am Wochenende findet auf dem Hauptplatz ein Flohmarkt statt und im Winter bietet Linz zwei Christkindlmärkte.

lesen 2 Finde die vier richtigen Sätze.

1 Linz is situated on the Rhine.
2 Linz is one of Austria's biggest cities.
3 Linz does not have traffic problems.
4 The public transport network is highly recommended.
5 Linz was once the European Capital of Culture.
6 Linz's gothic cathedral is called the Martinskirche.
7 There is plenty of shopping on offer in Linz.

Tipp

- Read each sentence really carefully, taking note of negatives such as 'not', etc.
- Make sure you read all the sentence: 'Linz does not have traffic problems.' Don't miss out the 'not'!
- You are asked to find four correct sentences, so don't just select three or mark five a correct.

 3 Welches Bild passt zu welchem Absatz aus Aufgabe 1?

 4 Partnerarbeit. A arbeitet bei der Touristinformation Linz und B ist Tourist(in). B stellt folgende Fragen.

- Wo liegt Linz?
- Wie viele Einwohner hat die Stadt?
- Wie sind die Einkaufsmöglichkeiten / Sehenswürdigkeiten?

Linz Die Stadt	liegt	an der Donau.
	hat	ungefähr 190.000 Einwohner / viel zu bieten / einen Flughafen / zwei große Einkaufszentren.
	ist	lebendig / sauber / historisch / freundlich / modern.
Man kann		den Dom / das Museum besuchen.
Anfang September		gibt es ein Musik-Event im Park.

5 Schreib einen Internetbericht über deine Stadt für deutsche Touristen.

- Give information about your town – name, location, inhabitants, atmosphere.
- Talk about a couple of the key sights – what, when built, where located.
- Give information about travelling in the town.
- Write about shopping in the town.
- Mention a special event which you went to and say how it was.
- Say why people should visit your town.

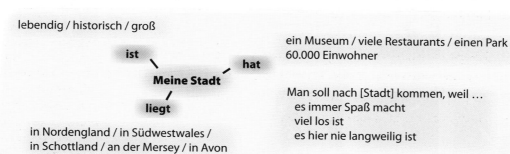

lebendig / historisch / groß

ist

Meine Stadt

hat

liegt

ein Museum / viele Restaurants / einen Park
60.000 Einwohner

Man soll nach [Stadt] kommen, weil …
    es immer Spaß macht
    viel los ist
    es hier nie langweilig ist

in Nordengland / in Südwestwales / in Schottland / an der Mersey / in Avon

1 Lies die Anzeige. Was bedeuten die fettegedruckten Wörter auf Englisch?

Hochzeit, Party oder Feier?
DJ-MEGAMIX hat noch Termine frei!

Sie heiraten, **feiern** dieses Jahr Ihren Geburtstag einmal „größer" oder wünschen sich eine unvergessliche Familienfeier zu Hause? Dann sollten wir uns kennenlernen!

Machen Sie Ihre Party mit DJ-MEGAMIX zu einem unvergesslichen **Erlebnis**! zum Beispiel für:

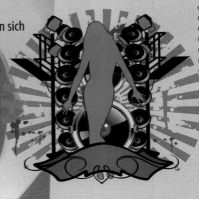

- **Hochzeit**
- Geburtstagsparty
- **Jubiläum**
- Faschingsfete / Halloween
- Abi-/**Prüfungserfolge**
- **Weihnachtsfeier**
- Grillfest

hören 2 Was für eine Party wollen diese Anrufer gestalten? Hör zu und wähl aus der Liste in der Anzeige von oben aus. (1–5)

Tipp

- Don't assume you have all the answers right on a first listening.
- Check your answers carefully on the second listening to avoid any careless mistakes.
- If you do change your mind, make it clear which choice you are going for!

hören 3 Hör noch mal zu und wähl das richtige Bild aus.

1 Whose party is caller number 1 talking about?

 a
 b
 c

2 Where does caller number 2 want to hold the party?

 a
 b
 c

3 What sort of music is caller number 3 looking for?

 a
 b
 c

4 Whose party is caller number 4 talking about?

 a
 b
 c

5 What is caller number 5 anxious about?

 a
 b
 c ZEUGNIS DER ALLGEMEINEN HOCHSCHULREIFE

lesen **4** Lies die E-Mail und beantworte die Fragen auf Englisch.

Hallihallo!
Mensch war das eine Party! Meine Tante hatte die Familie zur Taufe ihres Kindes eingeladen und ich bin mit Mutti dorthin gefahren. Auf dem Weg waren wir schnell ins Einkaufszentrum gegangen, um ein Geschenk und Luftballons zu kaufen, aber Mutti hatte ihre Handtasche zu Hause gelassen, also mussten wir die noch holen! Wir sind dann gleich zu meiner Tante gefahren (ohne Geschenk oder Luftballons!!) und sind zu spät zur Feier gekommen! Meine Großeltern hatten das Essen vorbereitet und mein Onkel (er ist Elvisfan!) hatte die Musik organisiert – das war alles ein bisschen altmodisch und gar nicht cool, muss ich sagen! Wir haben aber alle bis spät in die Nacht gegessen, getanzt, gesungen und geplaudert!!! Wir haben richtig gefeiert! Und das Beste daran? Ich habe ein tolles Mädchen kennengelernt (die beste Freundin einer Cousine) und am Wochenende sehen wir uns wieder!
Hänsi

1 What celebration had Hänsi been invited to?
2 Why had Hänsi gone to the shopping centre?
3 What had his mother left at home?
4 What had his grandparents done?
5 What had his uncle organised?
6 What was the best thing about the party?

Grammatik

lern weiter 219

The pluperfect tense
The pluperfect tense is used to talk about events which **had** already happened before the events being described. It is formed with the imperfect tense of **haben** or **sein** + a past participle.

Sie hatte die Familie eingeladen. *She **had** invited the family.*
Wir waren ins Einkaufszentrum gegangen. *We **had** gone to the shopping centre.*

sprechen **5** Wähl eine Party von rechts aus und mach Interviews darüber.

Omi wird 100!

Mein Cousin heiratet!

Der 31. Oktober

- Wer hatte dir die Einladung geschickt? Was für eine Feier war es?
- Was hattest du vor der Feier gemacht?
- Was hat man auf der Feier gemacht? Wer war dabei?
- Wie war die Feier?

[Meine Tante] hatte	[die Familie] zur Taufe / Geburtstagsparty / Hochzeit	eingeladen.
Ich bin	[mit Mutti] dorthin	gefahren.
[Meine Großeltern] hatten	das Essen	vorbereitet.
[Mein Onkel] hatte	die Musik	organisiert.
Wir haben	gefeiert / gegessen / getanzt / gesungen / geplaudert.	
Wir waren [ins Einkaufszentrum] gegangen, um [ein Geschenk] und [Luftballons] zu kaufen.		

chreiben **6** Schreib eine E-Mail über die Party aus Aufgabe 5.

You are going to hear part of a discussion between a teacher and a student based on the task below. Listen, then carry out the activities to help you prepare for your own speaking task. You may want to look at the audioscript.

Task: Town/village and area

You are going to have a conversation with your teacher about your town/village and area. Your teacher could ask you the following:

- Where do you live?
- What is your area like?
- What are the advantages of living in your area?
- What would you recommend for tourists?

- What did you do last weekend in your town/village?
- Where would you live if you had the choice?
- What changes to your town/village would you like to see in the future and why?
- ! (A question for which you have not prepared.)

Preparation

1 Listening for opinions

1 The student is talking about his area – a village in the countryside – and the advantages of living there. Brainstorm in German what he might say: both positive and negative aspects.

2 He mentions the following:

Freizeit	Verkehrsmittel	Freunde	Sauberkeit	Gesundheit	Einkaufen

For each heading, make a note of what he says about the town and the village. Note whether his comment is positive or negative. How does this list compare to yours?

3 Look at the list again. How does the student make it clear that something is positive or negative?

2 Predicting answers

1 The teacher asks the student: *Welche Sehenswürdigkeiten würdest du Touristen empfehlen?* What is the teacher asking him?

2 Based on what you learned in Section 1, what do you predict the student will say?

3 In general, does he give a favourable or an unfavourable response? Give a couple of examples.

3 Listening for tenses and connectives

1 The student knows he has to use a range of tenses. Can you recognise the four tenses? Jot down an example of each one.

2 He also uses connectives to make his sentences more varied. Can you identify three subordinating conjunctions (*weil*, *dass*, etc.), an adverbial phrase of place and two adverbial phrases of time? Have a look at the Tipp box to help you here.

⭐ Tipp

- Adverbial phrases of **place** tell you **where** e.g.

auf dem Land	*in the country*
in der Kleinstadt	*in the small town*
in der Nähe	*nearby*
im Freien	*in the open air*

- Adverbial phrases of **time** tell you **when** e.g.

letztes Wochenende	*last weekend*
das ganze Jahr	*the whole year through*
samstags	*on Saturdays*

Useful language

Fillers

ehrlich gesagt	*quite frankly, honestly*
im Großen und Ganzen	*on the whole, by and large*
es hängt davon ab	*it depends*
außerdem	*besides, what's more*

Ich wünsche mir, wir hätten [ein Kino].
  I wish we had [a cinema].
Ich würde am liebsten [in Bath wohnen].
  I would most like to [live in Bath].

Over to you!

- Jot down what you are going to say for each of the questions in the task. Remember to include as much information as possible as well as opinions and reasons and introduce a range of tenses – even when your teacher asks you a question in the present tense.
- Work with a partner: answer your partner's questions and ask your partner questions as well – this will make you think about what unpredictable question your teacher might ask you.

Grade**Studio**

To make sure you have a chance of getting a **grade C** in your speaking, you should:
- use a subordinating conjunction or two e.g. *weil* (because) and *dass* (that). Remember that these words send the verb to the end of the sentence
  e.g. *Im Sommer chille ich zusammen mit meinen Freunden am Strand,* **weil** *das Wetter schön sonnig* **ist**.
- give your opinions e.g. *Mir gefällt gut, dass ich hier sehr gute Freunde habe.*
- use a range of different words. You can say *gut* or *schlecht* once or twice, but if you keep repeating them, it will become repetitive! Try using e.g. *hervorragend* (outstanding), *ideal* (ideal), *toll* (great) or *miserabel* (dreadful).

If you are aiming for a **grade A**, you should also:
- use a wide range of subordinating conjunctions – not only *weil* and *dass*, but also *bevor* (before) and *wenn* (if) and *wo* (where)
  e.g. *Samstags gibt es einen großen Markt,* **wo** *man Obst und Gemüse aus der Gegend kaufen kann.*
- remember: you can start your sentence with the subordinating conjuction, but you will then have verb comma verb in the middle e.g. *Bevor wir ins Dorf gezogen* **sind**, **war** *ich nie auf ein Dorffest gegangen.*
- use a range of tenses. Remember there are some phrases in the present tense which refer to the past e.g. *Ich wohne seit zwei Jahren in diesem Dorf auf dem Land.*

If your goal is an **A***, you need to do all of the above and:
- weave in a wider range of verb tenses and forms – what about the pluperfect?
  e.g. *Ich* **war** *nie auf ein Dorffest* **gegangen**. (I had never been to a village festival.)
  or the conditional e.g. *Wir* **würden** *lange Spaziergänge machen, wenn es nicht zu windig* **wäre**.
- use the comparative and the superlative e.g. *der* **größte** *Vorteil* (the biggest advantage).
  Try also to compare and contrast e.g. *Das Lebenstempo ist wirklich* **gemütlicher** *als in der Stadt.*

Adresse: @ › lo

Gemütlich, aber …

Letztes Wochenende waren wir bei meinen Großeltern. Sie wohnen in einem kleinen Haus auf dem Lande, am Waldrand, ungefähr 20 Kilometer von Nürnberg entfernt. Das Haus wurde schnell und billig nach dem Krieg gebaut: deswegen sind die Zimmer auch sehr klein. Und doch finde ich es dort richtig süß …

Warum eigentlich? Na ja, es ist irgendwie so gemütlich. Das Wohnzimmer gefällt mir ganz besonders – nicht nur die altmodischen dunklen Möbel, sondern auch das riesige Sofa, das so furchtbar unbequem ist. Ich mag aber auch das kleine Esszimmer und die Vase, die immer voller Blumen auf dem Tisch steht. Die Holztreppen knarren leise, wenn man hochgeht.

Wenn wir meine Großeltern besuchen, schlafe ich immer oben, im kleinsten Raum des Hauses. Es ist ein Zimmer, das gerade Platz für ein enges Bett, einen Stuhl und eine winzige Kommode hat – sonst nichts. Das ist aber egal, denn das Zimmer ist so richtig kuschelig. Ich schlafe schon immer dort, wenn ich bei meiner Oma und meinem Opa bin, so lange ich mich erinnern kann. Als ich klein war, hat mich meine Großmutter immer ins Bett gebracht und so lange leise mit mir geredet, bis ich eingeschlafen bin. Manchmal denke ich, dass ich sie noch höre, wenn ich im Bett liege.

Ob ich mal so ein Haus kaufe, wenn ich das Geld dazu habe? Nein, auf keinen Fall! Wenn ich genug Geld habe, werde ich mir eine moderne und praktische Wohnung mitten in der Stadt kaufen – mit großen, hellen Zimmern, und mit viel Platz für meinen Breitwandfernseher. Die Wohnung sollte in der Nähe vom Einkaufszentrum und von Kinos sein, nicht weit vom Bahnhof und von den Bushaltestellen entfernt. Und statt einem Esszimmer wird meine Wohnung ein großes Zimmer für meinen Computer, Drucker und Scanner haben.

Auf meine eigene Wohnung kann ich aber noch lange warten! In der Zwischenzeit freue ich mich noch auf jeden Besuch ins kleine, unpraktische, aber gemütliche Haus von meinen Großeltern.

1 **Find the following expressions in the text and write them out.**

the house was built cheaply; in the smallest room in the house; as long as I can remember; I especially like the living room; nothing else; widescreen TV

2 **Find three expressions in paragraph 1 and three in paragraph 4 which say where exactly the house/the flat is situated. Write the German and the English.**
e.g. auf dem Lande – *in the country*

3 **Match the adjectives in yellow with the right ones below.**

cosy   dark   impractical   light   old-fashioned   smallest   sweet   tiny   enormous

4 **The words *der*, *die* and *das* can be used as relative pronouns (meaning *which* or *who* or *that*).**
e.g. *das* riesige Sofa, *das* so furchtbar unbequem ist.
Find two more phrases with relative pronouns. Write them in German and English.

Over to you!

A German student is staying in your house/flat during a school exchange. Imagine you are the German teenager: write home about the place where you are staying.

First read the tips below. Then write at least 200 words in German. You could include:

- where you are and a description of the area.
- a description of the house/flat, and what you like or don't like.
- what you did during the past weekend in the house/flat.
- what your plans are for your last few days before you return.

Tipp

- When describing your house, avoid long lists of furniture and fittings. It's not very interesting – and you're likely to get higher marks if you use a variety of sentences.
- Learn some set phrases in different tenses and adapt them to suit the task.

Grade**Studio**

To make sure you have a chance of getting a **grade C** in your writing, you should:

- learn some useful phrases to say more exactly what your house is like (showing the examiner you can give more than the minimal response)
  e.g. *auf dem Lande, in der Stadt; am Rande der Stadt; ungefähr 20 Kilometer von X entfernt; [in der Nähe / ziemlich weit] von meiner Schule*

Now you try it! 1

Write the sentences in German.

1 *My house is on the edge of the town, quite far from my school.*
2 *I live in the country, about 10 kilometres from the town.*

If you are aiming for a **grade A**, you should also:

- use the right word for 'when', and remember to send the verb to the end of the clause:
- *wenn* (with present / future tenses)
- *als* (with past tense)
  e.g. *Ich schlafe im kleinsten Zimmer des Hauses, **wenn** wir meine Großeltern **besuchen**.* (… When I visit my grandparents)
  *Meine Großmutter hat mich ins Bett gebracht, **als** ich klein **war**.* (… When I was small)

Now you try it! 2
Use the right word in the yellow box to connect the clauses, and write the words in the second clause in the right order.

1 Wir waren mitten in der Stadt, (wir / haben / in Leeds / gewohnt).
2 Ich helfe manchmal im Garten, (wir / besuchen / meine Tante).
   wenn   als

If your goal is an **A***, you need to do all of the above and:

- use a sentence with a relative clause:
  e.g. *Wir haben eine Küche, **die** sehr klein ist.*
- adapt some phrases from the text on p.142 to suit a description of your house
  e.g. *ein Zimmer, das gerade Platz für ein enges Bett hat. Ich wohne hier, so lange ich mich erinnern kann.*

Now you try it! 3
Write the sentences in German.

1 *It's a room which just has room for a table and a chair.*
2 *We've lived in Rugby as long as I can remember.*

Describing your house

Ich wohne in ...	I live in ...	Es gibt (k)einen ...	There is (not) a ...
einem Reihenhaus /	a terraced house /	Keller	cellar
Einfamilienhaus	a detached house	Flur	hall
einem Mehrfamilienhaus /	a block of flats /	Balkon	balcony
Doppelhaus	a semi-detached	Aufzug	lift
einer Wohnung im dritten Stock	a flat on the third floor	Garten	garden
Das Haus / Die Wohnung liegt ...	The house / flat is ...	Das Haus ist ...	The house is ...
am Stadtrand	on the edge of town	charmant	charming
in der Stadtmitte	in the town centre	schön	lovely
in der Nähe des Stadtzentrums	near the centre of town	großzügig	roomy
Das Haus hat ...	The house has ...	möbliert	furnished
ein / 2 Wohnzimmer	one / 2 living room(s)	familienfreundlich	family-friendly
ein / 2 Schlafzimmer	one / 2 bedroom(s)	gut gepflegt	well cared for
ein / 2 Badezimmer	one / 2 bathroom(s)	ziemlich klein	quite small
ein / 2 Arbeitszimmer	one / 2 study / studies	Im Zimmer gibt es ...	In my room there is ...
eine Küche	a kitchen	einen Fernseher	a TV
eine Garage	a garage	einen Sessel	an armchair
eine Toilette	a toilet	einen Tisch	a table
eine Dusche	a shower	einen Schrank	a wardrobe
eine Essecke	an eating corner	einen Teppich	a carpet
		eine Kommode	a chest of drawers
		ein Bett	a bed

Seit [fünfzehn] Jahren wohne ich in diesem Haus / dieser Wohnung.	I've lived in this house / flat for [15] years.
Mein Zimmer sieht [chaotisch / ordentlich] aus.	My room is [chaotic / tidy].
Zeitschriften liegen auf dem [Boden / Bett].	Magazines lie on the [floor / bed].
Schulhefte sind unter der Kommode.	School books are under the chest of drawers.
Ich würde [nie] umziehen, weil das Haus [perfekt] ist.	I would [never] move because the house is [perfect].

Describing your daily routine

Um [acht Uhr] ...	At [eight o'clock] ...	ziehe ich mich an	I get dressed
Gegen [halb neun] ...	Around [half past eight] ...	stehe ich auf	I get up
wasche ich mich	I wash	dusche ich	I shower
rasiere ich mich	I shave	esse ich zu Mittag	I eat lunch
schminke ich mich	I put on make-up	gehe ich schlafen / ins Bett	I go to sleep / bed

Talking about household chores

Man kann / könnte ...	You can / could	einkaufen gehen	go shopping
In diesem Alter sollte man ...	At this age, you should ...	mit dem Müll helfen	help with the rubbish
Wenn ich Kinder habe, werden	If I have children, they	im Haushalt helfen müssen	have to help around the
sie ...	will ...		house
Mein Kind wird ...	My child will ...	das Frühstück vorbereiten	prepare breakfast
die Wäsche in die	put the washing in the	Ich decke [oft] den Tisch ab.	I [often] clear the table.
Waschmaschine tun	washing machine	jeden Tag	every day
das Zimmer aufräumen	tidy up	ab und zu	now and again
das Bett machen	make the bed	manchmal	sometimes
staubsaugen	vacuum	immer	always
bügeln	iron	nie	never
den Tisch abräumen	clear the table	Ich räume auf, um Geld	I tidy up in order to earn
alles in die Spülmaschine stellen	fill the dishwasher	zu verdienen.	money.
den Rasen mähen	mow the lawn	Ich räume nie auf, weil ich	I never tidy up because I
		keine Zeit habe.	don't have time.

Talking about what there is for young people

Wir haben ...	*We have ...*	Hier kann man reiten /	*You can go riding/*
Hier gibt es ...	*Here there is / are ...*	schwimmen /angeln /	*swimming / fishing /*
(k)einen Jugendklub	*(not) a youth club*	Skifahren / Windsurfen	*skiing / windsurfing*
(k)einen Skatepark	*(not) a skatepark*	gehen.	*here.*
(k)ein Sportzentrum	*(not) a sports centre*	Hier kann man Segelkurse	*You can do sailing courses*
(k)ein Hallenbad	*(not) a swimming pool*	machen.	*here.*
(keine) Geschäfte	*(no) shops*	Die Umgebung ist ...	*The area is ...*
(keine) Kinos	*(no) cinemas*	grün	*green*
(keine) Radwege	*(no) cycle paths*	gesund	*healthy*
(keine) Graffiti	*(no) graffiti*	wunderbar	*wonderful*
viel / kein en Müll	*lots of / no rubbish*	gefährlich	*dangerous*
viel / keinen Verkehr	*lots of / no traffic*	(ein bisschen) deprimierend	*(a bit) depressing*
viel / keinen Lärm	*lots of / no noise*		

Talking about where you will live

In der Zukunft werde ich ...	*In the future I will live ...*	sauber	*clean*
wohnen.		leise	*quiet*
in einer Wohnung an der Küste	*in a flat on the coast*	In der Gegend wird es ... geben.	*In the area there will be ...*
auf dem Land	*in the countryside*	Ich wünsche mir auch ...	*I'd also like ... close by*
in einer Wohngemeinschaft	*in a shared flat*	ganz in der Nähe.	
Ich werde ein eigenes Zimmer /	*I will have my own*	ein Kino	*a cinema*
eine Jacht haben.	*room / a yacht.*	ein Einkaufszentrum	*a shopping centre*
Die Gegend wird ... sein.	*The area will be ...*	einen Jugendklub	*a youth club*
umweltfreundlich	*eco-friendly*	ein gutes Lokal	*a good pub*
ruhig	*peaceful*		

Talking about a specific town

[Linz] liegt an der [Donau].	*[Linz] is on the [Danube].*	[Linz] ist ...	*[Linz] is ...*
Die Stadt hat ungefähr	*The town has about*	lebendig	*lively*
[190.000] Einwohner.	*[190,000] inhabitants.*	sauber	*clean*
[Linz] hat ...	*[Linz] has ...*	modern	*modern*
einen Flughafen	*an airport*	freundlich	*friendly*
zwei große Einkaufszentren	*two large shopping*	Man kann die Kirche besuchen.	*You can visit the church.*
	centres		
viel zu bieten	*much to offer*		

Discussing celebrations at home

[Meine Tante] hatte	*[My aunt] had invited*	Wir haben ...	*We ...*
[die Familie] ... eingeladen.	*[the family] ...*	gefeiert	*celebrated*
zur Taufe	*to the christening*	getanzt	*danced*
zur Geburtstagsparty	*to the birthday party*	gesungen	*sang*
zur Hochzeit	*to the wedding*	geplaudert	*chatted*
		gegessen	*ate*

Ich bin [mit Mutti] dorthin gefahren.   *I went [with mum].*
Meine Großeltern] hatten das Essen vorbereitet.   *[My grandparents] had prepared the food.*
Mein Onkel] hatte die Musik organisiert.   *[My uncle] had organised the music.*

8 Die Umwelt und ihre Zukunft

1 Klimachaos

- Comparing today's weather with possible future changes
- Recognising and using impersonal verbs

Rückblick Rückblick Rückblick Rückblick

lesen 1 Lies die Wetterberichte (a–e). Wo ist das?

a Heute gibt es immer noch Frost. Die Temperaturen liegen zwischen minus vier und zwei Grad. Abends wird es sehr windig. Typischerweise sieht man überall Schnee. Morgen schneit es.

5 Grönland – Tundrenklima

3 Frankreich - Feuchtes Klima

1 Ägypten – Wüstenklima

4 DR Kongo - Savannenklima

2 Brasilien – Tropisches Regenwaldklima

b Im Sommer erwarten wir normalerweise trockene und sonnige Tage. Aber heute ist es wie im Dezember! Es regnet stark und die Temperatur beträgt nur 10 Grad. Hoffentlich wird es nächste Woche besser sein!

c Noch mal sehr nass und sehr heiß. Es regnet am Nachmittag sehr viel und heute gibt es vielleicht auch Gewitter mit Donner und Blitzen. Wegen des feuchten Windes kommt später ein subtropischer Sturm.

d Es ist heute ziemlich heiß, mit einer Durchschnittstemperatur von 20 Grad. Es regnet nicht. Heute Nacht wird es wie immer sehr kalt sein – es ist nicht wolkig hier. Vielleicht unter minus 10 Grad.

e Vorsicht! Heute ist es sehr heiß und sonnig, mit Temperaturen von mehr als 40 Grad. Es wird keinen Regen und keine Wolken geben und Sandstürme sind möglich.

lesen 2 Schreib die Tabelle ab und füll sie aus. Lies die Wetterberichte noch mal und finde die Wörter.

Substantiv	Adjektiv
	frostig
der Wind	
die Sonne	
	stürmisch
die Wolken	

Im Norden / Süden / Osten / Westen
Es ist frostig / sonnig / windig / wolkig / nass / trocken / heiß / kalt / warm / bewölkt.
Es friert / schneit / regnet / donnert / blitzt.
Es gibt Schnee / Regen / Gewitter / Schauer / Hagel / Frost.
Die Temperaturen liegen bei zwei Grad / zwischen [zwei] und [fünf] Grad.
Die Temperatur ist hoch / niedrig.
Es wird [frostig] sein.
Es wird regnen / schneien / frieren / donnern / blitzen.

hören 3 Hör zu. Wie ist das Wetter? Wie wird es sein? Schreib folgende Wörter auf und mach Notizen auf Deutsch. (1–4)

Wo? Wetter im Moment?
Wie wird es sein? Andere Details

schreiben 4

Du arbeitest für die Touristinformation. Schreib eine Wettervorhersage für deine Region für die Webseite.

lesen 5

Lies den Text. Wie heißt das auf Deutsch (a–e)?

Deutschland in der Zukunft

Wörter wie Wind, Schnee, Frost, Gewitter oder Glatteis kennen schon kleine Kinder. Aber heutzutage hören wir auch ganz viel über schlechtes Wetter, Treibhauseffekt, Klimawandel und Klima-Katastrophen. Ist die steigende Zahl an Stürmen, Orkanen, Überschwemmungen der Beginn von einem größeren Klima-Wandel? Wie wird das Wetter in Deutschland in der Zukunft sein?

Der globale Klimawandel hat einen Einfluss auch auf Deutschland und wird die Temperaturen bis zum Jahr 2100 je nach Szenario um

bis zu vier Grad Celsius steigen lassen. Das bedeutet immer mehr Wetterextreme. Wir erwarten einen früher beginnenden Frühling in Europa. Fast sicher ist, dass sommerliche Starkniederschläge und Gewitter zunehmen. Auch lange Hitzeperioden – etwa wie im Jahr 2003 – werden wahrscheinlicher. Es wird von 2020 oder 2030 an im Winter im Durchschnitt rund 10 nasse Tage mehr geben. Wir müssen mit 20 bis 30 Prozent mehr Niederschlägen im Winter rechnen, ein Großteil davon als Regen.

Grammatik (lern weiter 219)

Impersonal verbs

- Many verbs start with the impersonal subject **es** (*it*). Others you know are **es ist** (*it is*) and **es gibt** (*there is / there are*).
- You may also have met the following:

Es gefällt mir	*I like it*
Es geht um	*It's about*
Es tut mir leid	*I'm sorry*
Es tut mir weh	*It hurts*
Es ist mir egal	*It's all the same to me*

a **Floods**   b **Heatwave**   c **Storm**   d **Heavy rainfall**   e **Hurricanes**

lesen 6

Lies den Text noch mal und beantworte die Fragen auf Englisch.

1 Name three terms that we hear much more often today.
2 To what extent may the temperature rise?
3 What change is almost certain?
4 What happened in 2003?
5 What may happen after 2020 or 2030?

sprechen 7

Interview mit Herrn Doktor Schutz. Was passiert morgen, wenn wir heute nichts tun?

Video an imaginary interview with Dr Schutz to educate people about global warming. Ask him how the weather may change in the future. Either concentrate on Germany or research a different area.

Es wird [einen früher beginnenden Frühling in Europa / mehr sommerliche Starkniederschläge / Gewitter / lange Hitzeperioden / etwa 10 mehr nasse Tage] geben.
Die Temperatur wird zunehmen.
Die Durchschnittstemperatur wird [22] Grad sein.

- Discussing how we can all help the environme
- Using infinitive expressions

lesen 1 Lies den Text. Wer tut was, um die Umwelt zu schützen?

Alex

Ich sollte mehr tun – das weiß ich! Ich höre auf, Wasser zu verschwenden. Ich dusche mich statt ein Bad zu nehmen. Ich erinnere mich, Geräte – wie z. B. den Fernseher und den Computer – auszuschalten. Wir versuchen immer, den Müll zu trennen. Aber ich verspreche, in Zukunft noch mehr zu tun.

Anita

Meine Familie ist sehr umweltfreundlich. Wir sind aufmerksam, wenn wir einkaufen gehen. Meine Mutter kauft umweltfreundliche und Fairtrade-Produkte ein, und wir benutzen nie Plastiktüten – wir nehmen immer eine Öko-Tasche mit. Man könnte wirklich etwas beeinflussen, wenn wir beim Einkaufen global denken würden! Ich gehe so oft wie möglich zu Fuß zur Schule.

Bernd

Ich weiß, dass Umweltschutz sehr wichtig ist und ich hoffe, in Zukunft mehr zu tun, um die Umwelt zu schützen. Zu Hause recyceln wir ganz viel – Altglas, Papier und Pappe. Wir kompostieren auch den Abfall, zum Beispiel Apfelschalen und Biomüll. Wir fahren zu oft mit dem Auto. Wir sollten viel öfter die öffentlichen Verkehrsmittel benutzen – Busse und Züge sind sauber, schnell und umweltfreundlicher als Autos.

schreiben 2 Was sollte man tun, um die Umwelt zu schützen?
Schreib Untertitel für die Bilder aus Aufgabe 1.

Beispiel: a Man sollte duschen statt baden.

hören 3 Hör zu. Was tun sie, um die Umwelt zu schützen?
Schreib die Buchstaben aus Aufgabe 1 auf. (1–4)

lesen **4** Lies die E-Mail. Was macht Saras Familie für die Umwelt? Was hat sie schon gemacht und was wird sie noch machen?

> Letztes Jahr haben wir ganz wenig für die Umwelt getan. Wir sind überallhin mit dem Auto gefahren, wir haben nichts recycelt and nichts getrennt. Der Computer war fast immer an, und umweltfreundliche Produkte waren für uns beim Einkaufen keine Priorität. Wir haben angefangen, den Müll zu trennen und Produkte zu recyceln. Aber in Zukunft werden wir öfter öffentliche Verkehrsmittel oder das Fahrrad benutzen. Ich mag mich baden, aber ich werde auch öfter duschen.
> **Sara**

Beispiel:

Vergangenheit	Gegenwart	Zukunft
wir haben wenig getan		

sprechen **5** Gruppenarbeit. Umfrage. Frag fünf Personen.

- Was sollte man tun, um die Umwelt zu schützen?
- Was machst du, um die Umwelt zu schützen?
- Was hast du letztes Jahr gemacht?
- Was könntest du noch in der Zukunft tun?

schreiben **6** Schreib eine Fallstudie für eine deutsche Zeitschrift.

Write about a family that have changed their habits drastically and are now very environmentally friendly. Include:

- How wasteful they used to be.
- What they now do to help protect the environment.
- What they are planning to do in the future (using expressions from the grammar box).

Grammatik
lern weiter **215**

Infinitive clauses

- Infinitives are often used with another verb, for example, with a modal.
  Ich will die Umwelt schützen.
  I want to protect the environment.

- Some expressions need to have the extra word **zu**, for example, the verb **hoffen** (*to hope*).
  Ich hoffe, in Zukunft meinen Müll zu trennen.
  In the future I hope to separate my rubbish.

- Some useful verbs for this context are:
  anfangen (*to begin*)
    Ich werde anfangen, den Müll zu trennen.
  aufhören (*to stop*)
    Ich höre auf, Wasser zu verschwenden.
  Lust haben (*to fancy*)
    Ich habe Lust, Fairtrade-Produkte zu kaufen.
  versprechen (*to promise*)
    Ich verspreche, zu Fuß zu gehen.
  vorhaben (*to intend*)
    Ich habe vor, mit öffentlichen Verkehrsmitteln zu fahren.

Man könnte / Man sollte …		
sparsam heizen den Müll trennen mit dem Rad fahren Papier / Altglas recyceln	den Abfall kompostieren keine Plastiktüten benutzen Geräte ausschalten duschen statt baden zu Fuß gehen	immer eine Öko-Tasche mitnehmen umweltfreundliche und Fairtrade-Produkte kaufen mit öffentlichen Verkehrsmitteln fahren

lesen 1 Was passt zusammen?

der Treibhauseffekt   Luftverschmutzung   Kohlendioxid

Verwüstung   das Waldsterben   das Ozonloch

Überbevölkerung   das Aussterben von Tierarten

die Wasserverschmutzung   Lärmbelastung   der saure Regen

lesen 2 Was sind mögliche Lösungen für diese Probleme?

hören 3 Hör zu. Was sind die wichtigsten Umweltprobleme? (1–3)

Beispiel: Norbert Jenson, Politiker:
1 Überbevölkerung
2
3

Problem	Lösung
1 gegen Luftverschmutzung	a könnten wir sichere Öltanker bauen
2 gegen Überbevölkerung	b könnten wir Atomkraft statt Kohlekraft benutzen
3 gegen Wasserverschmutzung	c könnten wir weniger fliegen
4 gegen das Aussterben von Tierarten	d könnten wir die Wälder und Landschaften schützen
5 gegen den Treibhauseffekt	e könnten wir weniger Kinder haben

Anna Speidel, Mitglied einer Umweltorganisation

Norbert Jenson, Politiker

Frau Dr. Böhmer, Wissenschaftlerin

Grammatik

lern weiter 209

Prepositions taking the accusative

Remember that the following prepositions trigger the accusative case: **durch** (*through*), **entlang** (*along*), **gegen** (*against*), **für** (*for*), **ohne** (*without*), **um** (*around*).

der Treibhauseffekt → **gegen den** Treibhauseffekt

the greenhouse effect → against the greenhouse effect

lesen **4** Rate mal! Wie ist die richtige Antwort?

Sieben kleine Ideen mit großer Wirkung! – eine Idee pro Tag

Eine Lampe geht an!
Eine Energiesparlampe ist erstmal teuer. Aber über ihre gesamte Lebensdauer spart sie über **(5 / 40 / 350)** Euro.

Weniger warm macht warm ums Herz.
Wenn du dein Thermostat 1 Grad herunterdrehst, sparst du **(6 / 10 / 14)** Euro Heizenergie pro Woche.

Ein Fernseher auf Standby braucht immer noch viel Energie.
Ein Fernseher auf Standby für 24 Stunden ist, als ob er **(10 / 15 / 20)** Stunden an wäre.

Recycle dein Mobiltelefon!
Jedes Jahr werden in Europa 100 Millionen Handys durch neue ersetzt. Das sind **(20000 / 30000 / 40000)** Tonnen Elektroschrott.

Wirf den Kaugummi in die Tonne!
Jedes Jahr geben die Kommunen allein in Deutschland über 900 Millionen Euro aus, um Kaugummi von den Straßen zu kratzen. Mit 900 Millionen Euro könnte man **(3 / 4 / 5)** neue Krankenhäuser bauen.

Beim Zähneputzen die Welt retten – Stopp das Wasser!
Allein die Menschen in deiner Straße verschwenden ein **(50 / 75 / 100)** m großes Schwimmbecken. Als ob man die ganze Zeit das Klo spült, während man drauf sitzt!

Nutze Papier beidseitig!
Allein in Westeuropa verbraucht jeder von uns **(110 / 210 / 310)** kg Papier pro Jahr. Aber wir können die Papiermenge halbieren – nutze Papier beidseitig!

hören **5** Hör zu. Hast du richtig geraten?

lesen **6** Lies die Texte noch mal und erkläre die Fakten auf Englisch.

sprechen **7** Was ist das Wichtigste, das wir tun sollten, um die Umwelt zu retten? Bereite eine Präsentation vor.

- Prepare a PowerPoint presentation in pairs on environmental dangers and possible solutions.
- As each pair present their ideas to the class, consider their arguments and then prepare questions and alternative views.

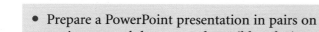
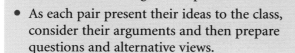

⭐ Tipp

Preparing a debate
Don't just prepare your own points. Be ready to have a counter-argument!

Counter-arguments

In Wirklichkeit	*In reality*
Jedoch	*However*
Als Alternative	*As an alternative*
Andererseits	*On the other hand*
Im Gegenteil	*On the contrary*

- Considering the environmental impact of different forms of transport
- Consolidating the use of three tenses

1 Lies die Texte. Wer ist das (a–f)?

Wie fährst du dahin – und ist das umweltfreundlich?

Annette

Letztes Jahr sind wir nach Spanien in den Urlaub gefahren. Wir sind dorthin geflogen. Obwohl das nicht so gut für die Umwelt ist, war die Fahrt viel schneller als im Bus oder im Zug. Wir wohnen ganz weit von der Schule und der Stadt weg, und deshalb benutzen wir oft das Auto. Es gibt kein integriertes Verkehrssystem hier – nur einen Bus pro Stunde – und er ist oft verspätet!

Abby

Wir verbringen den Urlaub meistens in Deutschland und wir fahren mit einem Mietauto dorthin – wir haben kein eigenes Auto. Letztes Jahr sind wir nach Bayern gefahren und das hat mir gut gefallen. Wir wohnen in Berlin und mein Vater braucht ein Auto für seine Arbeit – er macht Carsharing. Das ist besser für die Umwelt und auch viel billiger. Ich gehe morgens zu Fuß zur Schule, obwohl ich mit dem Bus fahre, wenn es stark regnet.

Karl

Letztes Jahr haben wir eine Seereise gemacht. Wir sind mit dem Schiff nach Frankreich, Italien, Kroatien und Griechenland gefahren. Das war bequemer und umweltfreundlicher als Fliegen. Schnell ist nicht immer besser! Ich fahre mit der U-Bahn, wenn ich in die Stadt gehe und ich fahre mit dem Fahrrad zur Schule.

Schreib uns eine E-Mail – fährst du umweltfreundlich?

Who ...
a lives in a family without their own car?
b doesn't trust their public transport?
c takes the bus to school when it is raining?
d rides their bike to school?
e lives quite a way from school?
f flew to their holiday destination?

2 Schreib eine E-Mail an die Zeitschrift.
Fährst du umweltfreundlich?

Ich fahre mit	dem Bus / dem Zug / dem Auto / dem Schiff / dem Fahrrad / der Straßenbahn / der U-Bahn.	
Ich fliege.	Ich gehe zu Fuß.	
[Autos] sind	schneller / langsamer / billiger / bequemer / teurer / umweltfreundlicher / besser für die Gesundheit	als [Züge].

lesen 3

Gruppenarbeit. Lies die Aussagen. Warum ist Andre so traurig?

- Work in groups and read the question and 18 statements: which ones are relevant and which ones are not?
- You may not contradict any statement but may add other relevant information.
- Give your conclusion as a story in English. Justify your responses using information from the cards.

Warum ist Andre so traurig?

Berlin hat 3,4 Millionen Einwohner.

Eine Energiesparlampe ist erst einmal teuer.

Bärbel kann die Situation nicht ausstehen.

Der kälteste Ort der Erde ist die Antarktis.

Eine Fahrkarte für eine Fahrt nach Potsdam kostet 15 Euro.

Andre hat blonde Haare, aber seine Freundin hat braune Haare.

Er trennt den Müll und recycelt Altglas.

Es gibt ein integriertes Verkehrssystem.

Ein Auto produziert 115 g Kohlendioxid pro Kilometer.

Der letzte Bus fährt um 20:13 Uhr vom Flughafen ab.

Joshua hat kein Fahrrad.

Die Fußgängerzone soll vergrößert werden.

Man findet im Stadtzentrum Busse und Straßenbahnen.

Bärbel ist Mitglied von Greenpeace.

Die Buslinie Nummer 8 fährt nicht mehr in seiner Straße entlang.

Seine Freundin Lisa arbeitet jetzt als Sekretärin in einer Schule.

Sein Geschäft ist ganz klein.

Berlin ist ein Zentrum der Politik, Medien, Kultur und Wissenschaft in Europa.

hören 4

Hör zu. Warum ist Andre so traurig? Was denken diese Studenten? Mach Notizen. (1–4)

[Busse / Flugzeuge / Fahrräder / Schiffe] sind [umweltfreundlicher / schlechter für die Umwelt] als [Autos].
[Ein Auto] produziert [115 g Kohlendioxid] pro [Kilometer].
Ein (regionaler Express-Zug) fährt [34 Kilometer pro Liter pro Fahrer].

Grammatik

lern weiter **212**

Time – Manner – Place

If a sentence contains information about *when*, *how* and *where*, it goes in this order after the verb, even when only some of the elements are included:

	Second	Time	Manner	Place
Ich	fahre	morgens	mit dem Auto	zur Schule

sprechen 5

Partnerarbeit. Beantworte die Fragen über öffentliche Verkehrsmittel.

- Wie bist du letztes Jahr in den Urlaub gefahren?
- Wie fährst du zur Schule?
- Wie findest du öffentliche Verkehrsmittel?
- Welche Verkehrsmittel sind besser für die Umwelt?

1 Lies den Text. Welcher Absatz ist das?

1 Alternative Energiequellen

3 Die Stadt und ihr Ruf

2 Öffentliche Verkehrsmittel

4 Müll und was man in Freiburg damit macht

Adresse: @   › los

Ökostadt Freiburg

1 Freiburg im Breisgau liegt in Süddeutschland. Mit rund 220 000 Einwohnern ist Freiburg die viertgrößte Stadt in Baden-Württemberg. Freiburg ist sehr berühmt als eine umweltfreundliche Stadt. Freiburg hat viele überregionale Umweltpreise gewonnen: 1992 wurde sie als Ökohauptstadt ausgezeichnet.

2 Wenn man Erdöl oder Erdgas verbrennt, um Elektrizität zu produzieren, setzt man Kohlendioxid frei. Es gibt heute alternative Energien, die nicht so gefährlich wie die Atomkraft sind, zum Beispiel Windkraft und Wasserkraft. Es gibt dazu auch Solarenergie. Freiburg ist für ein sonniges und warmes Klima sowie für Sonnenenergie bekannt.

3 Deutschland ist für sein Recyclingsystem berühmt. Zu Hause hat man verschiedene Tonnen für den Müll und die Haushalte müssen ihren Müll trennen. In Freiburg ist das Sortiersystem modern. Der Hausmüll wird in Freiburg in fünf Fraktionen getrennt: Altpapier, Bioabfall, Leichtverpackungen, Altglas und Restmüll.

4 Auch die Verkehrspolitik in Freiburg ist umweltfreundlich. Die Freiburger wollen weniger Verkehr im Stadtzentrum, dafür bauen sie Radwege und planen ein integriertes Verkehrssystem mit einer Reduzierung der Autos. Allein zwischen 1982 und 1999 stieg der Radverkehranteil von 15 auf 28 Prozent. Der Anteil der Autos in der Stadtmitte sank von 38 auf 30 Prozent.

---

2 Lies den Text noch mal. Wie heißt das auf Deutsch?

1 the fourth biggest
2 national environmental prizes
3 carbon dioxide is released
4 not as dangerous as
5 different containers
6 cycle tracks
7 an integrated transport system
8 the amount of cycle traffic rose

3 Welche vier Aussagen sind laut dem Text richtig?

1 Freiburg is the fourth biggest city in Germany.
2 Freiburg has a good reputation in the area of environmentalism.
3 The city's electricity comes from wind, water and solar energy.
4 In particular, solar energy is a strength of the city.
5 Rubbish in Freiburg is separated into five components.
6 Freiburg's traffic management system is economically viable.
7 An increase in the use of bicycles has yet to happen.
8 The use of cars has decreased by eight percent.

sprechen 4 **Partnerarbeit. Beantworte die Fragen.**

1 Wo liegt Freiburg?
2 Warum ist Freiburg berühmt?

3 Wie ist das Recyclingsystem in Freiburg?
4 Was ist der Plan für den Verkehr in Freiburg?

hören 5 **Hör zu. Zwei Studenten sprechen über ihre Stadt. In welcher Reihenfolge werden diese Themen erwähnt?**

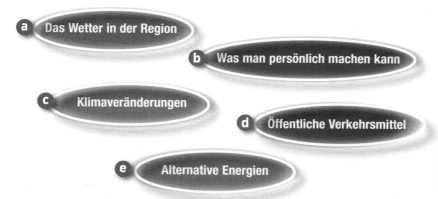

a Das Wetter in der Region
b Was man persönlich machen kann
c Klimaveränderungen
d Öffentliche Verkehrsmittel
e Alternative Energien

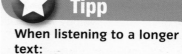

Tipp

When listening to a longer text:
- Listen for the general theme on a first hearing: What is the text about? Who is talking?
- What is the purpose and context of the text?
- Read the questions before listening again. It will help when listening for more detailed information.

hören 6 **Hör noch mal zu. Beantworte die Fragen auf Englisch.**

1 Name two things Hans does to help the environment.
2 What does his father do?
3 What is Jochen hoping to do in the future?

4 What are the two problems with buses?
5 Why does Hans feel that alternative forms of energy are useless in his town?
6 What evidence does Jochen give of global warming?

schreiben 7 **Bereite einen Prospekt vor. Meine Stadt – Ökostadt?**

Write a leaflet about where you live and whether it is environmentally friendly. Include:

- Information about your village or town.

- Any renewable sources of energy in use and what recycling possibilities there are.
- What public transport is like.

sprechen 8 **Partnerarbeit. Beantworte die Fragen aus Aufgabe 4 für deine Stadt oder Region.**

[Crumpsall] liegt in der Nähe von Manchester und hat rund [2 000 000] Einwohner.
Es gibt heute andere Möglichkeiten zur Energiegewinnung, die kein Kohlendioxid freisetzen.
Manchester benutzt [fast keine alternativen Energiequellen].
In Manchester kann man den Müll trennen.
Der Hausmüll wird in [zwei] Fraktionen getrennt: [Altpapier und Restmüll].
Es gibt auch Mülldeponien in der Stadt.
Die Verkehrspolitik in Manchester ist umweltfreundlich.
Es gibt ein [integriertes öffentliches Verkehrssystem].
Man findet im Stadtzentrum [Metrolink, Busse und Straßenbahnen].

You are going to hear part of an interview between a teacher and a student. Listen to the extract, then carry out the activities to help you prepare for your own speaking task.

Task: Interview with a member of an environmental action group

You are being interviewed by your teacher. You will play the role of a member of an environmental action group and your teacher will play the role of the interviewer.

Your teacher could ask you the following:

● What are the aims of the group? When and where does it meet? How many members are there?
● What initiatives is the group involved in at the moment?
● What are the advantages of recycling initiatives?

● Tell me about a recent successful initiative.
● How do the town's residents react to the environmental action group?
● What plans does the group have for future initiatives?
● !(A question for which you have not prepared.)

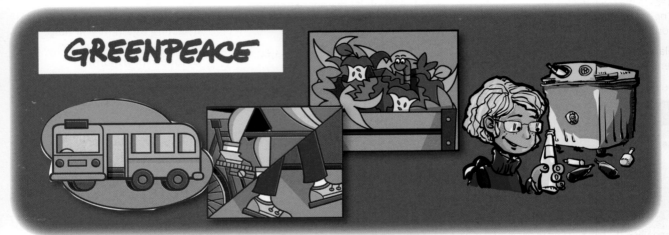

Preparation

1 Listening for detailed information on a topic

1 Which of these aspects does the student mention in connection with the 'car free day' project? Note the German words.

> pedestrian precinct   cycling   moped
> walking   car sharing   cycle paths
> public transport

2 Which subordinating conjunctions do you hear? Check what they mean.

> bevor   damit   dass   nachdem
> ob   weil   wenn

2 Listening for specific terms

1 Which aspects of the recycling project does the student mention? Note the German words.

> aluminium   bulky items   cardboard
> dustbins   organic waste   plastic
> recycling   clothes   rubbish

2 The student also explains the environmentally friendly shopping project to the teacher. Does she talk about a project in the ... ?

> **a** past   **b** present   **c** future

What clues helped you decide? Give three examples.

3 Listening for clues and key words

1 What is the student's opinion on the residents' reaction to the Action Group?
2 When will the waste project take place? What clues did you use to help you decide?
3 What aspects will the group try to tackle? Make a note of some of the key words used.

Useful language

es kommt darauf an *it depends*

Adjectives
es ist …

billig	*cheap*	positiv	*positive*
erfolgreich	*successful*	sparsam	*economical*
leicht	*easy*	gefährlich	*dangerous*
glücklich	*fortunate*		
umweltfreundlich	*environmentally friendly*		

Tipp

- Use infinitives together with another verb e.g. with modal verbs. Remember! The infinitive goes at the end of the clause e.g. *Man kann Papier recyceln.*
- In some expressions you have to put *zu* in front of the infinitive e.g. *Wir hoffen, zwei Mülldeponien in der Stadt **zu** haben; Es ist einfach, den Müll **zu** trennen.*

Over to you!

Look at your task sheet and …

decide what information you are going to give for each of the bullet points. Check the vocabulary lists at the end of the chapter for words and phrases you'll need to use.

plan what extra details of your own you'll have to add to introduce a range of tenses and express and explain opinions.

be ready for the unprepared question.

Grade**Studio**

To make sure you have a chance of getting a **grade C** in your speaking, you should:
- remember you can use future time phrases plus the present tense to talk about any future plans e.g. **Nächsten Monat starten wir** *eine Aktion zum Thema Verschwendung.*
- use adjectives to give your opinions e.g. *Es ist **einfach**, den Müll zu trennen.*

If you are aiming for a **grade A**, you should also:
- include infinitive clauses
  e.g. *Bei uns in der Stadt ist es ganz leicht, mit öffentlichen Verkehrsmitteln **zu** fahren.*
  Infinitive clauses with *um … zu …* (in order to) are particularly impressive
  e.g. *Wir müssen alle etwas unternehmen, **um** unseren Planeten **zu** schützen.*

- include examples of modal verbs in different tenses
  e.g. *Man **kann** mit dem Rad fahren oder zu Fuß gehen; Man **musste** also eine Öko-Tasche mitnehmen.*

If your goal is an **A***, you need to do all of the above and:
- weave in a wider range of time references – *wir hoffen* can be used to talk about the future; use the imperfect of *haben, sein* and modals to talk about the past
  e.g. *Letzten Dezember **hatten** wir eine sehr erfolgreiche Aktion; Man **konnte** Jutetaschen billig kaufen.*

• Preparing for an extended writing task about the environment

Stadt oder Land?

Die Stadt hat einen schlechten Ruf. „Die Luft ist verpestet", sagen die Kritiker. Oder sie sagen „Der Lärm ist schrecklich." „Quatsch", sage ich! Wir wohnen seit drei Jahren in der Stadt und es gefällt mir sehr viel besser als auf dem Land. Hier haben wir Läden, Cafés, Ärzte und Kinos um die Ecke – alles ist erreichbar. Es stimmt nicht, dass die Stadt laut und schmutzig ist. Vor zwei Jahren ist unsere Straße zur Fußgängerzone geworden: Jetzt ist die Straße ruhiger als im Dorf außerhalb der Stadt, wo wir früher gelebt haben. Da hatten wir Lastautos, die den ganzen Tag an unserem Haus vorbeigefahren sind.
Sven

Vor zwei Jahren sind wir aus der Stadt weggezogen und nun wohnen wir in einem Vorort. Meiner Meinung nach ist es viel zu ruhig hier! Am Wochenende sind die Straßen leer. Man kauft in großen, unpersönlichen Einkaufszentren ein, wo man niemanden kennt. Danach fährt man mit dem Auto nach Hause, um den ganzen Nachmittag vor dem Fernseher zu sitzen. Und wenn ich einmal ein bisschen Krach mache, schimpfen schon die Nachbarn. Es ist zum Kotzen hier. Ich wäre viel lieber noch in der Stadt. OK, dort ist es vielleicht laut, aber Lärm ist Leben, oder?
Pauline

Wir wohnen in einem Dorf außerhalb der Stadt, und vor dem Haus hatten wir einen schönen Blick auf Felder, Wiesen und Bäume. Aber nun wollen sie auf diesen Wiesen neue Häuser bauen. Wir werden monatelang unter dem Lärm leiden, und danach werden wir einen Blick auf Tausende von gleich aussehenden Häusern haben. Sie haben schon angefangen, die Bäume zu fällen. Es ist zum Weinen!
Clemens

Hier in unserem Dorf gibt es nichts für junge Menschen. Das Sportzentrum kommt nicht in Frage, weil es zu teuer ist. Alle Klubs im Dorf sind für Menschen, die mindestens 80 Jahre alt sind. Ich muss mit dem Rad in die Stadt fahren, obwohl wir keinen Radweg haben und die Straße sehr gefährlich ist. Aber am Sonntag fahren keine Busse. Wenn ich älter bin, werde ich auf jeden Fall in der Stadt wohnen. Die Menschen in der Stadt haben es viel besser, finde ich!
Lizzy

1 Find and write out the German expressions for:

has a bad reputation; terrible; everything is within reach; thousands of look-alike houses; in my opinion it's much too quiet; although we have no cycle track

2 Prepositions. Find and write out the expressions which mean ...

a *in the country*   **b** *outside town*   **c** *past our house*   **d** *two years ago*   **e** *by car*

3 Verbs and structures. Find and write in German and English:
a Three sentences with a verb in the past tense.
b Two sentences with a verb in the future tense.
c One sentence with *seit* + present tense.
d One phrase with *um ... zu* + infinitive.
e One sentence with *anfangen* + *zu* + infinitive.

Over to you!

Compare two different environments, e.g. town and country, city centre and suburb, or life where you live and life in Germany.

First read the tips below. Then write at least 200 words in German. You could include:

- a description of what it's like to live in each environment.
- the pros and cons of each environment.
- which environment you prefer and why.
- what sort of environment you would like to live in when you are older.

Tipp

- Introduce a note of variety by using direct speech:
  e.g. „Die Luft ist verpestet", sagen die Kritiker.
- You can then contradict the opinion which you have quoted and introduce what you think:
  e.g. Quatsch, sage ich. Ich finde, dass …

GradeStudio

To make sure you have a chance of getting a **grade C** in your writing, you should:
- use a variety of phrases to express your opinions:
  e.g. *Quatsch!* (Rubbish!)
  Es ist zum Kotzen! (It makes you want to throw up!)
  Es stimmt nicht, dass die Stadt schmutzig ist. (It's not true …)
  Die Menschen in der Stadt haben es besser, finde ich!

Now you try it! 1

Write the sentences in German.

1 *It's true that the city is loud. It makes you want to throw up!*
2 *Rubbish! I think people in the country have it better.*

If you are aiming for a **grade A**, you should also:
- include at least one example of *seit* + present tense
  e.g. *Wir wohnen seit drei Monaten in einem Dorf.* (Note: time before place!)
- use a wide range of prepositions
  e.g. *außerhalb* + genitive (outside), *an … vorbei* + dative (past)
  *Ich wohne **außerhalb** der Stadt.*
  *Autos fahren **an** unserem Haus **vorbei**.*

Now you try it! 2

Write the sentences in German.

1 *I have lived in Glasgow for ten years.*
2 *We live in a village outside Leeds, and too many cars drive past our village.*

If your goal is an **A***, you need to do all of the above and:
- make comparisons
  e.g. *Hier ist es **ruhiger** und **besser als** in der Stadtmitte. Das Leben auf dem Land ist **nicht so** spannend wie das Leben in der Stadt.*
- use some expressions from the texts on page 158 which add interest and variety to your writing
  e.g. *Wenn ich älter bin, werde ich **auf jeden Fall** in der Stadt wohnen.*
  *Sie haben schon **angefangen**, die Bäume **zu** fällen.*

Now you try it! 3

Write the sentences using the comparative form of the adjectives.

1 In Deutschland sind die Wohnungen (groß) und (bequem) als bei uns.
2 Ein Vorort ist (nicht/laut) die Stadtmitte – aber es ist hier viel (langweilig)!

Hör- und Lesetest

- Identifying key words
- Recognising time references, indicators and tenses
- Developing your understanding of a variety of language in different contexts

The activities on these two pages are designed to help you develop the listening and reading skills you will need in your GCSE exam.

Listening

1 Listen to the interviews. Who do the following statements apply to?
Note the correct letter: A (Anja), L (Lars), C (Carmen).

| **a** I enjoyed helping – it was like a game. |
| **b** I thought it was normal to help. |
| **c** I felt very grown up. |
| **d** I know everyone has more time if everyone helps. |

2 Listen to the interviews again. Complete each of the sentences with one of the phrases that follow. Note the correct letter.

1 In Anja's family there are …
   A small arguments about helping.
   B no arguments about helping.
   C more arguments about helping.

2 Lars feels helping in the house …
   A is not stressful for children.
   B is too stressful for children.
   C can take up too much time.

3 Carmen feels it is important for children …
   A to feel responsible.
   B to do the ironing.
   C to grow up.

3 You hear this interview with Herr Schmidt. Answer the questions in English.

   A In 50 years' time, what will the weather in summer be like in Germany? Give two details. (2)

   B Give two details about winter weather in the future. (2)

   C What must we all do with immediate effect? (1)

   D When should you turn off the lights? (1)

   E What could you do in order to heat less at home? (1)

Reading

Ich wohne in Magdeburg. Meine Eltern haben eine kleine Firma dort und ich arbeite schon seit letzten Juni bei ihnen im Büro. Nächsten August habe ich vor, an einem Sprachkurs in Manchester teilzunehmen. Danach will ich eine Stelle als Au-Pair-Mädchen finden. So kann ich mein Englisch wirklich verbessern!

Magdeburg wird mir aber fehlen. Wir haben den wunderbaren Stadtgarten: Magdeburg ist nämlich die zweitgrünste Großstadt Deutschlands. Die Stadt bietet auch viele Einkaufsmöglichkeiten. Es gibt keine Fußgängerzone, wie man sie in anderen Städten findet, aber es gibt zwei Einkaufszentren. Außerdem kann man ziemlich alles in den verschiedenen Läden finden und auf dem tollen Wochenmarkt bekommt man frisches Obst und Gemüse. Mein Lieblingsessen war immer Schokolade, was nicht gut für meine Gesundheit war. Heute esse ich lieber Äpfel, Pfirsiche, Birnen usw.

Das Nachtleben ist ganz vielseitig. In der Stadtmitte befinden sich zahlreiche Kneipen und Nachtklubs, und wer es ruhiger mag, kann in die vielen Restaurants oder ins Theater oder Schauspielhaus gehen. Hier gibt es oft Pop- und Rockkonzerte – und ab und zu mal spielt ein Orchester klassische Musik. Als ich jünger war, habe ich Geige und Flöte gespielt, aber jetzt spiele ich kein Instrument, weil ich leider keine Zeit habe. Für Filmfans stehen die beiden Multiplexe zur Verfügung ... Petra

Read the email above. What did Petra do, what does she do now and what will she do? Note past, present or future for each activity.

	past	present	future
a au-pair			
b fruit			
c office			
d violin			
e language course			

According to Petra, which four of the following does Magdeburg have? Note the correct letters.

a a market

b a pedestrian precinct

c a language school

d lots of shops

e a park

f a swimming pool

g pubs

h skate parks

Tipp

- You will have to recognise different time references, indicators and tenses.
- Look back at the reading text: what clues did you find to help you decide what Petra did in the past, what she does now and what she will do in the future? e.g. past: *als ich jünger war*; present: *heute esse ich*; future: *nächsten August habe ich vor*.
- Make a note of these clues – you will be able to use them yourself in your speaking and writing tasks.

The weather

Im Norden / Süden ...	In the North / South ...
Im Osten / Westen ...	In the East / West ...
ist es frostig	it is frosty
ist es sonnig	it is sunny
ist es windig	it is windy
ist es wolking	it is cloudy
ist es nass	it is wet
ist es trocken	it is dry
ist es heiß	it is hot
ist es kalt	it is cold
Es friert	It is freezing
Es schneit	It is snowing
Es regnet	It is raining
Es donnert	It is thundering
Es blitzt	It is lightning

Es gibt Schnee	There is snow
Es gibt Regen	There is rain
Es gibt Gewitter	There are storms
Es gibt Schauern	There are showers
Die Temperaturen liegen zwischen [2] Grad und [5] Grad.	The temperature is between [2] and [5] degrees.
Die Temperatur ist hoch	The temperature is high
Die Temperatur ist niedrig	The temperature is low
Es wird [frostig] sein	It will be [frosty]
Es wird regnen	It will rain
Es wird schneien	It will snow
Es wird frieren	It will freeze
Es wird donnern	There will be thunder
Es wird blitzen	There will be lightning

Future changes

Es wird ... geben	There will be...
einen früher Frühling in Europa	an earlier Spring in Europe
mehr sommerliche Starkniederschläge	more summer rain storms
mehr Gewitter	more storms

lange Hitzeperioden	long heat waves
etwa 10 mehr nasse Tage	about 10 more wet days
Die Temperatur wird zunehmen	The temperature will increase
Die Durschnittstemperatur wird [22] Grad sein.	The average temperature will be [22] degrees.

Protecting the environment

Man könnte / Man sollte ...	You could / should ...
den Müll trennen	separate out the rubbish
mit dem Rad fahren	travel by bike
Papier / Altglas recyceln	recyle paper / glass
den Abfall kompostieren	compost kitchen waste
keine Plastiktüten benutzen	not use plastic bags
immer eine Öko-Tasche mitnehmen	always take a reusable bag with you
umweltfreundliche und Fairtrade-Produkte einkaufen	buy environmentally friendly and fair-trade products

Geräte ausschalten	switch off appliances
duschen statt baden	shower instead of having a bath
die öffentlichen Verkehrsmittel benutzen	use public transport
zu Fuß [zur Schule] gehen	go [to school] by foot
aufhören, Wasser zu verschwenden	stop wasting water

Environmental problems

der Treibhauseffekt	the greenhouse effect
Kohlendioxid	carbon dioxide
das Ozonloch	the hole in the ozone layer
die Wasserverschmutzung	water pollution
die Luftverschmutzung	air pollution

die Verwüstung	desertification
die Überbevölkerung	over-population
die Lärmbelastung	noise pollution
das Waldsterben	the dying forests
das Aussterben von Tierarten	the extinction of species
der saure Regen	acid rain

Possible solutions

Was sollte man tun, um die Umwelt zu schützen?	What should we do to protect the environment?
Was machst du, um die Umwelt zu schützen?	What do you do to protect the environment?
Was hast du letztes Jahr gemacht?	What did you do last year?
Was könntest du in der Zukunft tun?	What could you do in the future?
Gegen [den Treibhauseffekt]	To combat [the greenhouse effect]
könnten wir weniger fliegen	we could fly less
könnten wir weniger Kinder haben	we could have fewer children
könnten wir sichere Öltanker bauen	we could build safe oil tankers
könnten wir Atomkraft statt Kohlekraft benutzen	we could use nuclear energy instead of coal power
könnten wir die Wälder und Landschaft schützen	we could protect the forests and landscape

Transport issues

Ich fahre mit dem Bus / dem Zug / dem Auto	I travel by bus / train / car
mit dem Schiff / dem Fahrrad	by ship / bike
mit der Straßenbahn / der U-Bahn	by tram / underground
Ich fliege.	I fly.
Ich gehe zu Fuß.	I go by foot.
[Autos] sind schneller als [Züge].	[Cars] are quicker than [trains].
langsamer	slower
billiger	cheaper
bequemer	more comfortable
teurer	more expensive
umweltfreundlicher	more environmentally friendly
schlechter für die Umwelt	worse for the environment
besser für die Gesundheit	better for your health
[Ein Auto] produziert [115 g Kohlendioxid] pro [Kilometer].	[A car] produces [115g of carbon dioxide] per [kilometre].
Ein [regionaler Express-Zug] fährt [34 Kilometer pro Liter pro Fahrer].	A [regional train] travels [34 kilometres per litre per driver].

Cities and environmental measures

[Crumpsall] liegt in der Nähe von [Manchester].	[Crumpsall] is near [Manchester].
[Manchester] hat rund [2 mio.] Einwohner.	[Manchester] has around [2 million] inhabitants.
[Manchester] benutzt [fast keine alternativen Energiequellen].	[Manchester] uses [nearly no alternative methods of producing energy].
In [Manchester] kann man den Müll trennen.	In [Manchester] you can separate rubbish.
Der Hausmüll wird in [zwei] Fraktionen getrennt: [Altpapier und Restmüll].	Household waste is separated into [two] types [paper and kitchen waste].
Es gibt auch Mülldeponien in der Stadt.	There are also recycling centres in the town.
Die Verkehrspolitik in [Manchester] ist umweltfreundlich.	Transport policies in [Manchester] are environmentally friendly.
Es gibt ein [integriertes öffentliches Verkehrssystem].	There is an [integrated transport system].
Man findet im Stadtzentrum [Metrolink, Busse und Straßenbahnen].	In the town centre you can find [the Metrolink, buses and trams].

9 Die Freizeitstunden

1 Freizeit – meine Zeit!

- Talking about what you do in your free time
- Looking at word order and revising the present tense

 1 Sieh dir die Grafik aus der Zeitung unten an. Wie viel Prozent junger Schweizer machen die Freizeitaktivitäten a–f?

To revise the present tense, look at page 205.

Schweizer Jugend heute

In einer Jugendstudie wurden 13- bis 18-jährige Mädchen und Jungen nach Freizeitaktivitäten befragt.

1 Ich höre Musik	85%
2 Ich gehe mit Freunden aus	72%
3 Ich telefoniere	58%
4 Ich ruhe mich aus / faulenze	51%
5 Ich sehe fern	48%
6 Ich surfe im Internet (chatte)	37%
7 Ich gehe auf Partys / Feste	33%
8 Ich treibe Sport	25%
9 Ich spiele ein Instrument (Klavier, Geige usw.)	20%
10 Ich sammle etwas (Karten, Figuren, Fußballkarten)	8%

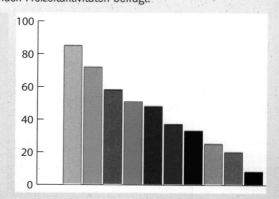

 2 Hör dir die Interviews für die Jugendstudie an. Mach Notizen auf Englisch. (1–6)

Activity / Activities   How often?   Opinion

3 Schreib Fragen für deinen Partner / deine Partnerin aus den Sätzen in Aufgabe 1.

Beispiel: Ich gehe mit Freunden aus. →
Wie oft gehst du mit Freunden aus? or
Gehst du gern mit Freunden aus?

**hörst   ruhst dich aus   faulenzt
sammelst   siehst   spielst
surfst   telefonierst   treibst**

Was machst du gern in deiner Freizeit?
Ich faulenze.
Ich gehe [nie] auf Partys.
Ich gehe [oft] mit Freunden aus.
Ich höre [immer] Musik.
Ich ruhe mich [selten] aus.
Ich sehe [abends] fern.
Ich [spiele / übe] [häufig] ein Instrument.
Ich surfe [ab und zu] im Internet.
Ich telefoniere [regelmäßig].
Ich treibe [mittwochs] Sport.
Das mache ich [nie / jeden Tag].

sprechen 4   Partnerarbeit. Wie oft machst du die Freizeitaktivitäten aus Aufgabe 1? Stellt einander Fragen.

■ Wie oft hörst du Musik?

● Ich höre immer Musik. Wenn ich schlafen gehe, höre ich Musik, wenn ich aufstehe, höre ich Musik … Wie oft gehst du mit Freunden aus?

lesen 5   Partnersuche! Lies diesen Beitrag zu einer Partnersuche-Webseite und beantworte folgende Fragen auf Englisch.

1 Name two of the contributor's characteristics.
2 How often is she at home?
3 Why does she enjoy parties?
4 What was special about last weekend?
5 What had her friends organised for her?

Tipp

● Always try to expand your answer e.g. **Ich höre immer Musik.** (i.e. when you listen to music) or **Ich höre Musik, weil mich das entspannt** (why you like doing the activity).
● Include words like **wenn** (*when / if*), **dass** (*that*) and **weil** (*because*), to make your sentences more varied.
● Include ways to express how often you do something:
abends; am Wochenende; immer; oft; manchmal; nie; selten

Grammatik

lern weiter 212

Word order
The basic German word order is to place the verb in second position:
Ich höre Musik. Abends höre ich Musik.

For separable verbs the prefix goes to the end of the sentence:
Ich ruhe mich gern auf dem Sofa aus.
  I like resting on the sofa.

Words like **wenn** (*if / when*), **weil** (*because*) and **dass** (*that*) send the following verb to the end of the clause:
Wenn ich unterwegs bin, höre ich Musik.
  When I am out I listen to music.
Das mache ich selten, weil meine Eltern sehr streng sind.
  I do that rarely because my parents are very strict.

Was machst du, wenn du frei hast?

… sportlich bin ich gar nicht, aber freundlich und lustig schon! Ich gehe sehr gern aus und bin fast nie zu Hause. Am liebsten gehe ich auf Feste, weil ich gern tanze und mit anderen Leuten zusammen bin. Am Wochenende bin ich oft bei Freunden und wir feiern zusammen! Letztes Wochenende hatte ich Geburtstag und meine Freunde haben eine Überraschungsparty für mich organisiert. Das war ein Wahnsinn und wir haben alle bis spät in die Nacht gefeiert! …
t.osca_99

schreiben 6   Schreib einen kurzen Text über dich für die Partnersuche-Webseite.

● What do you do in your free time?
● How often do you do it?
● Why do you like it?
● Recount something which has happened recently in your free time.

lesen 1 Lies die Reportage von *Projekt Schulzeitung*. Wer hat das gemacht (a–f)?

 **a**
 **b**
 **c**
 **d**
 **e**
 **f**

Liebe LeserInnen!

Die jungen Journalisten haben eine Umfrage in den Klassen gemacht und haben folgende Frage gestellt: Was hast du letztes Wochenende gemacht? Unten stehen einige Antworten …

Tobias

Ich bin mit meiner Schwester einkaufen gegangen und ich habe ein cooles T-Shirt gekauft. Am Sonntag habe ich meine Freunde im Hallenbad getroffen und wir sind schwimmen gegangen. Das war sehr lustig und hat mir sehr gut gefallen!

Kilian

Letzten Samstag bin ich mit meinem Freund in die Stadt gefahren und wir sind ins Kino gegangen. Der Film war sehr gut und danach sind wir in die Pizzeria gegangen.
Am Sonntag habe ich Fußball gespielt und wir haben das Spiel zwei zu null gewonnen. Das hat wirklich Spaß gemacht.

Yusuf

Am Samstagabend habe ich im Orchester Flöte gespielt und am Sonntag bin ich zu Hause geblieben. Zuerst habe ich ferngesehen, aber das wurde schnell langweilig, also habe ich ein Buch gelesen.

 Tipp

Make sure you know all the question words:

Was?	What?
Wo(hin)?	Where (to)?
Wie?	How?
Warum?	Why?

lesen 2 Lies die Reportage noch mal. Beantworte folgende Fragen in ganzen Sätzen auf Deutsch.

- Was hat Tobias gekauft? — Er hat … gekauft.
- Wie fand Tobias den Ausflug ins Schwimmbad? — Er fand das …
- Wohin sind Kilian und sein Freund gegangen? — Sie sind …
- Wie war der Film? — Er war …
- Was hat Kilian am Sonntag gespielt? — Er hat …
- Was hat Yusuf am Samstagabend gemacht? — Er hat …
- Warum hat Yusuf ein Buch gelesen? — Weil …

3 Radiobericht: Unsere Freizeitumfrage. Hör zu.
Welche vier Sätze sind richtig?

1 The students interviewed were aged 16–18.

2 A lot of students listened to music.

3 No students practised an instrument at the weekend.

4 Many students were in touch with friends.

5 Meeting in chatrooms was mentioned.

6 Lots of students did sport at the weekend.

7 The weather affected the number of people taking part in sports.

8 The most popular activity was watching TV.

4 Was hast du letztes Wochenende gemacht? Schreib für
Projekt Schulzeitung einen Bericht.

- Was hast du am Samstag gemacht? Und am Sonntag?
- Bist du irgendwo hingefahren?

- Mit wem hast du das gemacht?
- Warum hast du das gemacht?
- Wie war es?

Am Sonntag Am Samstagabend Letztes Wochenende Letzten Sonntag Letzte Woche	habe ich	Fußball	gespielt.
		ein T-Shirt	gekauft.
	haben wir	uns im Hallenbad	getroffen.
	bin ich sind wir	einkaufen / schwimmen	gegangen.
		ins Kino	
		in die Stadt	gefahren.
Das war [sehr]	lustig / anstrengend / langweilig / toll.		
Das hat mir [sehr gut] gefallen.			

5 Sieh dir dieses Foto an und beantworte folgende Fragen.

- Wer hat das Foto gemacht?
- Wann war das? Warum warst du dabei?
- Was hast du gemacht?
- Wie war es?

Grammatik

lern weiter **206**

The perfect tense
- Remember the perfect tense is formed with **haben** or **sein** + a past participle.
  Ich habe ein T-Shirt gekauft.   *I bought a T-shirt.*
- Verbs of movement such as **gehen** and **fahren** take **sein**:
  Wir sind ins Kino gegangen.   *We went to the cinema.*
- Notice the pattern after a time expression:
  Am Samstag habe ich Fußball gespielt.   *I played football on Saturday.*

3 Was für ein Sportler bist du?

- Talking about your sporting interests
- Revising the future tense

lesen 1 Finde für jedes Foto den Namen der Sportart im Sportverzeichnis.

Sportverzeichnis

Ausdauersport	Laufen, Nordic Walking
Ballsport	Fußball, Handball
Ball+Schläger-Sport	Tennis, Tischtennis
Wassersport	Kitesurfen, Wasserskilaufen
Winter- / Eissport	Eislaufen, Ski-Gymnastik
Rollsport	Rollschuhlaufen, Inline-Hockey
Fun- und Actionsport	Fallschirmspringen, Klettern, Beachvolleyball
weitere Sportarten	Bogenschießen, Angeln, Reiten

lesen 2 Lies diese Internetberichte über Sportarten. Finde für jede Beschreibung im Verzeichnis den Namen der Sportart.

1 Vorgestern bin ich durch den Wald gelaufen. Ich hatte zwei Stöcke dabei und sie haben mir geholfen, sehr schnell zu gehen. Das war anstrengend, aber es hat viel Spaß gemacht.

2 Mittwochs trainiere ich mit dem Verein. Wir sind elf Spieler in der Mannschaft und ich bin Torhüter. Leider haben gestern unsere Gegner drei Tore geschossen – wir haben verloren!

3 Ich würde gern eine Art Volleyball am Strand spielen. Ich habe da einmal im Urlaub gesehen und es gab zwei Mannschaften zu je zwei Spielern. Ich habe nicht mitgespielt, weil ich noch zu jung w

4 Ich würde so gern über das Wasser surfen können. Man sieht das hier auf dem See, wie die Leute auf einem kleinen Brett mit Lenkdrachen fahren. Wenn ich älter bin, werde ich das sicher ma probieren.

sprechen 3 Gruppenarbeit. Stellt einander Fragen über die Sportarten aus Aufgabe 1.

- Welche Sportart(en) hast du schon mal probiert?
- Welche Sportart(en) machst du jetzt? Wie oft? Wo? Mit wem? Meinung?
- Welche Sportart(en) würdest du gern / nie probieren? Warum?
- Welche Sportart(en) wirst du probieren, wenn du älter bist? Warum?

Grammatik
lern weiter 206

The future tense
Use **werden** + infinitive to talk about things that will happen in the future:
Ich werde das probieren.
I will try that.
Welche Sportart wirst du probieren?
Which sport will you try?

Ich habe	nie / oft / manchmal	Klettern / Rollschuhlaufen / Kegeln / Angeln	probiert.
Letztes Jahr	habe ich	Handball / Tischtennis	gespielt.
Ich finde	Inline-Hockey / Kitesurfen	teuer / gefährlich / anstrengend / schwierig / cool.	
Ich würde gern	[Bogenschießen] probieren,	weil das [cool aussieht].	
Wenn ich älter bin,	werde ich [Wasserskilaufen]	sicher mal probieren.	

hören **4**

Hör dir diese drei Annoncen im Tiroler Radio an.
Beantworte die Fragen auf Englisch. (1–3)

1 a What is the football team looking for?

  b What sort of a club is it?

  c When do they train?

2 a What is this company offering?

  b When can you do this activity?

  c What does the company also offer to do?

3 a Is this pool outside or inside?

  b What is 41m long?

  c How much do children under seven pay?

lesen **5**

Lies das Sportmagazin-Interview mit Miro Blausteiner.
Sind die Sätze unten richtig (R), falsch (F) oder nicht im Text (N)?

Miro Bausteiner

Warst du schon immer sportlich?
MB Nein, mit acht Jahren war ich übergewichtig! In der
Hauptschule habe ich Volleyball und Handball gespielt,
aber das war mir zu langweilig, also habe ich mich für
einen Boxkurs angemeldet.

Und wie war das Boxen?
MB Kampfsport war nichts für mich, weil das zu aggressiv ist,
aber durch das Training wurde ich fitter.

Wie oft hast du trainiert?
MB Ich habe jeden Tag trainiert und eines Tages habe ich ein
Interview mit Andreas Kalteis gesehen. Er ist ein berühmter
Traceur aus Österreich. Er macht Parcour – Freerunning –
und ich war total begeistert.

Parcour ist eine Trendsportart, nicht?
MB Ja, wenn man zu einer Mauer kommt, springt man einfach
hinüber. Mit Sprüngen und Rollen geht man auf dem Weg
weiter, auch wenn man über Dächer laufen muss!

Und wie sieht die Zukunft für Traceure aus?
MB Sehr gut. Diesen Sommer werde ich mich mit anderen
Traceuren in Mainz treffen und wir werden gemeinsam
trainieren und Tipps austauschen.

Und ist Parcour sehr teuer?
MB Nee, gar nicht. Der größte Vorteil ist, dass man keine
Ausrüstung braucht. Und die Sportart macht irrsinnig
viel Spaß!

1 Miro ist immer schlank
gewesen.

2 Sport an der Schule hat Miro
nicht gefallen.

3 Miro hat kein Geschwister.

4 Miro fand den Kampfsport
positiv.

5 Andreas Kalteis ist der beste
Traceur der Welt.

6 Miro wird mit anderen
Traceuren trainieren.

schreiben **6**

Partnerarbeit. Ihr sollt ein Interview für
das Sportmagazin machen. Schreibt über
folgende Themen.

- Sportliche Interessen: als Kind und jetzt
- Training: Wie oft? Wo? Wann? Mit wem?
- Meinung: Vorteile / Nachteile
- Zukunft

- Talking about money
- Using three tenses

1 Lies die Berichte aus einer Jugendzeitschrift und beantworte die Fragen.

Teenager und ihr Geld

Von meiner Mutter bekomme ich € 20 im Monat, aber ich verdiene noch hundert Euro dazu. Als ich in der Grundschule war, habe ich in der Nachbarschaft Autos gewaschen, aber jetzt räume ich im Supermarkt die Regale ein. Das mache ich in den Ferien und am Wochenende und wenn ich sonst noch frei habe. Wenn ich Klamotten und Musik kaufen will, reicht mir das Taschengeld alleine nicht! Sobald ich mit der Schule fer[tig] bin, werde ich einen guten Job finden und viel Geld verdienen. Dann werde ich reich sein!

Oliv[er]

Ich habe einen Teilzeitjob beim Friseur und verdiene € 260 im Monat. Ich arbeite am Wochenende und auch in den Schulferien. Wenn ich Zeit habe, arbeite ich auch manchmal nach der Schule. Taschengeld bekomme ich gar nicht, weil es sich mein Vater nicht leisten kann. Ich lege die Hälfte meines Geldes jeden Monat auf mein Konto bei der Bank, weil ich das sparen will. Mit der anderen Hälfte kaufe ich Schuhe, Zeitschriften, Klamotten und Musik .

Mia

Leider habe ich Schulden gemacht und wegen meines Handys bin ich € 70 in der Kreide. Letzten Monat habe ich zu oft telefoniert und zu viele SMS geschickt. Am Ende des Monats blieben mir nur einige Geldstücke übrig und ich konnte die Rechnung nicht bezahlen. Meine Eltern hab[en] es diesmal für mich bezahlt, aber jetzt muss ich ihnen das Geld zurückgeben. Ab jetzt werde ich viel vorsichtiger mit meinem Gel[d] sein und ich werde bestimmt keine Kreditkarte bekommen!

Henr[ik]

Who …
1 receives no pocket money?
2 has worked since primary school to earn money?
3 spends more money than they receive?
4 owes their parents money?
5 wants to be rich?
6 saves half of their money?

2 Lies die Berichte noch mal. Was passt zusammen?

1 Oliver arbeitet, damit
2 Oliver hofft, dass
3 Mia bekommt kein Taschengeld, weil
4 Mia gibt nicht ihr ganzes Geld aus, weil
5 Henrik hat Schwierigkeiten, weil
6 Henrik hat keine Lust,

a er auf die Rechnungen nicht aufgepasst hat
b das Sparen ihr wichtig ist.
c er genug Geld hat.
d wieder Schulden zu haben.
e er in Zukunft viel Geld verdienen wird.
f ihr Vater sich das nicht leisten kann.

9

3 Drei Jugendliche sprechen über ihr Taschengeld im Schulradio. Hör zu und beantworte die Fragen auf Englisch. (1–3)

1 How much pocket money does Julia get each month?

2 Why didn't her parents get much pocket money?

3 What does Julia say about if she has children?

4 What problem does Markus have with his pocket money?

5 Why did his mother get lots of pocket money?

6 What will Markus give his children?

7 Why doesn't Florian get any pocket money?

8 Why did his father save his pocket money?

9 What will Florian make sure his children do with their pocket money?

Grammatik

lern weiter **216**

als + wenn (*when*)

- **Als** is used to mean *when* when you are talking about single actions in the past.

  Als ich in der Grundschule war, habe ich Autos gewaschen.

  When I was at primary school I washed cars.

- If you are talking about present actions, use **wenn** for *when*.

  Das mache ich in den Ferien und wenn ich sonst noch frei habe.

  I do that in the holidays and when I have time.

4 Was ist deine Einstellung zum Geld? Schreib einen kurzen Artikel für eine Jugendzeitschrift.

- Wie viel Taschengeld bekommst du / hast du als Kind bekommen?
- Verdienst du auch noch dazu? Hattest du jemals einen Teilzeitjob?
- Was machst du mit dem Taschengeld?
- Hattest du je Schulden?
- Wirst du deinen Kindern in Zukunft Taschengeld geben? Warum (nicht)?

⭐ Tipp

To gain high marks in the exam use a range of tenses in your written and spoken work.

Present	Ich heiße ... mache ... bekomme ... kaufe ... finde ... mag ...
Past	Als Kind habe ich ... gemacht / gekauft / bekommen. Damals war / hatte ich ...
Future	In Zukunft werde ich ... sparen / kaufen / fahren.

5 Partnerarbeit. Macht ein Fernsehinterview zum Thema Taschengeld. A stellt die Fragen aus Aufgabe 4 und B beantwortet sie.

In der Grundschule	habe ich	€ 3	pro Woche bekommen.
Als Teenager	bekomme ich	€ 80	im MonatTaschengeld.
Ich habe einen Teilzeitjob und verdiene		€ 100	im Monat.
Ich gebe mein Geld für	Klamotten / Schuhe / Musik / Zeitschriften		aus.
Wenn ich Kinder habe, werde ich ihnen Taschengeld geben.			

lesen 1   Lies die Werbung. Wo kauft man die Kleidungsstücke a–f?

a   b   c   d   e   f

Modeladen

Komm in den Klamottenladen mit Unterschied. Wir haben die größte Auswahl an Fairtrade-Kleidung. Wenn du bei uns einkaufst, trägst du schicke und ethische Kleider. Wir haben viele Produkte, wie z. B. T-Shirts, Schuhe, Trainingsanzüge und auch Gürtel und Hausschuhe! Komm in unseren Laden oder geh zur Website und zieh dich mit einem Klick grün an!

Warenhaus

Unser Warenhaus in Zürich verkauft stark reduzierte Designerkleidung direkt aus der Fabrik. Wir haben preiswerte Designer-Sonnenbrillen, Mützen, Anzüge und viel viel mehr. Komm mal vorbei, und such dir was Günstiges und Modisches für deinen Kleiderschrank aus. Bei uns gibt's immer Qualität zu niedrigen Preisen!

Kaufhaus

Tolle Mode gibt's beim Kaufhaus im Einkaufszentrum und diese Woche beginnt unser Sommerschlussverkauf! Im Erdgeschoss hat die Kinderabteilung für die Sommersaison bereits preiswerte Badeanzüge und -hosen in bunten Farben. Im ersten Stock finden Sie die Herrenabteilung, wo wir schicke Shorts mit Blumendruck haben! In der Damenabteilung im zweiten Stock haben wir kurze Jeans-Miniröcke und Shorts.

lesen 2   Lies die Werbung noch mal. Welcher Titel passt zu welcher Werbung?

1   Lots of departments – lots of clothes

2   Top-quality goods at knockdown prices

3   Buying green has never looked so good

Grammatik   lern weiter 211

Adjective endings – plural

preiswert**e** Anzüge   *good value suits*
kurz**e** Jeans-Miniröcke   *short denim miniskirts*

lesen 3   Lies die Werbung noch mal und wähl die richtigen Antworten aus.

1   *Modeladen* stocks ethical / average / cheap clothes.

2   It stocks trainers / tracksuits / suits.

3   *Warenhaus* stocks clothes direct from the high street / factory / designer.

4   It offers good quality items / ethical products / the lowest prices.

5   *Kaufhaus* caters for city people only / the whole family / young people only.

6   It is advertising clothes for hot / cold / rainy weather.

hören **4** Ein Fairtradehändler interviewt Jugendliche. Hör zu und beantworte die Fragen auf Englisch.

1 What does the first girl a) mostly do b) never do c) always want to do?

2 What does the boy a) not enjoy doing b) never do c) suggest people should not always do?

3 Where does the second girl a) mostly buy her clothes? What is b) quite important c) very important for her?

lesen **5** Lies die Berichte aus der Schulzeitung und beantworte die Fragen auf Englisch.

Ella

Einkaufen ist mein Leben!

Ich freue mich immer auf Samstag, weil ich dann in der Stadt einkaufen gehen kann! Einkaufen ist mein größtes Hobby. Ich schaue mich sehr gern im Modeladen um und probiere die neueste Mode irrsinnig gern an. Ich kaufe besonders gern neue Schuhe und Röcke und ich versuche immer, wie die Stars auszusehen. Wenn ich älter bin, werde ich hoffentlich einen guten Job haben und ich werde mir auch viele Labels leisten können. Zurzeit kann ich mir leider nur die billigeren Kopien leisten!

Billige Kleider – nein, danke!

Vor zwei Jahren war ich einkaufssüchtig und ich musste immer die neuesten Modetrends kaufen, aber eines Tages habe ich einen Dokumentarfilm über die Kinderarbeiter der Kleidungsindustrie in Asien gesehen. Am folgenden Tag habe ich mit dem Einkaufen sofort Schluss gemacht. Jetzt gehe ich nur selten einkaufen, und wenn ich neue Kleider brauche, kaufe ich lieber Fairtrade-Kleidung oder vom Flohmarkt ein.

adik

1 What is Ella's opinion on shopping?

2 What is her opinion on fashion?

3 What does she hope to be able to do when she is older?

4 What were Sadik's shopping habits two years ago?

5 What changed Sadik's shopping habits?

6 Where does he buy his clothes now?

schreiben **6** Schreib einen Text für die Schulzeitung über deine Einstellung zur Mode.

Ich kaufe [gern]	neue / schicke / ethische / bequeme / billige	Jacken, Hosen, Anzüge, Trainingsanzüge, Badeanzüge, Badehosen, Gürtel, Hausschuhe, Sonnenbrillen, Mützen, Röcke, Sandalen, Schuhe	
Ich kaufe	meistens oft immer	im Internet	ein.
		beim Flohmarkt / Warenhaus / Einkaufszentrum	
Ich gehe	nicht so gern / nur selten / zweimal pro Jahr		einkaufen.
Mir ist	der Preis / das Label / die Mode	besonders / ziemlich / sehr / gar nicht	wichtig.

- Talking about teenage fashions
- Giving opinions and justifications

Lies diesen Artikel aus einer Modezeitschrift und beantworte die Fragen.

Ich heiße Josef, bin 17 Jahre alt und ich bin ein Emo. Ich treffe mich am Wochenende mit meinen Freunden in der Stadt und dann gehen wir oft in den Musikladen. Wir ziehen uns schwarz an und haben alle eine Frisur mit Pony im Gesicht und schwarzen Haaren, weil das gut aussieht. Wir hören die gleiche Musik, lesen die gleichen Bücher und sind sehr gut befreundet. Andere denken, dass wir eine deprimierte Gruppe sind, aber das sind wir nicht – das Emoleben ist ein gutes Leben und ich gehöre dazu!

Ich heiße Julia und Skateboarden ist mein Leben! Ich komme oft zum Skatepark und treffe mich mit anderen Skatern. Wir bringen einander neue Tricks bei und sind gern zusammen. Das macht viel Spaß, weil wir die gleichen Interessen haben und wir uns gut verstehen. Wenn man Skateboard fahren will, muss man natürlich auch die richtigen Klamotten [und Labels!] haben. Als Mädel kann ich leider meine Hose nicht niedriger als Boxershorts tragen, aber wie die anderen trage ich ein T-Shirt mit Logo, eine Mütze, Deckshoes und einen Kopfhörer!

Ich heiße Thor und bin weder Punk noch Goth – ich bin ein Individualist! Modegruppen finde ich blöd, weil die Jugendlichen alle gleich aussehen. Das ist meiner Meinung nach extrem langweilig. Ich sehe lieber anders aus und trage genau das, was ich will. Letzten Sommer habe ich meine erste Tätowierung bekommen und jetzt spare ich auf die zweite. Ich habe seit langem schon Piercings und ich habe gar keine Lust, zu einer Gruppe zu gehören. Ich bin Einzelner und so möchte ich bleiben!

Who …

1 says that people in the group understand each other?

2 doesn't follow the latest teen fads?

3 has a problem with following their group's fashion exactly? Why?

4 says that they want to stay as they are?

5 says their group is not miserable?

6 meets their friends in a music shop?

Lies den Artikel noch mal. Was passt zusammen?

1 Josef gehört zu einer Gruppe Jugendlicher,

2 Viele Leute denken,

3 Julia geht gern zum Skatepark,

4 Julia findet es schade,

5 Thor interessiert sich für keine Gruppe,

a dass sie nicht genau wie die Jungs aussehen kann.

b weil er lieber ein Individualist ist.

c dass Emos deprimiert sind.

d weil sie dort andere Jugendliche trifft.

e die alle gleich aussehen.

schreiben 3

Schreib einen Beitrag für die Modezeitschrift, in dem du deinen Look beschreibst.

- Stell dich kurz vor.
- Gehörst du zu einer Gruppe? Warum (nicht)?
- Wie ziehst du dich an? Wie siehst du aus?
- Was hast du (mit der Gruppe) letztes Wochenende gemacht?
- Wirst du in fünf Jahren noch so aussehen? Warum (nicht)?

Tipp

- Add an opinion wherever you can in your writing and remember to justify it:
- **Meiner Meinung nach ist das [langweilig], weil [man nichts gemeinsam macht].**
- **Diese Gruppen finde ich [blöd], weil [die Jugendlichen alle gleich aussehen].**
- **Ich habe keine Lust, [ein Emo zu sein], weil [mich das nicht interessiert].**

Ich bin ein	Emo / Goth / Punk / Skater / Individualist.
[Das Emoleben] ist ein gutes Leben und ich gehöre dazu.	
Ich treffe mich [am Wochenende] mit [meinen Freunden / Freundinnen] in [der Stadt].	
Wir gehen [oft]	in den Musikladen / zum Skatepark.
Wir sind gern zusammen.	
Wir ziehen uns	[schwarz] an.
Ich trage	lässige Shorts / ein T-Shirt / eine Mütze / einen Kopfhörer.
Wir haben	eine Frisur mit [Pony im Gesicht und schwarzen Haaren].

hören 4

Hör diesen Jugendlichen beim Einkaufen zu. Welches Bild passt zu welchem Dialog? (1–3)

a 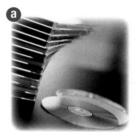 **b**  **c**

hören 5

Hör noch mal zu und wähl die richtigen Antworten aus.

1 a The girl's cousin is buying a dress / getting married / going to India.

b The assistant has sold out of the dress / has no dresses in stock / is closing next week.

c The girl's size is 34 / 36 / 38.

2 a The first boy wants to buy a CD / look around / come back on Friday.

b The girl is disappointed as the CD has sold out / has not been released / is too expensive.

c The problem with classical CDs is they are expensive / there is not a wide range / they are all sold out.

3 a The girls want to buy leather items / try on clothes / buy accessories at the market.

b The girl won't buy the reduced items because they are too expensive / they go against her principles / there isn't a handbag she likes.

c The belt costs € 10 with 20% discount / € 20 with 20% discount / € 20 with 10% discount.

- Talking about a sports event you have been to
- Using a range of tenses

1 Lies die Informationen über die Bw-Olympix und beantworte die Fragen auf Englisch.

Bw-Olympix '09

Die Bw-Olympix sind ein großes Teamsport-Event für 16- und 17-Jährige aus ganz Deutschland. Es wird von der Bundeswehr veranstaltet und dieses Jahr standen vier verschiedene Trendsportarten auf dem Programm: Beachvolleyball, Beachhandball, Streetball und Minisoccer. Das Event fand am Wochenende vom 30. Mai zum 1. Juni statt und es nahmen über tausend Jugendliche teil. Wenn du dieses Jahr weder Zuschauer noch Teilnehmer warst, komm doch einfach nächstes Jahr mal vorbei – es wartet jede Menge Spaß auf dich!

1. What sort of an event is the Bw-Olympix?
2. Who organises the event?
3. What sort of sports were featured this year?
4. When did the event take place?
5. How many people participated?
6. Who in particular does the writer invite to come along next year? (2)

2 Hanna spielt in einer Basketballmannschaft. Finde folgende Ausdrücke (1–8) in Hannas E-Mail.

Hallo Jessica, Martha und Ellie,

am Wochenende war ich mit meiner Mutter bei den Bw-Olympix, weil mein Bruder und sein Team „Feuerwerk" einen Platz beim Minisoccerturnier hatten.

Wir sind am Freitagvormittag ganz früh mit dem Zug nach Warendorf gefahren. Am Nachmittag haben wir Minisoccer und ein bisschen Streetball gesehen. Das war alles sehr lustig! Alles war super organisiert und am Abend haben wir im Hotel gegessen.

Am folgenden Tag bin ich erst zum Beachvolleyball-Platz gegangen, aber das Spiel fand ich etwas langweilig. Um elf Uhr war ich noch beim Streetball und das war geil. Mittlerweile hatte das Team „Feuerwerk" viel Erfolg beim Minisoccer und war ins Finale gekommen!

Am Sonntag sind wir natürlich sehr aufgeregt zum Fußballstadion gegangen, um das Finale zu sehen. Die Stimmung im Stadion war toll und sehr, sehr laut. Während des Spiels war ich sehr nervös und ich konnte weder essen noch trinken! Glücklicherweise war das Finale dann endlich zu Ende und das Team Feuerwerk hat gewonnen! Und der Preis? Ein großer Pokal und eine fünftägige Reise nach London mit Besichtigung des Wembley-Stadions! Ich bin sehr neidisch!

Nächstes Jahr möchte ich unbedingt beim Streetballturnier teilnehmen, weil das eine so schöne Erfahrung war!

Eure Hanna

1. at the weekend
2. on Friday morning
3. in the afternoon
4. in the evening
5. on the following day
6. at 11 o'clock
7. meanwhile
8. during the game

lesen 3

Lies die E-Mail aus Aufgabe 2 noch mal und wähl
die richtigen Antworten aus.

1 Hannas Bruder war Zuschauer / Teilnehmer / nicht beim Event.

2 Das Event war spannend / langweilig / schlecht organisiert.

3 „Feuerwerk" ist ein durchschnittliches / erfolgreiches / schlechtes Team.

4 Beachvolleyball / Die Bundeswehr / Die Stimmung hat Hanna besonders gut gefallen.

5 Hanna findet den Preis ihres Bruders super / OK / uninteressant.

hören 4

Hör dir die Nachrichten am Telefon an. (1–4) Wähl zwei
Bilder für jeden Jugendlichen aus.

schreiben 5

Schreib eine E-Mail an deinen deutschen Freund / deine deutsche
Freundin und erkläre ihm / ihr, was du alles auf einem sportlichen
Ausflug gemacht hast.

Saturday 14 April – Chelsea Cup Game
Bring water and a healthy packed snack
07:00   meet at club
09:00   arrive London
         (food break / free time to shop)
15.00   kick-off
17:30   meet back at bus + return home

Times:
People:
Purchases:
Food / drink:
Atmosphere:
Weather:
Opinion:

Wir sind am [Freitagvormittag] mit [dem Zug] nach [Warendorf] gefahren.				
Am Sonntag Am Nachmittag Am folgenden Tag	sind wir bin ich	zum [Fußballstadion / BeachvolleyballPlatz]	gegangen,	um [das Finale] zu sehen.
	haben wir	[Streetball]	gesehen.	
Während des Spiels	war ich	[sehr nervös] und ich konnte [weder essen noch trinken].		
Das Spiel / Turnier Die Stimmung	fand ich war	etwas / sehr	langweilig / laut.	
			lustig / geil / spannend / super.	

You are going to hear part of a conversation between a teacher and a student. Listen to the extract, then carry out the activities to help you prepare for your own speaking task.

Task: Leisure time

You are going to have a conversation with your teacher about your leisure time.

Your teacher could ask you the following:

- Why do we need leisure time?
- Which leisure activities you would recommend?
- What did you do last weekend (in your free time)?
- Which sports are you interested in?

- What would you prefer to do next weekend?
- Do you think we have too much free time?
- ! (A question for which you have not prepared.)

Preparation

1 Listening for extra information

1 The student is asked which leisure activities he would recommend. Which three activities does he mention?

2 What extra information does he give about the first activity? Is his opinion positive or negative? What clues did you hear?

3 How does he describe the third activity? Are these words positive or negative? What extra information does he give to develop his answer?

2 Listening for tenses and linking words

1 The student uses four different tenses to talk about last weekend. Can you name three of them and give an example of each one?

2 Which of the following linking words does he use? Make a note of what they all mean.

| a allerdings | b anschließend | c danach | d dann | e jedoch |
| f leider | g nachher | h manchmal | i sofort | j übrigens |

3 Can you pick out two opinions expressed?

3 Listening for tenses and opinions

1 The student manages to use four different tenses when talking about sport. Can you pick them out, each time with an example? You may need to look at the transcript.

2 Which of these opinion phrases does he use? Sort them into two groups, positive and negative, and check their meaning.

a Sport macht irrsinnig Spaß
b das ist spannend
c das ist anstrengend
d es lohnt sich
e ich finde es schade
f der größte Vorteil
g das wäre eine schöne Erfahrung

Tipp

- um ... zu (*in order to*)
  Wir sind in eine Pizzeria gegangen, um etwas zu essen.
  We went to a pizzeria (in order) to eat something.
- Include both *um* and *zu* in German. You must have an infinitive after *zu*.

Useful language

Subordinating conjunctions

als	when [in the past]
da	as, because
dass	that
nachdem	after
weil	because
wenn	if, when

e.g. **Als** ich vier Jahre alt war,
Nachdem ich für die Schule gelernt hatte,
Das gefällt mir, **da** ich relativ talentiert bin.

Time phrases

anschließend	afterwards, subsequently
danach	after that, after it
dann	then
erstens	firstly, first of all
inzwischen	in the meantime, meanwhile
nachher	afterwards, later
seitdem	since then
zweitens	secondly

e.g. **Danach** sind wir in eine Pizzeria gegangen.
Dann habe ich auf meinem Laptop im Internet gesurft.

Over to you!

- From your notes and the vocabulary lists at the end of the chapter gather together all the words and phrases you want to use to talk about your free time and leisure. What aspects are you going to mention as you answer the questions from the task – remember you will need to introduce a range of time references and opinions.

GradeStudio

To make sure you have a chance of getting a **grade C** in your speaking, you should:
- give your opinions e.g. *Lesen ist ideal; Schwimmen macht Spaß; Einkaufen ist anstrengend.*
- remember *ich möchte* for when you want to talk about future plans e.g *Ich möchte den neuen Film sehen.*

If you are aiming for a **grade A**, you should also:
- develop and expand the conversation! Go beyond just a straightforward answer to the question to make sure you give all the details you have prepared and wanted to say on this topic.
- remember the golden rules of word order: a) Time Manner Place
  e.g. *Ich möchte unbedingt nächsten Winter mit meinen Freunden nach Österreich fahren.*
  b) after subordinating conjunctions e.g.
  *Der größte Vorteil vom Kino ist, **dass** man keine Ausrüstung braucht und das Verletzungsrisiko gering ist.*

If your goal is an **A***, you need to do all of the above and:
- show that you understand the German system of genders and cases. Use the dative case correctly after *mit* and *bei* e.g. *mit Freunden, beim letzten Wettbewerb* and the genitive after *wegen* e.g. *wegen des schlechten Wetters.*
- use a wide range of structures, verb tenses and forms – include the pluperfect e.g. *ich **hatte** für die Schule gelernt* or the conditional e.g. *ich **würde** gern Ski fahren, wenn wir hier Berge **hätten*** or more complex vocabulary relevant to the topic e.g. *Verletzungsrisiko* (risk of injury), *künstliche Skipisten* (dry ski slopes).

Ein Mini-Marathon

November

Ende Juni nächsten Jahres werde ich einen Mini-Marathon laufen, weil meine Freundin mich dazu überredet hat. „Bloß 10 Kilometer", hat sie gesagt. Das klingt so leicht! Aber ich habe so etwas noch nie gemacht. Ich bin, ehrlich gesagt, ziemlich faul. Am Samstag bin ich zum Beispiel erst um elf Uhr aufgestanden, obwohl ich nicht besonders spät ins Bett gegangen war. Und ich weiß, dass ich nicht besonders gesund esse. Ich esse zu viele Kekse und kaum Obst oder Gemüse. Wie werde ich es schaffen?

Januar

Gestern bin ich zum ersten Mal zwei Kilometer gelaufen. Danach war ich aber erledigt! Ich bin im Park in der Nähe von meiner Wohnung gelaufen, und alle Leute haben mich angeglotzt, weil niemand sonst in unserem Park läuft. Meine Freunde denken, dass ich verrückt bin. Was soll's? Gestern habe ich mich für das Rennen eingetragen und ich habe das Formular abgeschickt.

März

Gestern hat es geregnet, als ich gelaufen bin, und ich bin pudelnass geworden. Und heute bin ich erkältet und kann kaum aufhören, zu niesen. Und ich wollte fitter werden!

Mai

Ich habe ein Kilo abgenommen! Ich versuche, sowohl weniger Kekse als auch mehr Gemüse zu essen. Ich habe mich daran gewöhnt, dass ich um halb sieben aufstehe und vor der Schule trainiere. Gestern bin ich fünf Kilometer gelaufen – weiter als je zuvor.

Juni

Jetzt sind es nur noch zwei Wochen bis zum Mini-Marathon, und ich habe Schmetterlinge im Bauch. Werde ich 10 Kilometer laufen können? Ich trainiere dreimal die Woche mit meiner Freundin zusammen, und sie läuft schneller als ich. Ich habe Angst. Wie ist es, wenn ich plötzlich nicht mehr laufen kann? Ich möchte mich nicht vor meinen Freunden blamieren.

Juli

Vor einer Woche fand der Mini-Marathon statt – und ich habe es bis zum bitteren Ende geschafft! Es war der schönste Tag meines Lebens!

---

1 Expressions with *weil, dass, als, obwohl* + verb at the end of the sentence.
Find a clause with each connective. Write them in German and in English.
e.g. *weil niemand sonst hier in unserem Park läuft – because nobody else runs in our park.*

2 Verbs in the perfect tense. Write the past participles of the following verbs.

a aufstehen *to get up* ich bin ...	**b** *laufen to run* ich bin ...
c sich eintragen *to register* ich habe mich ...	**d** werden *to become* ich bin ...
e stattfinden *to take place* es hat ...	

3 Find and write out the German expressions.

a to be honest	**b** I got soaked	**c** I've got used to getting up at 6.30
d further than ever before	**e** I've got butterflies in my stomach	**f** to the bitter end

Over to you!

You have entered a competition which will involve strenuous preparation, e.g. a sponsored cycle race. Write three to five entries in a blog for German friends who are sponsoring you.

First read the tips below. Then write at least 200 words in German. You could include:

- a description of the event which you have entered yourself for.
- how you will have to prepare yourself for the event.
- a contrast of the preparation with the sort of life you have led so far.
- your feelings before and after the event.

Tipp

- Make sure you include all the information which the task requires.
- Avoid repetition.
- When you've finished writing, check your blog for word order:
  e.g. inversion (verb 2nd idea) if the sentence starts with a time phrase (e.g. *gestern*); verb at the end after connectives (e.g. *weil, dass, als, obwohl*).

Grade**Studio**

To make sure you have a chance of getting a **grade C** in your writing, you should:

- use a range of tenses.
  e.g. *Ich trainiere jeden Tag.* (I train every day).
  Werde ich es schaffen? (Will I manage it?)
  Gestern bin ich früh aufgestanden. (Yesterday I got up early.)
- say how you feel or felt.
  e.g. *Ich fühle mich wohl.* (I feel well.)
  Ich bin glücklich. (I feel happy.)
  Ich war total erledigt. (I was totally shattered.)

Now you try it! 1

Write the sentences in German.

1 *I feel totally shattered, but I train every morning.*
2 *On Sunday I got up at half-past six and I was happy.*

If you are aiming for a **grade A**, you should also:

- use connectives like *weil, dass, als, wenn*.
  e.g. *Ich habe Angst, weil ich so etwas noch nie gemacht habe.*
- use expressions with verb + *zu* + infinitive.
  e.g. *Ich **versuche**, weniger Kekse **zu essen**.*
  *Ich kann kaum **aufhören, zu niesen**.*

Now you try it! 2

Connect the clauses. Write the words in brackets in the right order.

1 Meine Freunde sagen, dass (ich / bin / verrückt).
2 Ich hatte Angst, als (ich / habe / angefangen).

If your goal is an **A***, you need to do all of the above and:

- broaden your range of vocabulary by using and adapting some expressions from the blogs.
  e.g. the phrases in exercise 3 on page 180:
  ehrlich gesagt, ich bin pudelnass geworden ...
- include superlatives:
  e.g. *Es war **der schönste/schwierigste** Tag meines Lebens.*

Now you try it! 3

Write the sentences in German.

1 *To be honest I got soaked but I ran to the bitter end.*
2 *I've got used to getting up earlier than ever before.*

Hör- und Lesetest

- Listening and reading for specific detail, including numbers
- Recognising synonyms and paraphrase
- Coping with unfamiliar language

The activities on these two pages are designed to help you develop the listening and reading skills you will need in your GCSE exam.

Listening

1 **Listen to the report. Note which word you need to complete each sentence. Choose from the box below.**

a a third	**b** different	**c** two hours	**d** less	**e** fun	**f** one hour
g more	**h** practical	**i** two thirds	**j** 100%	**k** the same	

> *Example*:   100%   of young people surf the net.
>
> **1** Young people spend [   ] a day surfing the net.
> **2** Adults watch [   ] TV than young people.
> **3** [   ] of people over 60 use the internet.
> **4** A few years ago this was quite [   ].
> **5** Most people get information off the net but for many the [   ] aspect is also important.

2 **How do people use the different media? Choose the four correct pictures.**

⭐ Tipp

Listen out for synonyms (different words or phrases with identical meanings) and paraphrase (using other words to restate a sentence).
- Did you hear *120 Minuten* (*täglich*) in the report? Were you then able to match this with two hours in the answers to score the point? This is just another way of saying the same thing.
- Can you find synonyms for *jeder dritte über 60* or for *zwei von drei Erwachsenen*?

Reading

Laura Wiesmann, Kitesurf-Weltmeisterin

Ich habe 2005 auf Fuerteventura mit dem Kitesurfen begonnen. Ich hatte dort einen Job und verbrachte meine Pausen auf dem Wasser. Kitesurfen ist etwas Unglaubliches! Man gleitet schnell übers Wasser und fliegt durch die Luft. Ich bekomme immer ein extremes Freiheitsgefühl dabei.

Zurzeit bin ich in Australien, aber eigentlich bin ich das ganze Jahr fürs Surfen unterwegs. Von April bis September reise ich von einem Event zum nächsten und in der Winterpause trainiere ich an Orten, wo es warm und windig ist. Ich versuche, zweimal am Tag auf dem Wasser zu trainieren – vormittags und auch nachmittags. Natürlich hängt das vom Wind ab: Wenn es sehr windig ist, geht das nicht. Am Abend mache ich Übungen für meine Schultern. Ich reise fünf Tage vorher an, um mich auf ein Event vorzubereiten. So kann ich üben und den Ort kennen lernen. Der Tag vor dem Wettkampf ist ein Ruhetag, damit meine Muskeln fit sind, wenn es los geht.

Kite-Orte gibt es jede Menge auf der ganzen Welt. Besonders gern mag ich die Orte in Brasilien. Wer Kitesurfen lernen möchte, sollte einen Anfängerkurs an einem Trainingsort machen. Kleine Fehler können bei dieser Sportart gefährlich sein. Durch die Unterrichtsstunden findet man heraus, wie viel Spaß man dabei haben kann.

1 Read the magazine article above and then read the following sentences. For each sentence, write T (True), F (False), or NT (Not in the Text).

a)	Laura has never worked on Fuerteventura.
b)	Laura really enjoys flying through the air.
c)	Laura has taken part in a competition in Australia.
d)	Laura is often at home.
e)	Laura usually trains only in the morning.
f)	Laura's training programme is affected by the wind.
g)	Laura eats lots of protein the day before a competition.
h)	Laura thinks beginners should have lessons in kite-surfing.

Tipp

- If you do not know a particular word, don't panic! Perhaps you can deduce the meaning from the gist.
- e.g. in the sentence *Man gleitet schnell übers Wasser* you might not know *gleitet*. What can you tell from the rest of the sentence? It is something you do quickly over water.
- Does the word look like an English word – i.e. is it a near-cognate? Could you make a guess? If not, think of other rules you may know e.g. sometimes a *t* in German is a *d* in English (*Tochter – daughter*). This might help you make the link between *gleitet* and *glides*.

2 Complete each of the following sentences with one of the words or phrases that follow. Note the correct letter.

a) Kite-surfing makes Laura feel …
- (i) lonely
- (ii) free
- (iii) unbelievable

b) There are competitions …
- (i) in winter
- (ii) the whole year round
- (iii) in summer

c) You can do kite-surfing …
- (i) only in Brazil
- (ii) in lots of places
- (iii) everywhere

d) Kite-surfing is …
- (i) fun
- (ii) not dangerous
- (iii) only for experts

Describing your free time activities

Was machst du gern in deiner Freizeit?	*What do you like doing in your free time?*
Ich ...	*I ...*
chatte gern mit Freunden [online]	*like chatting [online] with friends*
faulenze / ruhe mich aus	*laze / rest*
gehe [nie] auf Partys	*[never] go to parties*
gehe [oft] mit Freunden aus	*[often] go out with friends*
höre [immer] Musik	*[always] listen to music*
ruhe mich [selten] aus	*[rarely] relax*
sammle Karten	*collect cards*
sehe [abends] fern	*watch TV [in the evenings]*

spiele / übe [häufig] ein Instrument	*[often] play / practise an instrument*
spiele Computerspiele	*play computer games*
spiele Fußball	*play football*
spiele mit der Band	*play with the band*
surfe [ab und zu] im Internet	*surf the net [now and again]*
telefoniere [regelmäßig]	*[regularly] phone*
treibe [mittwochs] Sport	*do sport [on Wednesdays]*
Das mache ich [nie / jeden Tag / oft].	*I [never do] that / do that [every] day / do that [often].*
täglich / zweimal in der Woche / jedes Wochenende	*daily / twice a week / every weekend*

Say what you did last weekend

Am Sonntag ...	*On Sunday / On Saturday evening ...*
Am Samstagabend ...	
Letztes Wochenende ...	*Last weekend ...*
Letzte Woche ...	*Last week ...*
Letzten Sonntag ...	*Last Sunday ...*
habe ich Fußball gespielt	*I played football*
habe ich Flöte gespielt	*I played the flute*
habe ich ein T-Shirt gekauft	*I bought a T-shirt*
habe ich ferngesehen	*I watched TV*
habe ich ein Buch gelesen	*I read a book*

bin zu Hause geblieben	*I stayed at home*
bin ich ins Kino gegangen	*I went to the cinema*
bin ich einkaufen gegangen	*I went shopping*
sind wir in die Stadt gefahren	*we went into town*
Das war [sehr] ...	*That was [very]*
lustig	*funny*
langweilig	*boring*
toll	*great*
Das hat mir [sehr gut] gefallen.	*I [really] liked that.*
Das hat [wirklich] Spaß gemacht.	*That [really] was fun.*

Talking about sports

Ich habe nie / oft / manchmal ... probiert	*I have never / often / sometimes tried ...*
Klettern	*climbing*
Rollschuhlaufen	*rollerskating*
Angeln	*fishing*
Inline-Hockey	*inline-hockey*
Kitesurfen	*kite surfing*
Laufen	*running*
Fußball	*football*
Wasserskilaufen	*waterskiing*
Eislaufen	*ice-skating*
Fallschirmspringen	*parachuting*
Bogenschießen	*archery*
Reiten	*riding*

Handball	*handball*
Letztes Jahr habe ich ... gespielt.	*Last year I played ...*
Ich finde [Tennis] ...	*I find [tennis] ...*
teuer	*expensive*
gefährlich	*dangerous*
anstrengend	*tiring*
schwierig	*difficult*
Ich würde gern [Bogenschießen] probieren, weil das [cool] aussieht.	*I'd like to try [archery] because it looks [cool].*
Wenn ich älter bin, werde ich [Wasserskilaufen] sicher mal probieren.	*When I am older I will definitely try [water skiing].*

Discussing pocket money

In der Grundschule habe ich [€ 3] pro Woche bekommen.	*At primary school I got [€ 3] per week.*
Als Teenager bekomme ich [€ 80] im Monat Taschengeld.	*As a teenager I get [€ 80] pocket money each week.*
Ich habe einen Teilzeitjob.	*I've got a part-time job.*

Ich verdiene [€ 100] im Monat.   *I earn [€ 100] a month.*
Ich gebe mein Geld für ... aus   *I spend my money on ...*
- Klamotten   *clothes*
- Schuhe   *shoes*
- Musik   *music*
- Zeitschriften   *magazines*

Talking about shopping for clothes

Ich kaufe gern ...   *I like buying ...*
- neue   *new*
- schicke   *trendy*
- ethische   *ethical*
- bequeme   *comfortable*
- billige   *cheap*
- Jacken   *jackets*
- Hosen   *trousers*
- Anzüge   *suits*
- Trainingsanzüge   *tracksuits*
- Badeanzüge, -hosen   *bathing costumes / trunks*
- Gürtel   *belt[s]*
- Hausschuhe   *slippers*
- Sonnenbrillen   *sunglasses*
- Mützen   *hats*
- Röcke   *skirts*
- Sandalen   *sandals*
- Schuhe   *shoes*

Ich kaufe meistens / oft / immer ... ein.   *I mostly / often / always buy ...*
- im Internet   *online*
- im Flohmarkt   *at the market*
- im Modeladen   *at the fashion shop*
- im Warenhaus   *at the [department] store*
- im Kaufhaus   *at the department store*

Ich gehe [nicht so gern] einkaufen.   *I [don't really like] shopping.*
Ich gehe [nur selten / zweimal pro Jahr] einkaufen.   *I [rarely] go shopping / I go shopping [twice a year.]*

Mir ist der Preis besonders wichtig.   *The price is really important to me.*
Mir ist das Label [ziemlich / sehr wichtig].   *The label is [quite / very important to me].*
Mir ist die Mode [gar nicht] wichtig.   *Fashion is [not at all] important to me.*

Talking about your look

Ich bin ein Emo / Goth / Punk / Skater / Individualist.   *I'm an emo / a goth / a punk / a skater / an individual.*

Ich treffe mich [am Wochenende] mit [meinen Freunden Freundinnen] in [der Stadt].   *I meet [my friends] [in town] [at the weekend].*

Wir gehen [oft] in den Musikladen.   *We [often] go to the music shop.*
Wir gehen [oft] zum Skatepark.   *We [often] go to the skate park.*

Wir sind gern zusammen.   *We like being together.*
Wir ziehen uns [schwarz] an.   *We dress in [black].*
Ich trage ...   *I wear ...*
- lässige Shorts   *baggy shorts*
- ein T-Shirt.   *a T-shirt*
- eine Mütze   *a hat*
- einen Kopfhörer   *headphones*

Describing a sporting event you went to

Wir sind am [Freitagvormittag] mit [dem Zug] nach [Warendorf] gefahren.   *We went on [Friday morning] by [train] to [Warendorf].*

Am Nachmittag ...   *In the afternoon ...*
Am folgenden Tag ...   *On the following day ...*
- sind wir zum [Fußballstadion] gegangen, um [das Finale] zu sehen   *we went to the [football stadium] to watch [the final]*
- haben wir [Streetball] gesehen   *we watched [streetball]*
- bin ich zum [Beachvolleyball Platz] gegangen   *I went to the [beach volleyball pitch]*

Das Spiel fand ich etwas ...   *I found the match rather ...*
Die Stimmung war ...   *The atmosphere was ...*
- lustig   *fun*
- spannend   *exciting / tense*

1 Read the texts and then copy and fill out the Venn Diagram. The left hand side is for activities that Christian does, the right hand side for his mother and the central portion for activities that they both do.

Christian
Er besucht Chatrooms.

Christian und seine Mutter
Sie hören Musik.

Christians Mutter Lotte
Sie spielt Wii.

Christian und seine Mutter Lotte sprechen über die Rolle der Medien in ihrem Leben

Die Medien sind mir sehr wichtig. Ich verbringe viel Zeit am Computer. Abends nach dem Abendessen bin ich normalerweise mit Freunden online. Wir besuchen Chatrooms und ich benutze MySpace. Ich lade Fotos hoch oder ich spiele online mit Freunden aus aller Welt. Mein Handy ist auch wichtig. Ich kann im Internet surfen oder Musik und Videos mit Freunden teilen. Ich sehe auch fern, aber ich kann auch am PC Sendungen herunterladen oder am Handy fernsehen. Zeitungen lese ich online. Ich bin aber nicht immer verbunden. Ich höre gern Musik und ich gehe oft ins Konzert.
Christian

Ich benutze den Computer zum Einkaufen und für meine E-Mails bei der Arbeit. Aber zu Hause surfe ich selten im Internet. Mein Sohn hat für mich eine MySpace-Seite geschrieben, aber ich interessiere mich nicht dafür.
Ich spiele aber gern Wii. Ich sehe oft fern, besonders Seifenopern und Quizsendungen. Ich mag Musik und höre oft CDs oder meinen i-Pod – ich lade ab und zu Musik herunter. Ich lese auch gern, besonders Krimis oder Zeitschriften über Autos!
Lotte (Christians Mutter)

2 Read the texts again and identify whether it's Christian, Lotte or Christian and Lotte.

Who …

1 says that they are not always online?
2 uploads data onto a networking site?
3 downloads music?
4 reads newspapers?
5 has a MySpace site?
6 thinks that their mobile phone is important?
7 uploads photos?
8 enjoys soap operas?

3 Write a text about yourself similar to the ones above. Swap the text with a partner and then complete a Venn Diagram for yourself and your partner as in exercise 1.

lesen 1 Read the text and make notes on each of the English headings.

Ich verbringe ganz viel Zeit am Computer. Ich schreibe oft mein Blog – wie im Moment!
Ich habe online viele Freunde und ich benutze MySpace und besuche Chatrooms, um mit ihnen zu sprechen. Wenn ich MySpace benutze, lade ich Fotos und Videos hoch, um sie meinen Freunden zu zeigen. Ich benutze auch das Internet für Informationen für meine Hausaufgaben oder ich surfe einfach online.

Musik ist auch wichtig für mich. Ich höre gern Heavymetal-Musik – sie macht mir gute Laune.
Ich finde das rhythmisch und dynamisch – Rockmusik hat einen guten Beat. Popmusik finde ich oft langsam und melancholisch. Ich lade Musik vom Internet herunter und ich benutze iTunes dafür. Ich höre ganz oft Musik – abends, wenn ich im Internet surfe, im Schlafzimmer oder bei Freunden.

Johanna

Ich sehe nicht so oft fern. Aber ich mag Musiksendungen, weil ich neue Bands hören kann.
Dadurch kann ich entscheiden, ob ich das Album herunterladen werde. Ich mag auch Krimis, weil sie oft interessant sind und ich mag auch Seifenopern – aber abends verbringe ich meine Zeit lieber mit Freunden oder online. Komödien kann ich nicht leiden!

Ich mag Filme und ich gehe fast einmal in der Woche ins Kino – oft am Samstag mit Freunden.
Neulich haben wir *Ozeans 13* gesehen. George Clooney, Brad Pitt und Matt Damon spielen die Hauptrollen in diesem Film, der in der Gangsterwelt handelt. Einer der Hauptcharaktere will ein neues Hotelcasino in Las Vegas errichten. Die Geschichte ist kompliziert, aber der Film ist schon gut.

| What she uses the computer for. | What music she listens to and why. | What TV programmes she likes and dislikes. | What she thinks of the recent film she saw. |

schreiben 2 Using the same categories and adding more information as necessary, write a similar text for you.

lesen 3 Read the article and list ten activities in German and English that you can do with an online profile.

MySpace, Facebook, Bebo –
Warum sollte man ein Online-Profil haben?

Viele junge Leute sind immer online. Sie haben ihr eigenes Profil bei MySpace oder Facebook. Es ist ganz einfach, mit Freunden in Kontakt zu bleiben, wenn man ein Profil hat. Man kann Fotos oder Musik hochladen und dann kann man die Fotos oder Videos mit Freunden teilen. Mails und Nachrichten kann man sofort schicken. Man kann Kommentare oder Blogs schreiben – und das alles kostenlos! Es gibt Treffpunkte für besondere Gruppen, Events oder Schulen. Und man hat Freunde aus aller Welt und aus allen Kulturen.

lesen 1 Read the advert and find the expressions (1–8) in the text.

Ferienwohnung in Innervillgraten, Osttirol

- Unsere schöne Ferienwohnung liegt in einer ruhigen, sonnigen Lage etwa 4 km außerhalb des Dorfes und kostet €80 pro Tag (inkl. Strom).
- Es gibt viele Sportmöglichkeiten in der Umgebung, wie z. B. Skifahren, Snowboarden, Wandern, Nordic Walking, Paragliding.
- Von April bis September haben wir ganz in der Nähe der Wohnung einen Radverleih und freitags gibt es geführte Tageswanderungen in den Bergen. Sie können das am Tag vorher reservieren.

- Leider gibt es keine Einkaufsmöglichkeiten im Ort selber, aber es gibt ein kleines Lebensmittelgeschäft 2 km entfernt, das montags bis samstags offen ist.

- Wenn Sie mit dem Zug anreisen möchten, gibt es einen Bahnhof in Sillian (10 km entfernt) und Sie können dann weiter mit dem Taxi hierher fahren.
- Die Ferienwohnung ist ganzjährig geöffnet und hat zwei Doppelzimmer, eine Küche mit Essecke und eine Dusche.
- Haustiere sind nicht erlaubt.
- Alle unsere Ferienwohnungen sind Nichtraucher.

1 holiday flat
2 electricity
3 in the area
4 shopping opportunities
5 by train
6 all year round
7 pets
8 non-smoker

lesen 2 Read the advert again and find the four correct sentences below.

1 Die Ferienwohnung liegt in einer Großstadt.
2 Man kann in der Gegend verschiedene Sportarten ausprobieren.
3 Im Sommer gibt es einen Radverleih.
4 Das Dorf hat kein Geschäft.
5 Wenn man mit dem Zug fährt, kommt man direkt im Ort an.
6 Man kann in der Ferienwohnung selber kochen.
7 Im Winter kann man in der Wohnung nicht übernachten.
8 Man darf seinen Hund mitbringen.

schreiben 3 Write an advert for German tourists for one of the places below.

YORK

- Central location, double rooms, breakfast, close to shops / sights, museums
- Rooms at £100 per person per night
- Good transport links: car, coach, train, plane

✦ Wales ✦

- ✦ Southwest coast
- ✦ Quiet location, walks, swimming, cycling, riding
- ✦ Caravans available
- ✦ Pets welcome

Teenage sport camp in
Norfolk

- Lots of sports facilities
- Shared rooms in youth hostel
- Parties, discos
- Reasonable price

lesen **1** Read the blogs about holiday experiences. Which blog does each picture (a–f) below belong to?

1

Ich bin erst gestern aus dem Urlaub zurückgekommen, aber mein Rucksack ist noch in Griechenland geblieben! Ja, ja, den hat man unterwegs auf dem Flughafen verloren, also sitze ich wieder zu Hause ohne Fotos, Andenken und viele Kleidungsstücke!

Trotzdem war der Urlaub totaler Wahnsinn – er war mega spitze! Ich war zwei Wochen in einem Sportcamp auf Korfu und die Insel hat mir total gefallen. Ich bin jeden Tag schwimmen gegangen und ich habe auch viele neue Sportarten wie Beachvolleyball und Klettern ausprobiert.

Abends habe ich mit den anderen Jugendlichen im Strandlokal gechillt und wir haben köstliches Essen gegessen. Wir haben auch oft getanzt, weil es Livemusik gab und an einem Abend gab es eine tolle Disko im Freien.

Nächstes Jahr möchte ich unbedingt wieder ins Camp fahren, weil es jede Menge Spaß gemacht hat.
Jan

2

Ich war dieses Jahr eine Woche in England. Ich habe bei meinen Cousinen übernachtet und am ersten Tag habe ich mit ihnen Cricket gespielt. Das war ein lustiges Erlebnis für mich, wie auch „Maypole Dancing"! Das war was ganz anderes und es hat viel Spaß gemacht, weil es so lustig war!

An einem Tag habe ich alleine die Stadt Bath besucht, weil meine Cousinen zum Zahnarzt mussten. Ich bin mit dem Bus dorthin gefahren und ich fand die Stadt sehr schön. Ich habe zuerst eine Stadttour gemacht und ich habe viele Fotos gemacht.

Nach der Tour bin ich einkaufen gegangen und dann habe ich eine Pause im Park gemacht. Leider bin ich im Park eingeschlafen, weil ich sehr müde war, und ich bin erst eine Stunde später aufgewacht. Ich habe den letzten Bus verpasst und meine Tante ist in die Stadt gefahren, um mich abzuholen!
Luisa

esen **2** Select the four topics which are mentioned in the blogs.

Sports activities Weather Types of transport Prices

Problems Scenery Months Opinions

chreiben **3** Use these notes to help you write a blog about your holiday experiences.

Wohin? Wie? Wann?
Unterkunft
Essen/Trinken
Aktivitäten
Problem

Extra A 3 Unser Schulleben

lesen 1 Are these sentences in the past, present or future tense?

1 Ich bin um sechs Uhr aufgestanden.

2 Wir werden alles auf dem Computer schreiben.

3 Ich bin froh, dass ich keine Uniform tragen muss.

4 Die Mitschüler haben mich dauernd gemobbt.

5 Hier wird man die Schule gar nicht stressig finden.

6 Deutsch finde ich sehr interessant und nützlich.

lesen 2 Read Kai's school report and match the words to their definitions.

Englisch [4]
Dieses Jahr hat Kai viele Schwierigkeiten gehabt. Er hat gar nicht gut aufgepasst und hat oft seine Hausaufgaben nicht gemacht. Er hat auch viermal den Englischunterricht geschwänzt.

Deutsch [3]
Ein gutes Jahr für Kai! Deutsch ist sicher nicht sein Lieblingsfach, aber er hat die Hausaufgaben immer pünktlich gemacht und hat auch manchmal gute Noten bekommen. Kai ist ein freundliches und hilfsbereites Mitglied der Klasse.

Chemie [5]
Chemie fällt Kai schwer und dieses Jahr hat er viele Probleme damit gehabt. Leider ist er auch oft zu spät zum Labor gekommen, weil er lieber auf dem Schulhof Fußball spielt. Wenn er bessere Noten bekommen will, muss er noch fleißiger arbeiten.

Sport [1]
Kai ist sicher sportlich begabt. Es ist auch sehr positiv, dass er nach der Schule so viele Sport-AGs macht. Wenn das so weiter geht, wird er in Zukunft vielleicht Sportler werden!

VOM DIREKTOR
Ein gemischtes Jahr für Kai. Er muss sich merken, dass Markenkleidung an der Schule verboten ist und man im Unterricht kein Kaugummi kauen darf. Kai hat aber viele gute Kommentare bekommen und hoffentlich wird er sich nächstes Jahr noch mehr bemühen, und noch bessere Noten haben.

1 der Direktor
2 das Zeugnis
3 verboten
4 der Unterricht
5 schwänzen

a wenn man nicht zur Schule / zum Unterricht geht
b eine Stunde, wie Englisch, Deutsch usw.
c der Chef einer Schule
d nicht erlaubt
e ein Bericht über das Schuljahr

lesen 3 Answer the questions in English about Kai's report.

1 Which subject did Kai get the worst grade in?
2 What is Kai's favourite subject?
3 What does Kai's German teacher think of him?
4 What does Kai often do after school?
5 What did Kai do four times in English?
6 What does the headteacher hope will happen next year?

esen **1**

Read Lisa's diary and match the times to the correct pictures.

Montag

Ich wache auf. Es ist acht Uhr dreizehn. Ich habe den Wecker um sechs Uhr nicht gehört. Ich springe aus dem Bett, dusche und ziehe mich schnell an. Einen alten Jeans-Rock, rote Strümpfe und einen weißen Pullover. Genau wie gestern. Tschüss, Mutti. Tschüss, Vati.

Um halb neun hole ich mir das Rad aus dem Keller und bin auf dem Weg zur Schule. Ich komme erst um zehn nach neun in der Schule an. Meine Freunde warten schon auf mich: „Was ist passiert?" „Funktioniert das Handy nicht?" „Herr Bittelberger will dich sehen."

Herr B. ist unser Direktor. Er ist sehr streng, aber auch fair. Ich bin schon öfters zu spät zur Schule gekommen, aber jetzt ist es ernst und ich werde sicher Ärger bekommen. Ich gehe zum Direktor. Um fünf vor zehn klopfe ich an die Tür.

Herr B. sitzt auf dem Sessel und grinst. „Lisa", sagt er, „dein Vater hat erst jetzt angerufen und alles erklärt. Gratuliere – du hast eine neue Schwester, nicht? Kein Wunder, dass du spät zur Schule kommst!"

Dienstag

Unsere Schule ist eine Gesamtschule und hat viele AGs, und dienstags mache ich immer Chor-AG, aber meine neue Schwester hat die ganze Nacht durch geschrien und ich habe gar nicht geschlafen.

Heute habe ich keine Lust, zur AG hinzugehen, also fahre ich um Viertel nach zwei mit meiner besten Freundin in die Stadt und wir sitzen im Café und plaudern zusammen.

Um halb vier fahre ich nach Hause und helfe meiner Mutter mit dem Baby. Das macht viel Spaß, aber nach einer Weile wird es ein bisschen langweilig, also gehe ich in mein Zimmer und höre bis sieben Uhr Musik.

1 14:15	**4** 08:30
2 09:10	**5** 06:00
3 08:13	**6** 19:00

esen **2**

Read Lisa's diary again.
Are these statements true (T), false (F) or not in the text (N)?

1 On Monday Lisa didn't hear the alarm clock.

2 Lisa has never worn the same clothes to school two days running.

3 Lisa goes by car to school.

4 Lisa's mobile phone is not working.

5 Lisa doesn't have a father.

6 On Tuesdays Lisa usually does a musical after school club.

7 This Tuesday Lisa went to a café with her friend.

8 Lisa never gets bored of looking after her sister.

9 Lisa has got an MP3 player in her room.

chreiben **3**

Write a diary about a week at your school.

1 Read the texts and answer the questions in English for each person.

1 Which family members do they mention?

2 How do they get on with their family members?

3 What are arguments usually about?

4 According to the speaker, what makes a good friend?

Suzanne

Ich wohne mit meiner Mutter und meinem Bruder zusammen. Ich komme sehr gut mit meiner Mutter aus, weil sie freundlich und sehr geduldig ist – sie ist oft gut gelaunt. Sie hat immer Zeit für mich. Mein Bruder geht mir auf die Nerven. Er ist immer frech und egoistisch. Er spricht fast nie mit mir! Mein Bruder und ich streiten über Hausarbeit. Ich helfe immer zu Hause und er macht nichts. Ich habe viele gute Freunde. Für mich ist ein guter Freund jemand, der mit dir über alles redet und dich akzeptiert.

David

Zu Hause gibt es meinen Vater, meine Mutter und meinen Bruder. Es gibt immer Streit zu Hause! Ich komme gut mit meinem Bruder aus, aber meine Eltern sind total streng und sie gehen mir immer auf die Nerven. Meine Mutter ist oft schlecht gelaunt, weil sie zu viel arbeitet und mein Vater ist egoistisch. Mein Bruder und ich gehen oft zusammen aus und wir sind sehr gute Freunde. Für mich ist ein guter Freund kritiklos und er sollte alles vergeben. Mein Bruder hat immer Zeit für mich!

Lotte

Ich wohne mit meiner Oma und meiner Schwester zusammen. Ich verstehe mich sehr gut mit meiner Oma, aber ich komme nicht gut mit meiner Schwester aus. Meine Schwester und ich teilen ein Schlafzimmer und sie spielt immer mit meinen Sachen – sie ist immer am Computer und sie liest meine E-Mails. Meine Oma ist total lieb, aber vielleicht nicht streng genug. Für mich ist eine gute Freundin immer da für dich und nicht neidisch auf andere Freundinnen. Eine gute Freundin sollte nie gemein sein.

2 Imagine you are Samia. Use the notes in English to write a paragraph about your family life.

Live with father, mother, grandfather, sister.
Get on with parents (friendly and funny), love granddad
(good tempered), don't like sister (selfish and cheeky);
we argue about clothes and boys.
Good friend is not critical and loves you as you are.

lesen **1** **Read these chat-up lines and translate them into English.**

> Ich muss ein Lichtschalter sein. Jedes Mal, wenn ich dich sehe, machst du mich an!

> Hast du dir weh getan, als du vom Himmel gefallen bist?

> „Hast du Fieber?", „Nein, warum?", „Weil du von hier so heiß aussiehst."

> Ich hab in der Zeitung gelesen, dass Küsse glücklich machen. Darf ich dich glücklich machen?

> All diese Kurven, und ich ohne Bremsen.

> „Hi! Wie geht's dir?", „Gut!", „Ich hab gefragt, wie es dir geht, und nicht wie du aussiehst!"

lesen **2** **Read the letter. Find the German for the English phrases and answer the questions in English.**

Sehr geehrte Frau Biko,

für mich sind alle Menschen gleich. Alle Leute können liebevoll sein – wir haben alle Gefühle und wir haben alle Interessen. Wir sollten alle eine Chance bekommen – die Chance zur Schule zu gehen, die Chance genug zu essen zu haben, aber auch die Chance, ohne Diskriminierung zu leben. Jeder Mann und jede Frau hat das Recht, frei zu leben.

Udo Nwembe ist wegen seiner politischen Ideen im Gefängnis. Dieser Student muss frei kommen. Manche Leute haben eine andere Hautfarbe oder eine andere Religion. Manche Leute haben auch andere politische Ideen, aber sind nicht alle Menschen gleich? Ich bitte Sie, Udo Nwembe freizulassen.

Hochachtungsvoll

Jonathan Caudle

1 Are not all people equal?
2 We all have feelings.
3 I ask you to ...

4 The chance to live without discrimination.
5 In prison.
6 Some people have a different skin colour.

According to Jonathan:

7 In which ways are all people the same?
8 What similar chances should we all have?

9 Why is Udo in prison?
10 In which ways are some people different?

1 Read the comments about teenagers' lifestyles.
Which person do the statements 1–6 refer to?

Who ...

1 finds music a good way of relaxing?

2 has a healthy way of travelling to school?

3 has recently given up an unhealthy habit?

4 chooses a healthy option when they feel hungry?

5 has a sport for every season?

6 is saving up for a relaxing treat?

Wie gesund bist du?

a Ich gehe jeden Tag zur Sporthalle und trainiere dort eine halbe Stunde. **Melanie**

b Ich esse viel Gemüse und Obst. Wenn ich zwischendurch Hunger habe, esse ich immer einen Apfel oder eine Banane. **Antja**

c Ich finde das Leben ziemlich stressig, also chille ich abends immer im Zimmer und höre Musik. **Marcel**

d Letztes Jahr habe ich ein Spa-Wochenende gemacht. Das war wunderbar und ich spare jetzt auf das nächste Mal. **Hannah**

e Früher habe ich oft geraucht, aber im letzten Monat habe ich mit den Zigaretten Schluss gemacht, weil das so ungesund ist. Jetzt fühle ich mich viel besser. **Anton**

f Ich fahre immer mit dem Rad in die Schule – so bleibe ich fit! **Angela**

g In den Sommerferien mache ich lange Wanderungen und in den Winterferien fahre ich Ski – das ist mega spitze! **Maria**

2 Read the statements below and choose the correct answers.

1 Gestern habe ich mir beim Tennisspielen das rechte Bein verstaucht und jetzt muss ich das Bein zwei Tage lang ruhig **bleiben / stellen / treiben** .

2 Wenn man eine Erkältung hat, braucht man nicht zum Arzt zu gehen, weil er nichts dagegen machen kann. Am besten bleibt man zu Hause und trinkt viel Wasser oder Früchtetee, bis man wieder **nicht so gut / schlimmer / besser** wird.

3 Als Jugendlicher steht man unter großem Leistungsdruck, weil man dauernd Prüfungen machen muss. Auch muss man immer Hausaufgaben erledigen, und oft bleibt nur wenig **Zeit / Hilfe / Geld** zum Entspannen übrig.

4 Für mich ist es wichtig, schlank zu bleiben, also passe ich gut auf, dass ich gesund esse. Letzte Woche war ich aber im Urlaub und ich habe zu viel gegessen. Am Ende der Woche hatte ich drei Kilo **abgenommen / zugenommen / gewogen** . Jetzt halte ich Diät!

3 Write responses to the question: Wie gesund bist du?

Write at least five responses from teenagers with healthy lifestyles and five from teenagers with unhealthy lifestyles. Use the texts in exercise 1 above to help you.

lesen **1** Read the magazine extracts and match them to the correct topics (1–4).

Teenager stehen in Gefahr

a
Durch den steigenden Leistungsdruck in Schule und Freizeit leiden Jugendliche unter Stresssymptomen wie Kopf- und Bauchschmerzen, Schlafschwierigkeiten und Appetitlosigkeit. Wenn man diese Warnsignale ignoriert, kann das zu Alkohol, Drogen, Essstörungen oder Depressionen führen ... Stress kann man nicht vermeiden – man muss selber lernen, wie man am besten damit umgeht.

b
Übergewicht bei Kindern und Jugendlichen ist ein zunehmendes Problem in Deutschland. Derzeit sind 15 % der Kinder und Jugendlichen im Alter von 3 bis 17 Jahren übergewichtig oder adipös. Neben Übergewicht steigt auch die Häufigkeit von Erkrankungen wie z. B. Diabetes im Kindes- und Jugendalter. Jugendliche sollten jetzt einen gesunden Lebensstil haben, sonst werden sie in Zukunft große Probleme haben.

d
Bereits mit acht Jahren hat Julia in der Grundschule ihre erste Zigarette geraucht. In der Hauptschule rauchte sie schon zehn Zigaretten am Tag. Jetzt arbeitet Julia in einer Fabrik und die Raucherpausen mit den Kollegen machen ihr viel Spaß. „Die Arbeit ist stinklangweilig", meint sie, „und Rauchen ist mein einziges Vergnügen am Tag." Julia weiß schon, dass sie aufhören sollte, aber im Moment schafft sie das einfach nicht.

c
Jede Samstagnacht ist es in Berlin das Gleiche: 15-Jährige werden stark alkoholisiert ins Krankenhaus gebracht und betrunkene 16-Jährige liegen bewusstlos auf dem Gehweg. Jugendliche scheinen immer mehr alkoholische Getränke zu trinken, sei es in der Kneipe, zu Hause oder im Park. Der Alkoholismus unter Jugendlichen steigt und irgendwie müssen wir etwas dagegen tun.

1 weight issues	3 stress
2 smoking	4 alcohol

lesen **2** Read the extracts again and answer the questions in English.

1 Name two symptoms of stress teenagers might have.

2 Does the writer think that teenagers can avoid stress?

3 Which two related health problems are mentioned in extract **b**?

4 What sort of lifestyle should teenagers adopt?

5 Name two types of teenager found in Berlin on a typical Saturday night.

6 Name two places where teenagers drink.

7 When and where did Julia start smoking?

8 Why does Julia smoke today?

schreiben **3** Write a magazine article about a teenage health issue which interests you.

- What is the problem?
- Why is it a problem?

- What personal experience do you have of it?
- How can teenagers be helped with this problem?

lesen **1** Logic puzzle. Read the clues. Who works where? How much do they earn? What do they think of the work?

Tankstelle	Supermarkt
Geschäft	Zeitungen
Babysitten	Restaurant

€ 7,50   € 7   € 6
€ 10   € 6   € 8

schwer   gut bezahlt
interessant   langweilig
schrecklich   gut

	Where?	Earnings?	Opinion?
Katja			
Juan			
Bärbel			
Izzi			
Jonas			
Peter			

- If it is helpful, make a set of cards with the words from the clouds.
- Read the clues and link the information together.
- Do the most obvious one first, then work out the rest from the remaining information.

- Die Person, die an einer Tankstelle arbeitet, bekommt € 8 pro Stunde.
- Juan arbeitet in eine Supermarkt.
- Peter macht kein Babysitting.
- Zeitungen austragen ist schrecklich.
- Izzi findet die Arbeit interessant.
- Die einzige Person, die mehr Geld als Bärbel verdient, ist Jonas.

- Jonas findet die Arbeit im Geschäft gut bezahlt.
- Peter verdient das gleiche Geld wie Katja.
- Die Person, die € 7 pro Stunde verdient, findet die Arbeit schwer.
- Für € 6 pro Stunde ist Babysitten langweilig.

lesen **2** According to the online survey, what percentage of respondents ...

1 would like to be their own boss if they could dare to?

2 are happy being employed?

3 want to change their job?

4 are unemployed?

5 are happy at work and are their own boss?

Seid Ihr mit eurer Arbeit zufrieden und glücklich?
Gefragt von Saltorino am 23.10.2009 um 18:45 Uhr
Mir ist in den letzten Jahren aufgefallen, dass viele Menschen mit ihrem Job und ihrem Arbeitsplatz nicht wirklich zufrieden sind. Was gefällt euch an eurem Job, was überhaupt nicht?

125 Stimmen

37 % Ich bin total zufrieden mit meinem Job und bin angestellt.

24 % Ich bin total zufrieden mit meiner Arbeit und bin selbstständig.

4 % Ich bin total unglücklich mit meinem Arbeitsplatz.

9 % Ich bin arbeitslos und suche einen neuen Arbeitsplatz.

15 % Ich habe einen Job und suche zum Wechseln einen neuen Job.

11 % Wenn das Risiko nicht so groß ware, würde ich lieber mein eigener Chef sein.

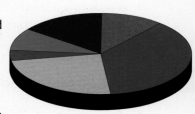

lesen 1 Read the texts and answer the questions below.

Ich arbeite als LKW-Fahrer und ich arbeite in ganz Europa. Ich finde den Job interessant, weil ich meine Fremdsprachen üben kann. Ich sammle viele Erfahrungen und ich mag etwas Praktisches machen. Das Problem ist, dass der Job nicht gut bezahlt ist. Ein guter LKW-Fahrer muss selbstverständlich gut fahren können. Man muss auch geduldig und höflich sein. Immer auf der Straße zu sein ist oft stressvoll. Ich bin oft geduldig, aber ich gebe freilich zu, ich kann unhöflich sein! **Uche**

Ich bin Briefträgerin. Ich trage Briefe und Päckchen aus, hoffentlich ohne von den Hunden gebissen zu werden! Ich mag die Arbeit, weil ich gerne im Freien bin. Den ganzen Tag in einem Büro verbringen kann ich nicht leiden. Der Job ist nie langweilig und ich treffe während des Tages viele verschiedene Leute. Eine gute Briefträgerin sollte sportlich und gut aussehend sein – wie ich natürlich! Aber im Ernst, man muss natürlich gesund sein – und man darf keine Angst vor Regen oder Gewitter haben! Und das bin ich! **Janet**

Ich arbeite als Arzt in einem Krankenhaus. Ich finde den Beruf echt gut, weil man Kontakt zu Menschen hat und man kann anderen helfen. Ich arbeite gern mit Menschen. Der Job ist gut bezahlt, aber kann oft sehr stressig sein. Man muss auch oft spät abends oder durch die Nacht arbeiten. Ein guter Arzt ist intelligent, aber auch freundlich – gute Kommunikationsfähigkeiten sind sehr wichtig. Ich bin ziemlich intelligent und ich verbringe viel Zeit mit anderen Menschen. Ich liebe es, neue Leute kennenzulernen. **Marcel**

Who …

1 meets lots of different people at work?

2 thinks their job is well paid, but fairly stressful?

3 has a practical job and has a variety of experiences?

4 likes meeting new people?

5 can't stand office work?

6 has a badly paid job?

7 has to work during the night?

8 travels to other countries?

lesen 2 Read the texts again and for each person identify:

a their profession,

b why they like or dislike it,

c what character traits are good for this type of profession.

schreiben 3 Write similar paragraphs for two members of your family.

Read the newspaper report. Which four pictures (a–h) are mentioned in it?

Auf Facebook zur Party eingeladen – 400 Jugendliche verwüsteten Einfamilienhaus

Zu ihrem 18. Geburtstag hatte Megan eine kleine Party angekündigt. Ein Gast hatte die Einladung auf Facebook veröffentlicht.

Die Feier fand im modernen Zehn-Zimmer-Haus ihrer Mutter am Stadtrand statt. Bevor 400 Jugendliche zur Party gekommen waren, war das Haus 4,1 Millionen Euro wert. Das Haus liegt in einer schönen, ruhigen Gegend. Hier sind die Nachbarn meistens ziemlich alt und nicht sehr freundlich und es passiert normalerweise nichts. Megans Geburtstagsparty hat das aber verändert!

Am Ende der Party war das Haus total verwüstet. Der Fernseher schwamm im Schwimmbad, die Tische und Stühle waren zerbrochen und in den Garten und auf den Tennisplatz geworfen, Gläser und Teller lagen auf der Terrasse und auf dem Balkon stand der Computer. Man hatte an die Wände Graffiti gemalt, die Treppen, Vorhänge und Teppiche waren beschädigt und die Jugendlichen hatten den Schmuck gestohlen. Es entstand ein Schaden von mehreren Tausend Euro. Und wo war Megans Mutter? Sie war fürs Wochenende bei Freunden auf dem Land gewesen.

Read the article again and choose the correct answers.

1 Die Party wurde in einer Zeitschrift / im Internet / in der Schule veröffentlicht.

2 Megan wollte ihren Geburtstag / ihre Hochzeit / den Hochzeitstag ihrer Eltern feiern.

3 Megans Haus ist groß / klein / alt.

4 Das Haus befindet sich auf dem Land / an der Küste / in der Nähe der Stadt.

5 Die Nachbarn sind älter als Megan / jünger als Megan / im selben Alter wie Megan.

6 Die Jugendlichen haben sich auf der Party gut / schlecht / OK benommen.

7 Am Ende der Party schwamm ein Elektrogerät / Megan / Schmuck im Schwimmbad.

8 Megans Mutter war auf der Party krank / abwesend / anwesend.

schreiben 3 Write a report about a party you went to / had which was a disaster.

• Was für eine Party war das?	Hochzeit, Geburtstag, Jubiläum, Faschingsfete, Weihnachtsfeier
• Wann hat sie stattgefunden?	in den Ferien, letzten Samstag, am Wochenende, letztes Jahr
• Wo hat sie stattgefunden?	Wohnung, Reihenhaus, am Strand, auf dem Land, in der Stadt
• Wer ist hingekommen?	Freunde, Nachbarn, Familie, Unbekannte
• Was hat man gegessen/getrunken?	Hamburger, Grill, Chips, Alkohol, Früchtetee
• Was hat man gemacht?	getanzt, geplaudert, gechillt, gefeiert
• Was ist schief gegangen?	man hat an die Wände Graffiti gemalt, geraucht, (den Fernseher) gestohlen, (das Fenster) zerbrochen
• Wo war der Schaden?	auf dem Balkon / der Terrasse, im Schlafzimmer, im Garten

1 Read the information from the internet about Greifensee.
Which photo below shows Greifensee?

Wohnen in Greifensee

a

Der Greifensee ist der zweitgrößte See des Kantons Zürich in der Schweiz und liegt etwa 10 km östlich von der Stadt Zürich entfernt. Greifensee ist ein beliebter Ausflugsort, weil das historische Städtchen mit Schloss sehr schön ist und man hier entspannt bummeln kann. Greifensee ist auch ein idealer Wohnort für Familien und ältere Leute, weil es ruhig und sicher ist. Mit den vielen Rad- und Wanderwegen kommt man überall problemlos hin.

b

Als Wohnort bietet Greifensee ein Ladenzentrum mit Apotheke, Lebensmittelgeschäften, Friseur usw. Wenn Sie andere Einkaufsmöglichkeiten suchen, gibt es zwei große Einkaufszentren in nächster Nähe, die man mit dem Rad oder Auto in wenigen Minuten erreichen kann. Greifensee hat auch sehr gute öffentliche Verkehrsverbindungen und jede Viertelstunde fährt ein Zug nach und von Zürich.

c

Der See ist sehr beliebt und die Landschaft rings herum ist einmalig. Wenn man im See schwimmen möchte, gibt es ein kostenloses Seebad ca. 400 m westlich des Städtchens. In Greifensee gibt es auch ein Sportzentrum, wo Einwohner von Greifensee teilweise Ermäßigung erhalten. Es gibt im Ort auch mehr als 60 Vereine für alle Einwohner, wie z. B. Tischtennis, Kochen, Rudern, Basketball, Theater, Flöte …

lesen 2 Read the information again and answer the questions in English.

1 Where is Greifensee?
2 What makes Greifensee a popular destination for excursions?
3 What shops does its shopping centre have?
4 How far away are the other shopping centres?
5 How can you get to Zurich and how often?
6 How much does it cost at the pool?
7 Where might residents get a price reduction?
8 Name three clubs in the town.

schreiben 3 Write an internet report on your home town / area.

• Wie heißt der Ort?
• Wo liegt der Ort?
• Was gibt es dort für jüngere, ältere Leute, Familien usw.?
• Beschreib das, was du letztes Wochenende im Ort gemacht hast.
• Was ist nicht so gut an dem Ort?
• Wie wird der Ort deiner Meinung nach in zehn Jahren aussehen?

lesen 1

Read the statements below. What is the significance of the numbers in the cloud?

> -58   -89
> 57   251
>   251   300
> 100   1

- Der kälteste Ort der Erde ist die Antarktis. Im Jahresdurchschnitt ist es dort -58 Grad kalt. Der Rekord liegt bei -89 Grad im Jahr 1983 an der Station Wostok.
- Die heißeste Temperatur wurde mit 57 Grad im Jahr 1922 in Libyen dokumentiert.

- Die meisten Gewitter in einem Jahr gab es in Uganda. Hier blitzte und donnerte es für 251 Tage.
- Die höchste Zahl an Nebeltagen gab es 1958 mit 300 im Harz, in Deutschland.
- Der trockenste Ort der Welt ist die Atacama-Wüste in Chile. In 100 Jahren gibt es nur ein paar kurze Schauer.
- Das schwerste Hagelkorn fiel 1986 in Bangladech. Es wog 1 kg.

lesen 2

Fill in the gaps with the words below. Explain in English what strategies you used to identify your choices.

Was du für den Klimaschutz tun kannst!

Du könntest (**1**) Auto fahren. Und dafür mehr öffentliche Verkehrsmittel oder das Fahrrad (**2**). Bitte deine Eltern mal, mit der Bahn zur Arbeit zu fahren, oder vielleicht auch eine kürzere Strecke zu Fuß zu (**3**). Das ist auch (**4**) als immer nur im Auto zu sitzen. Der Straßenverkehr trägt am meisten zum Treibhauseffekt bei. Bei Bus und (**5**) ist der Energieverbrauch pro (**6**) viel weniger als mit dem Auto.

a	Energie	f	benutzen
b	gehen	g	mehr
c	Person	h	Bahn
d	weniger	i	geht
e	gesünder	j	Euro

schreiben 3

What does Maria do to help the environment? What is she hoping to do in the future? Write two paragraphs.

jetzt ...

in der Zukunft ...

1 Which title belongs to which paragraph?

Wie funktioniert das System?

Wo kann man Carsharing machen?

Was sind die Vorteile?

Carsharing

Carsharing ist die organisierte gemeinschaftliche Nutzung eines oder mehrerer Autos.

b Carsharing ist billiger als ein Auto zu haben – auch Personen, die nicht so viel Geld haben, können sich Carsharing leisten. Man teilt den Preis des Autos, die Versicherung und die Steuern. Carsharing ist auch sehr umweltfreundlich – man benutzt das Auto, wenn es nötig ist, und wenn es öffentliche Verkehrsmittel gibt, kann man mit dem Bus oder mit der U-Bahn fahren. Das spart Benzin und produziert weniger Kohlendioxid.

c 1988 wurde in Berlin die *StattAuto Berlin* als älteste Carsharing-Organisation Deutschlands, gegründet. In den Jahren 1990 und 1991 kamen in Aachen, Bremen und Freiburg/Breisgau weitere Organisationen dazu. Heute gibt es auf der ganzen Welt mindestens 200 Carsharing-Organisationen, die Standorte in mehr als 600 Städten unterhalten. Die meisten Carsharing-Teilnehmer befinden sich in den USA mit rund 134.000 Personen (und 3600 Autos)! Länder mit mehr als 10.000 Teilnehmern und mehr als 1000 Fahrzeugen sind Deutschland, die Schweiz und Kanada.

a Die Autos einer Carsharing-Organisation sind in der Regel auf Parkplätzen über eine Stadt verteilt. Die Standorte sind oft bei öffentlichen Verkehrsstellen (Bahnhöfen, Straßenbahnknoten, Endstationen von Buslinien usw.) – diese „Knotenpunkte" sind einfach zu erreichen. Man reserviert das Auto online im Voraus und holt es dann zum Beispiel vom Bahnhof ab.

2 Read the text again and answer the questions in English.

1 What is the definition of car sharing?
2 Where can you collect the cars from?
3 How do you reserve a car?
4 Why is it cheaper?
5 Why is it more environmentally friendly?
6 Describe the history of car sharing in Germany.
7 How many people use car sharing in the USA?
8 Which countries have more than 10,000 participants in the scheme?

Read the magazine extracts about leisure activities and find words (1–9) in the text.

In meiner Freizeit ...

... chatte ich gern mit meinen Freundinnen. Wenn das Wetter schön ist, gehen wir oft zum Strandbad hier am See und wir chillen dort und gehen schwimmen. Wenn das Wetter mies ist, treffen wir uns lieber in der Stadt und bummeln in den Geschäften. **Sophia**

... sitze ich meistens vor dem Computer, weil ich sehr gern im Internet bin. Ich kann stundenlang online bleiben und Musik herunterladen und allerlei Sachen recherchieren. Ich chatte auch sehr gern mit anderen Leuten und habe dabei viele neue Freunde kennen gelernt. **Bernhard**

... singe ich! Ich singe irrsinnig gern und bin Mitglied von einem großen Jugendchor. Das macht jede Menge Spaß. Wir haben zweimal in der Woche Chorprobe und dann gibt's jeden Monat ein Konzert. Nächsten Monat werden wir alle auf Tournee nach Italien fahren! Ich freue mich sehr darauf. **Inge**

... bin ich in der Sporthalle! Ich bin im Handballverein und unsere Mannschaft trainiert täglich, weil wir alle sehr fit sein wollen. Handball finde ich super und letztes Jahr bin ich mit der Mannschaft nach Belgien gefahren, um dort an einer Meisterschaft teilzunehmen. Das hat jede Menge Spaß gemacht, aber leider haben wir nicht gewonnen! **Oskar**

1 member	**4** choir practice	**7** for hours
2 team	**5** to wander around the shops	**8** to go on tour
3 championship	**6** to take part	**9** a lot of fun

Read the extracts again and find the correct person.

Wer ...

1 ist musikalisch?

2 macht sein Hobby allein?

3 ist sportlich?

4 hat Ideen für jedes Wetter?

5 hatte kein Erfolg im Ausland?

6 wird bald ins Ausland fahren?

7 geht gern einkaufen?

Write two or three extracts for you and your friends / family for the article about leisure activities. Include the following:

- an example of present, perfect and future tense
- clauses using *weil, wenn, um ... zu, dass*

lesen 1

Read the article about Berlin Fashion Week und find the four correct statements.

Mode

In Deutschland ist Mode heiß, und jedes Jahr kommen die besten deutschen Designer in die Hauptstadt, um ihre neuen Kollektionen bei der Berliner Fashion Week zu zeigen. Letztes Jahr waren breite Hosen, gestreifte Röcke und flippige Frisuren in, aber dieses Jahr sind die Outfits wieder im klassischen Stil! Alle Outfits auf dem Catwalk sind einmalige Designerstücke, die man dann bei den Stars während der Oscarnacht oder bei einer Premiere sehen wird. Erst in der folgenden Saison werden sie auch für dich und mich in den Läden hängen – und wir werden sie gern kaufen! Die Kleidungsstücke wirken lässig, elegant und cool. Der Designer-Look ist immer in, ob's um die Frisur, Kleidung, Handtaschen, Schuhe oder besonderen Schmuck geht. Wir möchten alle wie die Stars aussehen, aber pass mal auf: Nächstes Jahr wird die Mode wieder was Neues sein, also kauf schnell ein und halte mit der Mode Schritt!

1 Die Deutschen interessieren sich nicht für Mode.

2 In Berlin gibt es eine jährliche Modenschau.

3 Letztes Jahr waren die Mode-Ideen flippiger als in diesem Jahr.

4 Dieses Jahr dachte man auch schon an den „grünen Konsum".

5 Die Outfits von der Show werden nirgendwo anders erscheinen.

6 Wir müssen länger als die Stars auf die Kleidungsstücke warten.

7 Die Kollektionen sehen alle gleich aus.

8 Schmuck gehört auch zum Designer-Look.

lesen 2

Read the article again. What is not mentioned?

a   b   c   d   e   f

lesen 3

Answer the questions in English.

1 What was the fashion last year?

2 What is it this year?

3 Who gets to wear the fashion items first?

4 How long does it take for them to appear in the shops?

5 Name three items of designer wear.

6 How long does a fashion last?

schreiben 4

Choose a photo and use the questions below to help you write an article giving your opinion on fashion.

- Was trägt das Model?
- Wie sieht er / sie deiner Meinung nach aus?
- Würdest du gern wie das Model aussehen? Warum (nicht)?
- Was trägst du gern?
- Ist es dir wichtig, immer die neuesten Modestücke zu tragen?

Grammatik *Contents*

The grammar section has each grammatical theme divided into three:

Bronze

Silver

Gold

Bronze for the most important and often the easier aspects of German grammar, through Silver, to Gold which contains the more complex items.

Some concepts are easier than others to grasp. Categorising the concepts in this way allows you to begin with the easier ones and then move onto the harder ones. You can set yourself realistic targets when you can see the next steps you need to take more clearly. Check you understand the Bronze concepts before moving on.

There are exercises related to each of the themes and these too are separated into Bronze, Silver and Gold.

Bronze

The infinitive

When you look for a verb in a dictionary, you will find it in the infinitive form. Most infinitives end in **-en**: **wohnen** (*to live*); **finden** (*to find*).

Personal pronouns

German personal pronouns in the nominative form.

ich	*I*
du	*you (familiar, singular)*
er	*he, it*
sie	*she, it*
es	*it*
man	*you (one)*
wir	*we*
ihr	*you (familiar, plural)*
Sie	*you (formal, polite)*
sie	*they*

Present tense

You use the present tense to talk about things which you usually do or are doing at the moment. Regular verbs all follow the same pattern (here **spielen** *to play*).

ich	spiel**e**	*I play*
du	spiel**st**	*you play*
er / sie / es / man	spiel**t**	*he / she / it / you plays*
wir	spiel**en**	*we play*
ihr	spiel**t**	*you play*
Sie	spiel**en**	*you play*
sie	spiel**en**	*they play*

The following irregular verbs are very important to know:

haben (*to have*)	**sein** (*to be*)
ich habe	ich bin
du hast	du bist
er / sie / es / man hat	er / sie / es / man ist
wir haben	wir sind
ihr habt	ihr seid
Sie haben	Sie sind
sie haben	sie sind

Silver

Separable verbs

These verbs work in the same way but have two parts: the main verb and a prefix. When they are used in a sentence, the prefix jumps to the end:

aufwachen *to wake up*

Ich <u>wache</u> um sieben Uhr <u>auf</u>.
I wake up at seven o'clock.

*There is a set of verbs that look separable but which have a prefix which does not move: verbs starting with **be-, emp-, ent-, ge-, ver-,** and **zer-** are **inseparable**.

Reflexive verbs

German has some verbs which are reflexive (things we do to ourselves). They all have reflexive pronouns.

sich rasieren *to shave (oneself)*
ich **rasiere mich**
du **rasierst dich**
er / sie / es / man **rasiert sich**
wir **rasieren uns**
ihr **rasiert euch**
Sie **rasieren sich**
sie **rasieren sich**

Gold

Irregular verbs

Some verbs don't follow the regular pattern. These change the vowel in the **er / sie / es / man** forms, but follow the same pattern for endings. Look at the green column on pages 220–221 (verb tables).

lesen *to read*		wir	lesen
ich	lese	ihr	lest
du	**<u>liest</u>**	Sie	lesen
er / sie / es / man	**<u>liest</u>**	sie	lesen

Bronze

Perfect tense

You use the perfect tense to talk about things which happened in the past:
Ich <u>habe</u> Fußball <u>gespielt</u>. *I played football.*

The perfect tense is made up of two parts:
haben + past participle
ich habe gewohnt (*I lived*)
du hast gespielt (*you played*)

Some verbs use **sein** (see Silver).

The part of **haben** (or **sein**) is usually second idea and the past participle final idea. (See page 212.)

Regular participles begin with **ge-** and end in **-t**.
Take the **-en** off the infinitive: **spiele̶n̶**
add **ge- + -t** to what is left:
ge + spiel + t → gespielt

spielen *to play*

ich	habe	gespielt	wir	haben	gespielt
du	hast	gespielt	ihr	habt	gespielt
er / sie / es / man	hat	gespielt	Sie	haben	gespielt
			sie	haben	gespielt

Future tense

This can be formed in one of two ways:

1 by using the present tense and a future marker:

Morgen spiele ich Fußball.	*Tomorrow I play football.*
Nach der Schule gehe ich in die Stadt.	*After school I'm going into town.*
Am Samstag fahren wir nach Italien.	*On Saturday we're going to Italy.*

2 A second way to form the future is by using the verb **werden** + infinitive:

Ich werde viel Sport **treiben.**	*I will do lots of sport.*
Er wird morgen nicht zur Schule **kommen.**	*He will not be coming to school tomorrow.*
Wir werden nächstes Jahr nach Rom **fahren.**	*We will travel to Rome next year.*
Morgen **werde ich** Fußball **spielen.**	*Tomorrow I will play football.*

werden (see page 212)

ich werde	wir werden
du wirst	ihr werdet
er / sie / es / man / wird	Sie werden
	sie werden

Silver

Perfect tense

Irregular verbs
The past participles of some verbs do not follow the regular pattern:

essen: ich habe <u>gegessen</u>   *I ate*
sehen: ich habe <u>gesehen</u>   *I saw*
trinken: ich habe <u>getrunken</u>   *I drank*

Look at the yellow column on page 220 (verb tables). Irregular past participles are common so check the list!

Perfect tense: verbs + sein
Some verbs form the perfect tense with **sein**. Most of them describe movement, e.g.:

On pages 220–221 the verbs which take **sein** have a star next to them!

fahren   *to go, travel*
ich	**bin** ...	gefahren
du	**bist** ...	gefahren
er / sie / es / man	**ist** ...	gefahren
wir	**sind** ...	gefahren
ihr	**seid** ...	gefahren
Sie	**sind** ...	gefahren
sie	**sind** ...	gefahren

Other common verbs which also take **sein** are:
kommen	*to come*	ich bin gekommen
gehen	*to go*	ich bin gegangen
schwimmen	*to swim*	ich bin geschwommen

Future tense

Separable verbs
When the verb is at the end of the sentence or clause, the parts do not separate.

Ich wache ... auf. (present)
Ich werde ... **aufwachen**. (future)

Verbs which are inseparable act normally.
Ich werde ... erklären.
I will explain.

Reflexive verbs
The structure for reflexive verbs is the same as for regular verbs, but includes the reflexive pronoun.

Ich werde mich rasieren.
I will have a shave.

Ich werde mich schminken.
I will put on make-up.

Gold

Perfect tense

Separable verbs
Separable verbs come together in the perfect tense to form a one-word participle with the **ge-** in the middle. Note that some take **haben** and some take **sein**:

(wachen → gewacht)
<u>auf</u>wachen (*to wake up*) → ich bin <u>auf**ge**</u>wacht

(sehen → gesehen)
<u>fern</u>sehen (*to watch TV*) → ich habe <u>fern**ge**</u>sehen
<u>hoch</u>laden (*to upload*) → ich habe Fotos <u>hoch**ge**</u>laden

Inseparable verbs
Inseparable verbs do not have **ge-** in the past participle:
erklären *to explain* – **ich habe erklärt**

Reflexive verbs
All reflexive verbs use **haben** as the auxiliary verb.

Ich habe mich gewaschen. *I had a wash.*
Sie hat sich angezogen. *She got dressed.*

Modal verbs in the past: these use imperfect endings, see page 215.

Bronze

Gender

Nouns in German have one of three genders: masculine (**der**), feminine (**die**) or neuter (**das**). These need to be learned, although sometimes there are patterns which can help.

- Words ending in **-ling (der Schmetterling)** and **-us (der Kommunismus)** are masculine.
- Most words ending in **-e (die Karte)** and all words ending in **-heit (die Schönheit)**, **-keit (die Möglichkeit)**, **-schaft (die Mannschaft)**, **-ung (die Umgebung)** and **-nis (die Erlaubnis)** are feminine.
- Nouns derived from infinitives (**das Schlafen/das Essen**) and diminutives ending in **-chen (das Mädchen)** are neuter.

Patterns

The following two patterns are useful. Notice which words (friends) follow which pattern! All of these forms are in the nominative (normal) case – the subject of the sentence. The endings for the following words are similar to the definite article: **dieser** *(this)*, **jener** *(that)*, **jeglicher** *(any)*, **jeder** *(every)*, **mancher** *(some)*, **solcher** *(such)*, **welcher** *(which)*.

Definite article (the word for 'the')			
masc	**fem**	**neut**	**plural**
der	die	das	die
dieser	diese	dieses	diese
jeder	jede	jedes	jede
welcher	welche	welches	welche

Possessive adjectives

The endings for possessive adjectives follow the pattern below; these are very important words and need learning.

mein/e	*my*
dein/e	*your (informal)*
sein/e	*his, its*
ihr/e	*her, its*
unser/e	*our*
euer/eure	*your (informal, plural)*
Ihr/e	*your (formal)*
ihr/e	*their*

The negative particle **kein** *(not a)* also follows this pattern.

Indefinite article (the word for 'a')			
masc	**fem**	**neut**	**plural**
ein	eine	ein	
mein	meine	mein	meine
kein	keine	kein	keine

Pronouns

(For personal pronouns see page 205.)

The pronoun *it*

In German, there are three ways of saying *it*, depending on the gender of the noun.

Er is for masculine nouns:
Der Film ist gut. → Er ist gut.
The film is good. → *It is good.*

Sie is for feminine nouns:
Die CD ist toll. → Sie ist toll.
The CD is great. → *It is great.*

Es is for neuter nouns:
Das Buch ist langweilig. → Es ist langweilig.
The book is boring. → *It is boring.*

Silver

Noun plurals

There are eight ways of forming the plural in German and these need to be learned with the noun. They are usually found in brackets next to the noun in a dictionary. Find one extra example of each plural either from exercise 1 or from the glossary.

-e	-n	-en	[none]
Film**e**	Sprache**n**	Sendung**en**	Monster
Umlaut	**Umlaut and -e**	**Umlaut and -er**	**-s**
M**ü**tter	W**ü**rst**e**	H**äu**s**er**	Auto**s**

Note that most female words ending in **-e** take an **-n** in the plural (**die Karte, die Karten**). The endings **-heit, -keit, -schaft** and **-ung** form the plural using **-en.**

Patterns and pronouns

Look at the patterns for nominative, accusative and dative.

Definite article (*the*) and friends

	masc	fem	neut	plural
nom	der	die	das	die
acc	den	die	das	die
dat	dem	der	dem	den

Indefinite article (*a/an*) and friends

	masc	fem	neut	plural
nom	ein	eine	ein	(meine)
acc	einen	eine	ein	(meine)
dat	einem	einer	einem	(meiner)

Pronouns

Personal pronouns change when they are used in the accusative and dative cases e.g. for saying *him*, *her* and *them*.

nominative	accusative	dative
ich	mich	mir
du	dich	dir
er	ihn	ihm
sie	sie	ihr
wir	uns	uns
ihr	euch	euch
Sie	Sie	Ihnen
sie	sie	ihnen

Dative — the trigger case

After certain prepositions the articles change. This is an automatic process and just needs to be followed.

aus *(from)*, **außer** *(except)*, **bei** *(at the home of)*, **mit** *(with)*, **nach** *(after)*, **seit** *(since)*, **von** *(from)* and **zu** *(to)* are always followed by the dative.

die Schule → nach <u>der</u> Schule *after school*
mein Bruder → mit <u>meinem</u> Bruder *with my brother*

Short forms:

zu   (masc + neuter) **zu dem = zum**
      (fem)   **zu der = zur**

von   (masc + neuter) **von dem = vom**

Accusative — also triggered sometimes

durch *(through)*, **für** *(for)*, **gegen** *(against)*, **ohne** *(without)*, **um** *(around)* are always followed by the accusative:

der Wald → ich laufe durch <u>den</u> Wald.
I run through the wood.

Accusative — what is usually after the verb

The accusative case is used for the object of the sentence. The object of the sentence is the person or thing to which the verb is 'done'. In this sentence, the tea is being drunk, so it is the object:

Der Mann trinkt <u>den Tee</u>.   *The man drinks <u>the tea.</u>*
Ich habe <u>einen</u> Bruder.   *I have a brother.*
Sie liebt <u>ihn</u>.   *She loves him.*
In English word order whatever comes after the verb is the object.

Gold

Dual case prepositions

Prepositions with the accusative or the dative

These prepositions trigger **either** the accusative (when there is <u>movement</u> towards a place), **or** the dative (when there is <u>no movement</u> towards a place):
an *(at)* **auf** *(on)* **hinter** *(behind)* **in** *(in)* **unter** *(under)*
neben *(next to)* **zwischen** *(between)* **vor** *(in front of)*
über *(over)*

Short forms:

(neuter)   **in das = ins**
(masculine and neuter) **in dem = im**

Ich gehe <u>ins</u> Sportzentrum. = accusative
*I go **to the** sports centre.*
Ich bin <u>im</u> Sportzentrum. = dative
*I'm **at the** sports centre.*

Grammatik *Describing things*

Bronze

Easy descriptions; adjectives

Adjectives give more information about the noun. An adjective can appear in one of two different places in a sentence.

- separated from the noun it describes:
  Die Frau ist glücklich. (*The woman is happy.*)
- or with the noun it describes:
  Die glückliche Frau. (*The happy woman.*)

When it is separated from the noun, as in the first example, no endings are added. For adjectival changes in the second example, see the Gold section.

Adverbs

Adverbs give more information about the verb. Often ending in *-ly* in English, in German they are the same as the adjective.

Ich fahre schnell.	*I drive quickly.*
Ich fahre langsam.	*I drive slowly.*
Wir essen sehr gesund.	*We eat very healthily.*

gern, lieber and am liebsten

- To say that someone likes doing something, put **gern** after the verb:
  Ich esse gern Pommes. *I like eating chips.*
- To say that someone doesn't like something, use **nicht gern**:
  Ich trinke nicht gern Kaffee. *I don't like drinking coffee.*
- To say that someone prefers something, use **lieber**:
  Ich esse lieber Kuchen. *I prefer to eat cake.*
- To say what someone likes most of all, use **am liebsten**:
  Am liebsten esse ich Schokolade.
  Most of all, I like eating chocolate.

In questions, put **gern / lieber / am liebsten** after the pronoun:

Isst du gern Pizza?	*Do you like eating pizza?*
Was trinkst du lieber?	*What do you prefer to drink?*
Was isst du am liebsten?	*What do you like eating most of all?*

Silver

Comparing things

Comparative forms

To make comparisons, add **-er** to the adjective:

interessant → **interessanter**
interesting   more interesting
einfach → **einfacher**
easy   easier

Note the irregular form: gut → **besser**
Some adjectives of one syllable add an umlaut to their vowel:

alt → älter
groß → größer
kurz → kürzer
lang → länger
jung → jünger

Use **als** for comparing two things:
Deutsch ist interessanter **als** Englisch. =
German is more interesting than English.

Superlative forms

To say that something is the 'most ...', add **st-** to the adjective (or **est-** if the adjective ends in a vowel or a **t**):

langweilig → langweilig**st**-
boring   most boring
neu → neu**est**-
new   newest

Note the irregular form: gut → **beste**
good   best

Both the comparative and superlative forms need endings (see Gold) if used directly next to the noun they describe. Otherwise no endings are required (see Bronze). For the superlative forms the following structures are common.

Er ist der langweiligste Lehrer.
He is the most boring teacher.
Ein VW ist das schnellste Auto.
A VW is the fastest car.

Complex descriptions

When used before the noun, adjectives must agree with the number, gender and case of the noun. Not only this, but there are subtle changes depending on whether the definite article (and friends – see pesky little words pages 208–209), indefinite article (and friends) or no article at all is used.

Adjective endings with the definite article

and after **dieser** (*this*), **jener** (*that*), **jeglicher** (*any*), **jeder** (*every*), **mancher** (*some*), **solcher** (*such*), **welcher** (*which*).

	nom	acc	dat
masc	der klein**e** Mann	den klein**en** Mann	dem klein**en** Mann
fem	die klein**e** Frau	die klein**e** Frau	der klein**en** Frau
neut	das klein**e** Haus	das klein**e** Haus	dem klein**en** Haus
plural	die klein**en** Häuser	die klein**en** Häuser	den klein**en** Häusern

Adjective endings with the indefinite article

and the negative particle **kein** and possessive adjectives **mein** (*my*), **dein** (*your*), **sein** (*his*), **ihr** (*her*), **unser** (*our*), **euer** (*your*), **Ihr** (*your*), **ihr** (*their*).

	nom	acc	dat
masc	ein klein**er** Mann	einen klein**en** Mann	einem klein**en** Mann
fem	eine klein**e** Frau	eine klein**e** Frau	einer klein**en** Frau
neut	ein klein**es** Haus	ein klein**es** Haus	einem klein**en** Haus
plural	meine klein**en** Häuser	meinen klein**en** Häuser	meinen klein**en** Häusern

(Notice the similarities in pattern and that everything grey is the same for both forms.)

Adjective endings with no preceding article

and after **etwas** (*some; somewhat*), **mehr** (*more*), **wenig**- (*few*), **viel**- (*much; many*), **mehrer**- (*several; many*), **all**- (*all*). Notice the similarities between the endings and the definitive article (**der** / **die** / **das**).

	nom	acc	dat
masc	schwarz**er** Kaffee	schwarz**en** Kaffee	schwarz**em** Kaffee
fem	frisch**e** Luft	frisch**e** Luft	frisch**er** Luft
neut	kalt**es** Wasser	kalt**es** Wasser	kalt**em** Wasser
plural	klein**e** Kinder	klein**e** Kinder	klein**en** Kindern

Grammatik *Word order*

Bronze

Verb second

In German, sentences are flexible. You can swap parts around:

1	2	3
	verb	
Ich	höre	oft Rapmusik.
Oft	höre	ich Rapmusik.

The important thing is, the verb must be the second 'idea' in the sentence unless the sentence is a question, command or some special changes in word order have taken place.

Questions

When asking closed questions the verb is the first idea in the sentences; the verb and the pronoun are inverted.

Er hört oft Musik. *He often listens to music.*
Hört er oft Musik? *Does he often listen to music?*

When asking more open questions, question words are used at the beginning of the sentence.

Wann hörst du Musik? *When do you listen to music?*
Wo hörst du Musik? *Where do you listen to music?*

Here is a list of question words:
Wann ...? *When. ..?*
Wo ...? *Where ...?*
Wie ...? *How ...?*
Warum ...? *Why ...?*
Wer ...? *Who ...?*
Welcher *Which ...?*
Was ...? *What ...?*
Was für ...? *What type of ...?*

Silver

Time, manner, place

If a sentence contains information about *when*, *how* and *where*, it goes in this order after the verb, even when only some of the elements are included:

Wir fahren um 7 Uhr   mit dem Zug   nach Hamburg.
         time (when?)   *manner (how?)*   *place (where?)*

	Second	Time	Manner	Place	Final
Wir	fahren	um 7 Uhr	mit dem Zug	nach Hamburg.	

	Second	Time	Manner	Place	Final
Wir	werden	um 7 Uhr	mit dem Zug	nach Hamburg	fahren.

	Second	Time	Manner	Place	Final
Um 7 Uhr	werden **wir**		mit dem Zug	nach Hamburg	fahren.

Expressions of time and frequency

- **Adverbs of frequency** are used to say how often you do something:
  immer (*always*), **oft** (*often*), **manchmal** (*sometimes*), **ab und zu** (*from time to time*), **selten** (*rarely*), **nie** (*never*).
  Adverbs of frequency are usually placed just after the verb in German, e.g.
  Ich gehe **selten** ins Kino. *I rarely go to the cinema.*

- **Sequencers** say in what order something happens or happened:
  zuerst (*firstly*), **dann** (*then*), **danach** (*after* that), **zum Schluss** (*finally*).
  Sequencers usually come at the start of the sentence; don't forget to put the verb second:

1	2 *verb*	3
Zum Schluss	**gehen wir**	**in die Stadt.**

Finally we go into town.

- **Time expressions** show whether a sentence is about the past, present or future. They also often appear at the beginning of a sentence or clause.

Past	
letzte Woche	*last week*
gestern	*yesterday*
vorgestern	*the day before yesterday*
letztes Jahr	*last year*

Letzte Woche habe ich meine Oma besucht.
I visited my Grandma last week.
Gestern bin ich nach Leeds gefahren.
Yesterday I went to Leeds.

Present	
im Moment	*at the moment*
jetzt	*now*

Im Moment surfe ich mit Freunden online.
At the moment I am surfing online with friends.
Jetzt bin ich in der Küche. *I am in the kitchen now.*

Future	
nächste Woche	*next week*
morgen	*tomorrow*
übermorgen	*the day after tomorrow*
nächstes Jahr	*next year*

Morgen mache ich meine Hausaufgaben.
I am doing my homework tomorrow.
Nächstes Jahr werde ich weniger Bier trinken.
Next year I will drink less beer.

Negatives

Nicht means *not*.

1 It usually comes immediately after the verb when there is no object in the sentence:
Ich gehe nicht zum Fußballspiel. *I am not going to the football match.*

2 When there is an object it comes directly after it:
Er mag Fußball nicht. *He doesn't like football.*

3 When a sentence has more than one verb, **nicht** is positioned before the verb to which it refers:
Ich kann meine Jacke nicht finden. *I cannot find my jacket.*

See page 208 – pesky little words – for information on the negative article **kein / keine / kein**.

Gold

Commands

Telling someone what to do in the **Sie** form is very easy. Just use the **Sie** form of the verb and place it before the pronoun.

Sie fahren becomes **Fahren Sie!** *Go! (by transport)*
Sie gehen becomes **Gehen Sie!** *Go!*

If you are giving advice to somebody you address as **du**, form the command by using the **du** part of the present tense verb and taking off the **-st** ending. You can find examples of du commands throughout this book – hör, schreib, mach ...

Du spielst Federball = Spiel Federball! *Play badminton!*
Du machst deine Hausaufgaben = Mach deine Hausaufgaben! *Do your homework!*

Remember that some verbs change the vowel in the **du / er / sie / es / man** forms. This has a direct effect on this form.
Ich nehme ein Bad – Du nimmst ein Bad = nimm ein Bad! *Have a bath!*

Grammatik   *Second – Final*

Many constructions in German have two verbs (or two parts of verbs) – one which is usually found as second idea, the other as final idea. Among these are the perfect tense (see page 206) and separable verbs (see page 207).

Bronze

Modal verbs

These useful verbs are all used with the infinitive of another verb. The infinitive goes at the end of the sentence.

können *to be able to*	**müssen** *to have to*	**wollen** *to want to*	**dürfen** *to be allowed to*	**sollen** *to ought to*	**mögen** *to like to*
ich **kann**	ich **muss**	ich **will**	ich **darf**	ich **soll**	ich **mag**
du **kannst**	du **musst**	du **willst**	du **darfst**	du **sollst**	du mag**st**
er / sie **kann**	er / sie **muss**	er / sie **will**	er / sie **darf**	er / sie **soll**	er / sie **mag**
wir **können**	wir **müssen**	wir **wollen**	wir **dürfen**	wir **sollen**	wir **mögen**
ihr **könnt**	ihr **müsst**	ihr **wollt**	ihr **dürft**	ihr **sollt**	ihr **mögt**
Sie **können**	Sie **müssen**	Sie **wollen**	Sie **dürfen**	Sie **sollen**	Sie **mögen**
sie **können**	sie **müssen**	sie **wollen**	sie **dürfen**	sie **sollen**	sie **mögen**

	Second	(Time)	(Manner)	(Place)	Final
Ich	kann	mit Freunden aus aller Welt in Kontakt			bleiben.
Ich	will	im Juli		nach Ungarn	fahren.
Ich	darf	nicht			schwänzen.
Ich	soll	meinen Müll			trennen.

Silver

werden and *würden* – the future and the conditional

The following structures also follow the second – final pattern.

1. You can use the verb **werden** (in addition to simply using the present tense with a future marker) with an infinitive to talk about the future when you are expressing a firm intention or considering decisions about the future.
2. Use the verb **würden** to express what you 'would do' in German.
3. You will recognise **ich möchte** (I would like), the special form of the verb **mögen**.

future tense	conditional mood	'would like to'
ich werde	ich würde	ich möchte
du wirst	du würdest	du möchtest
er / sie / es / man wird	er / sie / es / man würde	er / sie / es / man möchte
wir werden	wir würden	wir möchten
ihr werdet	ihr würdet	ihr möchtet
Sie werden	Sie würden	Sie möchten
sie werden	sie würden	sie möchten

	Second	(Time)	(Manner)	(Place)	Final
Ich	werde	alles vom Computer			lernen.
Ich	würde	zuerst	einen Brief		schreiben.
Ich	möchte	morgen		ins Kino	gehen

Modal verbs in the imperfect tense

If you want to talk about the past using modal verbs, use the imperfect tense forms. Here is the verb **können** in full. Using these forms also follows the second – final pattern.

Infinitive	*ich* form	Meaning
können	konnte	*could*

ich konn**te**
du konn**test**
er / sie / es / man konn**te**
wir konn**ten**
ihr konn**tet**
Sie / sie konn**ten**

Other modals

The **ich** forms of the other modal verbs (which follow the same pattern of endings) are as follows:

Infinitive	*ich* form	Meaning
dürfen	durfte	*was allowed to*
mögen	mochte	*liked*
müssen	musste	*had to*
sollen	sollte	*was supposed to*
wollen	wollte	*wanted to*

	Second	(Time)	(Manner)	(Place)	Final
Ich	wollte	am Samstag	mit Sandra		ausgehen.
Ich	musste	zuerst		nach Köln	fahren.

zu + infinitive

Some expressions need to have the extra word **zu** in the sentence too, for example, the verb **hoffen** (*to hope*).

Ich hoffe, in Zukunft meinen Müll zu trennen. *In the future I hope to separate my rubbish.*

Notice that the infinitive is at the end of the sentence and that there is a comma separating the two clauses.

Some useful verbs for this context are:

anfangen (*to begin*)	Ich werde anfangen, den Müll zu trennen.	*I will begin to separate out rubbish.*
aufhören (*to stop*)	Ich höre auf, Wasser zu verschwenden.	*I'm stopping wasting water.*
Lust haben (*to fancy*)	Ich habe Lust, Fairtrade-Produkte zu kaufen.	*I fancy buying fair trade products.*
versprechen (*to promise*)	Ich verspreche, zu Fuß zu gehen.	*I promise to go on foot.*
vorhaben (*to intend*)	Ich habe vor, mit öffentlichen Verkehrsmitteln zu fahren.	*I intend to travel by public transport.*

*Conditional of *haben* and *sein*

When using the conditional we usually use **hätte** instead of **würde haben** and **wäre** instead of **würde sein.**

Wenn ich Millionär **wäre, würde** ich ein großes Haus kaufen.	*If I were a millionaire I would buy a big house.*
Wenn ich viel Geld **hätte, würde** ich in Hollywood wohnen.	*If I had a lot of money I would live in Hollywood.*

Bronze

Co-ordinating conjunctions

Conjunctions are small words which join together two sentences or parts of sentences to form longer sentences. Here are four common ones in German:

aber	*but*
denn	*as/because*
oder	*or*
und	*and*

Ich finde Rap-Musik schrecklich, <u>aber</u> Trance ist ganz gut.
I find rap music awful <u>but</u> trance is quite good.

They do not affect the order of sentences and are very easy to use. Notice that you have to put a comma before **aber** but not before **und**.

Silver

Subordinating conjunctions

1 These conjunctions change word order in German. If a sentence or a clause begins with a subordinating conjunction it 'kicks' the verb to the end of the clause. The following conjunctions are 'kicking conjunctions'.

als	*when* (one occasion, past tense)		**ob**	*whether*
bevor	*before*		**obwohl**	*although*
bis	*until*		**während**	*while*
da	*because/since*		**was**	*what*
damit	*so that*		**wie**	*how*
dass	*that*		**weil**	*because*
nachdem	*after*		**wenn**	*when/if* (present/future)

> Ich arbeite als Lehrer.   Ich mag Kinder.
>
> **Ich arbeite als Lehrer,** ⟨WEIL⟩ *ich MAG Kinder.*
>
> **Ich arbeite als Lehrer, weil ich Kinder mag.**   *I work as a teacher because I like children.*

> Ich will heiraten.   Ich finde eine Partnerin.
>
> **Ich will heiraten,** ⟨SOBALD⟩ *ich finde eine Partnerin.*
>
> **Ich will heiraten, sobald ich eine Partnerin finde.**   *I want to marry as soon as I find a partner*

2 In more complex sentences the word order rule remains the same. If there are two verbs (i.e. modals, perfect tense, future), the modal verb or part of **haben/sein/werden** comes at the very end.

2   F   2   F

Ich möchte nach Ungarn fahren.   Man kann da Tennis spielen.

> **Ich möchte nach Ungarn fahren,** ⟨WEIL⟩ **man KANN da Tennis spielen.**
>
> **Ich möchte nach Ungarn fahren, weil man da Tennis spielen kann.**   *I want to go to Hungary because you can play tennis there.*

3 Subordinating clauses; verb comma verb.

  a If a sentence begins with a subordinating conjunction the verb is kicked to the end of the clause.
     Man fährt im Auto. → **Wenn man im Auto fährt** ...
     You drive in the car. → *When you drive in the car ...*

  b This whole clause becomes the first idea in the sentence, so the verb of the main clause needs to come next, because the main verb in a sentence should be in second position. Or just remember, verb – comma – verb.

> Man fährt im Auto.   Man kann im Radio Musik hören.
>
> **Wenn man im Auto fährt, KANN man im Radio Musik hören.**
>
> now in 1st position   2   ← any other information →   F
>
> *When you drive in the car you can listen to music on the radio.*

Gold

um ... zu

This phrase means *in order to*. In German we always need to use this construction even though we often leave it out in English. For example, we say "we will use new technologies to solve problems" when we mean "we will use new technologies in order to solve problems".

Wir werden neue Technologien benutzen, um Probleme zu lösen.
We will use new technologies in order to solve problems.

There is always a comma before *um*. The verb in the second half of the sentence is always in the infinitive and it always goes at the end of the sentence.

ohne zu ...

This is another useful construction which is used with the infinitive and means *without doing something*.

Er kam ins Zimmer, ohne zu klopfen.
He came into the room without knocking.

Relative pronouns

Relative pronouns are words which introduce a new clause that refers back to a noun in the previous part of the sentence. In English they are often translated as 'who', 'which' or 'that'. Notice that relative pronouns send the verb to the end of the sentence.

Ich habe einen Bruder. Der Bruder heißt Bart. →
Ich habe einen Bruder, **der** Bart heißt.
*I have a brother **who** is called Bart.*

Ich habe zwei Schwestern. Die Schwestern heißen Maggie und Lisa. →
Ich habe zwei Schwestern, **die** Maggie und Lisa heißen.
*I have two sisters **who** are called Maggie and Lisa.*

Relative pronouns

	masc	fem	neut	plural
nom	der	die	das	die

Gold

Definite article and friends

	masc	fem	neut	plural
nom	der	die	das	die
acc	den	die	das	die
dat	dem	der	dem	den**
gen	des*	der	des*	der

Indefinite article and friends

	masc	fem	neut	plural
nom	ein	eine	ein	(meine)
acc	einen	eine	ein	(meine)
dat	einem	einer	einem	(meinen)**
gen	eines*	einer	eines*	(meiner)

* Add **-s** or **-es** to the noun
mein Bruder – meines Bruder**s**
** Add **-n** to the noun
meine Kinder – von meinen Kinder**n**

Four cases

1 **The nominative case** is used for the subject of the sentence. The subject of the sentence is the person or thing doing the action of the verb.
Der Mann schläft.   *The man is sleeping.*
Die Blumen sind schön.   *The flowers are beautiful.*

2 **The accusative case is** used for the direct object of the sentence – the thing or person who is having the action done to them (as well as certain prepositions).
Wir kaufen <u>den Wagen</u>.   *We are buying the car.*
Ich habe <u>eine Schwester</u>.   *I have a sister.*
Notice that only the male form changes in this case.

3 **The dative case** is used for the indirect object of the sentence – the thing or person that the action is being done to or for (and also many prepositions).
Ich gebe <u>meiner Mutter</u> ein Geschenk.
I give my mother a present.
Wir zeigen <u>dem Mann</u> den Weg.
We show the man the way.

4 There is a fourth case, **the genitive case**, which shows possession. We can of course use the preposition **von** and the dative case for this.
Das ist die Freundin meines Bruders.
That's my brother's girlfriend.
Das ist der Freund meiner Schwester.
That's my sister's boyfriend.

Genitive

These prepositions are always followed by the genitive case. Notice that it is common for these to trigger the dative too.

außerhalb	*outside of/ apart from*
statt	*instead of*
trotz	*despite*
während	*during*
wegen	*because of/ due to*

masc	außerhalb des Jugendklubs
	apart from the youth club
fem	während der Saison
	during the season
neut	wegen des Wetters
	due to the weather
plural	trotz dieser Nachteile
	despite these disadvantages

seit (for / since)

seit (*for* or *since*) is used with <u>the present tense</u> in German to say how long something has been going on. It also triggers the dative case.

Ich <u>lerne</u> seit zwei Jahren Deutsch.
I <u>have been learning</u> German for two years.

Ich bin seit 1998 Lehrer.
I have been a teacher since 1998.

Use **seit** and the imperfect tense to express what had happened at a previous time.

Ich arbeitete seit einem Jahr in Bonn.
I had worked for a year in Bonn.

Gold

Pluperfect tense

The pluperfect tense is used to talk about events which **had** already happened before the events being described. It is formed with the imperfect tense of **haben** or **sein** + a past participle.

Jodie <u>hatte</u> die Party <u>angekündigt</u>.
Jodie <u>had announced</u> the party.
Die Jugendlichen <u>hatten</u> den Schmuck <u>gestohlen</u>.
The teenagers <u>had stolen</u> the jewellery.
400 Jugendliche <u>waren</u> zur Party <u>gekommen</u>.
400 teenagers <u>had come</u> to the party.
Sie <u>war</u> anderswo bei Freunden <u>gewesen</u>.
She <u>had been</u> with friends elsewhere.

Imperfect tense (simple past)

The imperfect tense (or simple past) is used to describe a series of connected events in the past. It is regularly used to say *was/were* and *had*, as well as when using modal verbs in the past tense (see page 215).

To say *was/were*, you use the imperfect tense of **sein:**

ich	**war**	*I was*
du	**warst**	*you were (familiar, singular)*
er/sie/es/man	**war**	*he/she/it/was/you were*
wir	**waren**	*we were*
ihr	**wart**	*you were (familiar, plural)*
Sie	**waren**	*you were (polite)*
sie	**waren**	*they were*

To say *had*, you use the imperfect tense of **haben:**

ich	**hatte**	*I had*
du	**hattest**	*you had (familiar, singular)*
er/sie/es/man	**hatte**	*he/she/it/you had*
wir	**hatten**	*we had*
ihr	**hattet**	*you had (familiar, plural)*
Sie	**hatten**	*you had (polite)*
sie	**hatten**	*they had*

If you are telling a story about the past or recalling related events you could use the imperfect tense. To form the imperfect of regular verbs add the following to the stem:
kaufen (*to buy*) – stem is **kauf-**

ich kauf**te**
du kauf**test**
er/sie/es/man kauf**te**
wir kauf**ten**
ihr kauf**tet**
Sie/sie kauf**ten**

Irregular verbs change the stem. See the blue column on page 220. Add the following to the changed stem:

fahren (*to travel*) – stem is **fuhr-**

ich fuhr
du fuhr**st**
er/sie/es/man fuhr
wir fuhr**en**
ihr fuhr**t**
Sie/sie fuhr**en**

Verbs which trigger the dative

There is a small group of verbs which are not followed by the accusative, but by the dative. The most common are **helfen** (*to help*), **folgen** (*to follow*), **danken** (*to thank*) and **geben** (*to give*).

Kannst du <u>mir</u> helfen? *Can you help me?*
Folgen Sie <u>dem</u> Taxi! *Follow the taxi!*
Ich danke <u>Ihnen</u> sehr. *Thank you very much.*
Bitte geben Sie <u>mir</u> Ihre Telefonnummer.
Please give me your telephone number.

Impersonal verbs

Many verbs start with the impersonal subject **es.** The most common are used to talk about the weather. Others you know are **es ist** (*it is*) and **es gibt** (*there is/there are*). You may also have met the following:

Es gefällt mir.	*I like it.*
Es geht um ...	*It's about ...*
Es tut mir leid.	*I'm sorry.*
Es tut mir weh.	*It hurts.*
Es ist mir egal.	*It's all the same to me.*

Verb tables

infinitive	changes in du / er / sie / es / man	imperfect	perfect	English
befehlen	befiehlt	befahl	hat befohlen	to command
beginnen	-	begann	hat begonnen	to begin
biegen	-	bog	hat / ist gebogen*	to bend, turn
bieten	-	bot	hat geboten	to offer
bitten	-	bat	hat gebeten	to ask, request
bleiben	-	blieb	ist geblieben*	to stay
brechen	bricht	brach	hat / ist gebrochen*	to break
bringen	-	brachte	hat gebracht	to bring
denken	-	dachte	hat gedacht	to think
dürfen	darf	durfte	hat gedurft	to be allowed
empfehlen	empfiehlt	empfahl	hat empfohlen	to recommend
essen	isst	aß	hat gegessen	to eat
fahren	fährt	fuhr	ist gefahren*	to drive, go
fallen	fällt	fiel	ist gefallen*	to fall
fangen	fängt	fing	hat gefangen	to catch
finden	-	fand	hat gefunden	to find
fliegen	-	flog	ist geflogen*	to fly
fliehen	-	floh	ist geflohen*	to flee
gebären	gebärt or gebiert	gebar	hat geboren	to give birth
geben	gibt	gab	hat gegeben	to give
gehen	-	ging	ist gegangen*	to walk, go
gelten	gilt	galt	hat gegolten	to count, be worth
genießen	-	genoss	hat genossen	to enjoy
geschehen	geschieht	geschah	ist geschehen*	to occur
gewinnen	-	gewann	hat gewonnen	to win, gain
haben (irreg.)	hat	hatte	hat gehabt	to have
halten	hält	hielt	hat gehalten	to hold
heißen	-	hieß	hat geheißen	to be called
helfen	hilft	half	hat geholfen	to help
kennen	-	kannte	hat gekannt	to know
kommen	-	kam	ist gekommen*	to come
können	kann	konnte	hat gekonnt	can, to be able to
laden	lädt	lud	hat geladen	to load
lassen	lässt	ließ	hat gelassen	to let
laufen	läuft	lief	ist gelaufen*	to run
leiden	-	litt	hat gelitten	to suffer
lesen	liest	las	hat gelesen	to read
liegen	-	lag	hat gelegen	to lie, be lying

infinitive	changes in du/ er/ sie/ es/ man	imperfect	perfect	English
lügen	-	log	hat **gelogen**	to (tell a) lie
mögen	mag	mochte	hat **gemocht**	to like
müssen	muss	musste	hat **gemusst**	must, to have to
nehmen	nimmt	nahm	hat **genommen**	to take
raten	rät	riet	hat **geraten**	to advise
rennen	-	rannte	ist **gerannt***	to run
schaffen	-	schuf	hat **geschaffen**	to create
scheiden	-	schied	ist **geschieden***	to separate, depart, divorce
schlafen	schläft	schlief	hat **geschlafen**	to sleep
schlagen	schlägt	schlug	hat **geschlagen**	to hit, beat
schließen	-	schloss	hat **geschlossen**	to close, shut
schreiben	-	schrieb	hat **geschrieben**	to write
schwimmen	-	schwamm	ist **geschwommen***	to swim
sehen	sieht	sah	hat **gesehen**	to see
sein	ist	war	ist **gewesen***	to be
singen	-	sang	hat **gesungen**	to sing
sitzen	-	saß	hat **gesessen**	to sit, be sitting
sollen	soll	sollte	hat **gesollt**	shall, to be supposed to
sprechen	spricht	sprach	hat **gesprochen**	to speak
stehen	-	stand	hat **gestanden**	to stand
steigen	-	stieg	ist **gestiegen***	to climb
sterben	stirbt	starb	ist **gestorben***	to die
streiten	-	stritt	hat **gestritten**	to quarrel
tragen	trägt	trug	hat **getragen**	to wear, carry
treffen	trifft	traf	hat **getroffen**	to meet
trinken	-	trank	hat **getrunken**	to drink
tun	-	tat	hat **getan**	to do
vergessen	vergisst	vergaß	hat **vergessen**	to forget
verlieren	-	verlor	hat **verloren**	to lose
waschen	wäscht	wusch	hat **gewaschen**	to wash
werden	wird	wurde	ist **geworden***	to become
wissen	weiß	wusste	hat **gewusst**	to know
wollen	will	wollte	hat **gewollt**	to want

Grammatik *Übungen: Your life in three tenses*

Bronze

1 Put the correct endings on the present tense regular verbs in the following sentences.

1　Wir geh... ins Kino.
2　Ich spiel... am Computer.
3　Er komm... aus Spanien.
4　Sie (pl) hör... gern Radio.
5　Trink... du oft Kaffee?

6　Sie (sing) mach... ihre Hausaufgaben.
7　Schwimm... Sie gern, Herr Doktor Caudle?
8　Wir schreib... E-Mails.
9　Johannes und Silke find... Mathe einfach.
10　Paul kauf... eine schwarze Hose.

Silver

2 Separable verbs present tense: Rearrange these sentences so that they are in the correct order. Then translate them into English.

1　auf / wir / stehen / früh / sehr .
2　fern / sieht / jeden / Abend / er .
3　hat / nachmittag / sie / ferngesehen / gestern .
4　ziehe / einen / Pulli / ich / an .
5　wasche / mich / ich / Badezimmer / im .
6　kommen / um / Uhr / an / Sie / neun .
7　dich / an / macht / was ?
8　morgen / ich / spät / aufstehen / werde .

3 Perfect tense: Complete these sentences with the correct past participle of the verb in brackets.

1　Ich habe ein Buch ... (lesen)
2　Ich habe einen Pulli ... (kaufen)
3　Ich habe Musik ... (herunterladen)
4　Ich bin in die Stadt ... (gehen)
5　Ich bin nach Stuttgart ... (fahren)
6　Ich habe Federball ... (spielen)

Gold

4 Present tense irregular verbs: Use the irregular verb tables on pages 220–221 and complete the following sentences using the correct form of the verb in brackets.

1　Er ... nichts zum Frühstück. (essen)
2　Sie (sing) ... viel schneller als ich. (laufen)
3　... du abends fern? (sehen)
4　Er ... gern Horrorgeschichten. (lesen)
5　Sie (sing) ... lieber mit dem Bus. (fahren)
6　Wir ... unseren Freunden. (helfen)
7　Jochen ... seinen Freund im Park. (treffen)
8　Ich ... ein Bad statt mich zu duschen. (nehmen)

5 Put these sentences into the perfect tense.

1　Ich trinke Cola.
2　Sie macht ihre Hausaufgaben.
3　Wir spielen in einer Band.
4　Sie essen (pl) Pizza.
5　Ich schlafe bis 11 Uhr.
6　Du liest eine Zeitschrift.
7　Ich gehe in den Park.
8　Fährst du nach Italien?

6 Copy and complete the table as in the example.

Perfect	Present	Future
Ich habe Freunde getroffen.	Ich treffe Freunde.	Morgen werde ich Freunde treffen / Morgen treffe ich Freunde.
	Ich höre CDs.	
Ich habe einen Brief geschrieben.		
		Morgen werde ich um 11 Uhr ankommen.
	Er wäscht sich.	
		Morgen werde ich nach Rom fliegen.
	Wir bleiben in einem Hotel.	
Sie sind nach Köln gefahren.		

Grammatik *Übungen: Pesky little words*

Bronze

1 Fill in the correct form of the possessive adjectives.

1 ... Mutter ist 44-Jahre alt. (my)
2 ... T-Shirt ist Schwarz. (his)
3 Wo ist ... Katze? (your)

4 ... Bruder ist heute nicht hier (our)
5 Ist das ... neuer Freund? (her)
6 ... Vater heißt Marcello (their)

Silver

2 Complete the sentences with the correct personal pronoun (accusative).

1 Ich mag ... nicht. (*I don't like **him**.*)
2 Der Lehrer sieht ... nicht! (*The teacher can't see **us**!*)
3 Er liebt ... nicht mehr. (*He doesn't love **her** any more.*)
4 Ich finde ... sehr interessant.
   (*I find **you** (**polite**) very interesting.*)
5 Sandra ruft ... heute an. (*Sandra is ringing **me** today.*)
6 Mein Bruder findet ... gut aussehend!
   (*My brother finds **you** attractive!*)

3 Complete the sentences with the correct personal pronoun (dative).

1 Er schickt ... immer ein Geschenk.
   (*He always sends **me** a present.*)
2 Meine Eltern kaufen ... ein Computer.
   (*My parents are buying **her** a computer.*)
3 Ich gebe ... €100. (*I'm giving **you** €100.*)
4 Zeig ... wo das Badezimmer ist.
   (*Show **him** where the bathroom is.*)

4 Accusative or dative? Fill in the gaps with the correct form of the definite article.

1 Ich laufe durch ... Wald. (*m*)
2 Nach ... Abendessen sehe ich fern. (*nt*)
3 Er kommt aus ... Schweiz. (*f*)
4 Wir spielen gegen ... beste Mannschaft. (*f*)
5 Ich kaufe ein Geschenk für ... Lehrer. (*m*)
6 Sie ist seit ... Wochenende hier. (*nt*)

5 Accusative or dative? Fill in the gaps with the correct form of the word in brackets.

1 Er wohnt mit ... Stiefmutter zusammen. (*his*)
2 Sie sind alle da – außer ... Freund. (*her*)
3 Sie spielen Karten gegen ... Mutter. (*my*)
4 Ich will kein Geld von ... Bruder. (*your*)
5 Kommst du ohne ... Frau? (*your*)
6 Er ist der Neffe von ... Halbbruder. (*their*)

Gold

6 Movement or no movement? Which is the correct form and why?

1 Ich gehe **in die / in der / in den** Stadt. (*f*)
2 Sie ist **in der / in die / im** Küche. (*f*)
3 Wer ist unter **den / der / dem** Tisch? (*m*)

4 Ich gehe **ins / im / in die** Kino .(*nt*)
5 Hinter **der / dem / das** Geschäft gibt es einen Park. (*nt*)
6 Was ist an **der / die / das** Wand? (*f*)

Grammatik   *Übungen: Describing things*

Bronze

1 *gern, lieber, am liebsten*: **Use the following structure to write sentences about the topics in the boxes.**

> Ich esse **gern** Pommes, aber ich esse **lieber** Kuchen.
> **Am liebsten** esse ich Schokolade.

Filme sehen	Trinken
Musik hören	Sportarten
in die Stadt gehen	

Silver

2 Fill in the correct form of the comparative adjective. Remember that some are irregular.

1 Deutsch ist ... als Mathe. (interessant)
2 Mein Bruder ist ... als ich. (alt)
3 Mein VW ist ... und ... als dein Auto! (schnell / teuer)
4 Star Wars ist ... als Matrix. (gut)
5 Mein T-Shirt ist ... als mein Pulli! (groß)
6 Herr Brand ist ... als Herr Lavery. (schick)

3 Form the superlative adjectives and complete the sentences.

1 Er ist der ... (langweilig)
2 Das MX5 ist das ... (gut)
3 Sie ist die ... (intelligent)
4 England ist das ... Land. (freundlich)

Gold

4 Fill in the adjectives. They are all in the nominative case.

1 Der ... Mann wohnt in der Stadt. (alt)
2 Was kostet das ... Auto? (grau)
3 Die ... Lehrerin ist sehr streng. (neu)
4 Die ... Studentin weint jeden Abend. (traurig)
5 Die ... Schlangen sind alle sehr giftig. (lang)
6 Morgen kommt eine ... Frau. (italienisch)
7 Ein ... Kind ist zur Schule gekommen. (klein)
8 Ein ... Rockstar spielt morgen in einem Konzert. (amerikanisch)
9 Ein ... Kaffee ist besser als Tee. (gut)
10 Eine ... Mechanikerin hat mir geholfen. (stark)

5 Fill in the adjectives. They are all in the accusative case.

1 Ich trage eine ... Jacke.(schwarz)
2 Ich habe den ... Film gesehen. (lustig)
3 Er liebt ihre ... Augen. (blau)
4 Wir haben einen sehr ... Sohn. (intelligent)
5 Ich habe ein ... Auto gekauft .(neu)
6 Siehst du den ... Mann? (kräftig)

6 Fill in the adjectives. They are all in the dative case.

1 Ich wohne mit meinem ... Bruder zusammen. (frech)
2 Er hat ihrer ... Freundin eine E-Mail geschickt. (gut)
3 Sie gibt dem ... Mädchen 10 Euro. (arm)
4 Ich gehe mit dem ... Hund aus. (klein)
5 Wir sind in der ... Altstadt. (berühmt)
6 Er steht vor dem ... Kino. (groß)

Grammatik *Übungen: Word order*

Bronze

**1 Complete the sentences with a question word.
How many different words could make sense?**

1 ... trägst du morgen zur Schule?
2 ... hat meine Tasche genommen?
3 ... kostet das Fahrrad?
4 ... siehst du so gut aus?
5 ... fährst du nach Frankreich?
6 ... Filme sieht er gern?

Silver

**2 In the following sentences put the phrases in
brackets straight after the verb.**

1 Ich spiele am Computer. (jeden Abend)
2 Sie geht in die Stadt. (jeden Tag)
3 Er spielt in seiner Band. (samstags)
4 Sie macht ihre Hausaufgaben. (am Sonntag)
5 Ich bin nach Kroatien gefahren. (letzten Sommer)
6 Meine Mutter hat einen Wohnwagen gekauft. (vor zwei
Wochen)

**3 Word order after expressions of
time / frequency: Rewrite the sentences above
starting with the phrases in brackets.**

**4 Time, manner, place: Put the elements into the
right order to make one sentence.**

1 Wir gehen / ins Theater / zusammen / am Freitag .
2 Er fährt / mit dem Zug / nach Italien / im Dezember .
3 Wir gehen / zur Schule / zu Fuß / am Montag .
4 Sie wohnen / seit einem Monat / in Köln / mit ihren Eltern .
5 Sie spielt / mit den Hunden / im Park / am Wochenende .
6 Ich bleibe / bis April / in Luzern / bei meinem Stiefbruder .

**5 Rearrange the six sentences above so that they
all begin with the time phrases. Don't forget to
invert the subject and the verb.**

**6 Negate the following sentences by adding <u>nicht</u>
in the correct place.**

1 Ich darf heute Abend Fußball spielen.
2 Er mag Federball.
3 Sie geht in die Stadt.
4 Wir können zum Konzert kommen.
5 Ich fliege nach New York.

Gold

**7 Turn these statements into commands. Write
both the *du* and the *Sie* forms.**

Example: Ich gehe einkaufen. → Geh einkaufen! / Gehen
Sie einkaufen!

1 Ich trinke viel Wasser.
2 Ich bleibe hier im Zimmer.
3 Ich rufe die Polizei an.
4 Ich lese den Artikel.
5 Ich kaufe wenig Süßgkeiten.
6 Ich nehme die zweite Straße links.
7 Ich übe jeden Tag Klarinette.
8 Ich mache oft Fitnesstraining.

Grammatik   *Übungen: Second – Final*

Bronze

1 Modal verbs: Change the following sentences from 'can' to 'want' and then to 'must'.

1 Ich kann heute Abend Musik hören.
2 Er kann in die Kneipe gehen.
3 Wir können am Wochenende Rugby spielen.
4 Kannst du das Abendessen vorbereiten?
5 Ich kann zu Hause bleiben.
6 Sie kann ihre Hausaufgaben machen.

2 Add the modal verb in brackets to the following sentences.

1 Ich gehe in die Stadt. (müssen)
2 Ich trage keinen schwarzen Pulli. (dürfen)
3 Er macht seine Hausaufgaben. (müssen)
4 Wir gehen nicht zum Konzert. (können)
5 Sie trinken Bier. (mögen)
6 Ihr geht zurück nach Hause. (müssen)
7 Ich surfe im Internet. (wollen)
8 Kaufst du diesen Computer? (wollen)
9 Man raucht hier nicht. (dürfen)
10 Ich esse keinen Fisch. (können)

Silver

3 Change these sentences from the present tense to the future using *werden*.

1 Ich gehe jeden Tag zum Sportzentrum.
2 Sie arbeitet viel.
3 Sie fahren nach Deutschland.
4 Meine Eltern kaufen das Haus nicht.
5 Wir spielen am Campingplatz Karten.
6 Fährst du nach Hause?
7 Sie studieren nicht.
8 Die Kinder spielen Federball.

4 Change the sentences above from the present tense to the conditional.

Gold

5 Complete exercise two, above, once again, this time using the imperfect form of the modal verbs. Translate the sentences into English.

6 Begin each sentence with the phrases in brackets using *zu* **and the infinitive. Translate the sentences into English.**

Example: **1** Ich verspreche, meine Hausaufgaben zu machen.

1 Ich mache meine Hausaufgaben. (Ich verspreche, ...)
2 Ich esse weniger Kuchen. (Ich fange an, ...)
3 Ich trinke zu viel Alkohol. (Ich höre auf, ...)
4 Ich spare Wasser. (Ich habe vor, ...)
5 Er schreibt an seine Oma. (Er hat vor, ...)
6 Wir kaufen Fairtrade-Produkte. (Wir haben Lust, ...)

7 Unscramble the following sentences and translate them into English. Each sentence begins with *wenn*.

1 Haus / ich / wäre / kaufen / Millionär / ich / ein / Wenn / würde / großes .
2 ich / ich / viel / wohnen / würde / hätte / Amerika / Geld / Wenn / in .
3 genug / Wenn / Band / hätte / spielen / würde / er / er / in / Zeit / einer .
4 Wenn / ein / hätten / wir / würden / wir / Haus / Partys / größeres / mehr / haben.

Grammatik *Übungen: Joining up sentences*

Silver

1 Choose the conjunction that makes sense and translate the sentence into English.

1 Meine Mutter ist nett. Ich liebe sie. (und / aber)
2 Ich mag Deutsch. Es ist schwer. (weil / obwohl)
3 Ich sehe oft fern. Ich habe viel Zeit. (wenn / aber)
4 Er geht oft ins Kino. Er mag Filme. (weil / obwohl)

2 Subordinating conjunctions: Join up the following pairs of sentences using the conjunction in brackets.

1 Ich höre gern klassische Musik. Ich bin allein. (wenn)
2 Ich mag den Lehrer. Er ist oft zu streng. (obwohl)
3 Katja hat Kopfschmerzen. Sie hört laute Musik. (weil)
4 Er schreibt einen Brief. Er sieht den Film. (während)
5 Ich esse oft Pizza. Ich gehe mit Freunden in die Stadt. (wenn)
6 Jens ist sehr müde. Er geht zu spät ins Bett. (weil)
7 Ich bin mir nicht sicher. Ich mag Newcastle United. (ob)
8 Wir fahren nach Schweden. Das Wetter ist da selten gut. (obwohl)

3 Join up the following pairs of sentences using *weil*.

1 Ich gehe nicht ins Kino.   Ich kann Filme nicht leiden.
2 Er kommt morgen nicht.   Er will nach Frankreich nicht fahren.
3 Wir müssen jetzt zurückgehen.   Lisa hat zu viel gegessen.
4 Ich kenne das Hotel nicht.   Ich bin bei Katja geblieben.
5 Ich fahre nicht nach Köln.   Ich werde den ganzen Tag hier verbringen.
6 Sie hat Jeans getragen.   Sie wollte mit dem Hund spazieren gehen.

4 Join up the following pairs of sentences using um … zu.

Example: **1** Ich bleibe in der Schule, um mit dem Lehrer zu sprechen.

1 Ich bleibe in der Schule. Ich will mit dem Lehrer sprechen.
2 Wir fahren nach Freiburg. Wir wollen die Solarstadt besuchen.
3 Er trainiert jeden Tag. Er will stark und muskulös aussehen.
4 Du solltest viel Gemüse essen. Du willst gesund bleiben.
5 Ich werde jeden Tag den Müll trennen. Ich will die Umwelt schützen.
6 Er surft im Internet. Er will seine Hausaufgaben machen.

Gold

5 Join up the following pairs of sentences using the correct relative pronoun.

1 Steffi hat einen Bruder.   Er wohnt in Spanien.
2 Wir wohnen in einem kleinen Haus.   Es liegt in der Stadtmitte.
3 Ich habe einen Hund.   Er heißt Rufus.
4 Ich trinke gern Bier.   Es kommt aus der Schweiz.
5 Er spielt in einer Band.   Sie heißt „Once again".
6 Paula fährt mit einem Motorrad.   Es ist groß und modern.

Wortschatz Deutsch – English

A

German	English
ab und zu	now and again
abdecken	to clear (table)
abdriften	to drift off
der Abend(e)	evening
das Abendbrot(e)	supper
das Abendessen(-)	evening meal; supper
abends	in the evening
das Abenteuer(-)	adventure
aber	but
abfahren	to leave
der Abfall(¨e)	waste; rubbish
ablehnen	to decline; to refuse; to turn down
abhängen von	to be dependent on
abhängig	dependent
abnehmen	to lose weight
abräumen	to clear away
die Abreise(n)	departure
der Absatz(¨e)	paragraph
abschaffen	to abolish; to do away with
abschreiben	to copy
absolut	absolute(ly)
abstellen	to park
die Abteilung(en)	department
abwechslungsreich	varied
abwesend	absent
Achtung!	watch/look out!
adaptieren	to adapt
adipös	obese
die AG(s)	club (at school)
ähnlich	similar
aktiv	active
die Aktivität(en)	activity
akzeptabel	acceptable
akzeptieren	to accept
der Alkoholiker(-)	alcoholic (male)
die Alkoholikerin(nen)	alcoholic (female)
alle	all
allein	alone
alleinerziehend	single-parent
allerdings	though
allerlei	all sorts of
alles	everything
allgemein	general
der Alltag	weekday
der Alptraum(¨e)	nightmare
als	when
also	so
alt	old
das Alter	age
das Altersheim(e)	old people's home
alternativ	alternative
das Altglas	waste glass
altmodisch	old-fashioned
die Altstadt(¨e)	old part of town
am liebsten	most of all
die Amnesie	amnesia
die Ampel(n)	traffic lights
an	at; on
(an)bieten	to offer
das Andenken(-)	souvenir; memento
andere/r	other
anders	different
der Anfang(¨e)	start
anfangen	to start
anfangs	in the beginning
das Angebot(e)	offer
angeln	to fish
angenehm	pleasant
anglotzen	to stare at (colloquial)
Angst haben (vor)	to be afraid (of)
die Angst(¨e)	fear
ankommen	to arrive
die Ankunft(¨e)	arrival
die Anlage(n)	setting; location; enclosure (letter)
anmachen	to attract
die Anmeldung(en)	registration
die Annonce(n)	advert
die Anreise(n)	arrival
anrufen	to call (phone)
der Anrufer(-)	caller
anschalten	to switch/turn on
anscheinend	apparently
anschließend	afterwards; subsequently
der Anschluss(¨e)	connection
ansehen	to look at
die Ansicht(en)	view
anstrengend	stressful
der Anteil(e)	share
die Antwort(en)	answer
die Anweisung(en)	instruction
die Anzahl	number
die Anzeige(n)	advert; announcement
anziehen	to put on
der Anzug(¨e)	suit
der Apfel(¨)	apple
der Apfelsaft(¨e)	apple juice
die Apfelschalen (pl)	apple peelings
der Apfelstrudel	apple strudel
der Apparat	telephone
die Aprikose(n)	apricot
die Arbeit(en)	work
arbeiten	to work
der Arbeitnehmer(-)	employee
der Arbeitsplatz(¨e)	place of work
das Arbeitspraktikum	work experience
der Arbeitstag(e)	work day
der Arbeitstisch(e)	desk
die Arbeitswelt	world of work
das Arbeitszimmer(-)	study (room)
der Ärger	trouble; anger; annoyance
arm	poor
der Arm(e)	arm
die Art(en)	type; sort
der Arzt(¨e)	doctor (male)
die Ärztin(nen)	doctor (female)
die Atomkraft	nuclear energy
auch	also
auf	on; at
auf etwas ankommen	to depend on something
auf immer und ewig	for ever
der Aufenthalt(e)	stay
die Aufgabe(n)	task
aufgeben	to give up
aufgeregt	excited
aufhören	to stop
aufmerksam	attentive
aufnehmen	to record
aufpassen	to look after; to watch out
aufräumen	to tidy up
aufschreiben	to write down
aufstehen	to get up
die Aufstiegs- möglichkeiten (pl)	promotion prospects
aufwachen	to wake up
der Aufzug(¨e)	lift
das Auge(n)	eye
aus	out
ausbilden	to train; to educate
ausborgen	to borrow
der Ausdauersport	endurance sport
der Ausdruck(¨e)	expression
der Ausflug(¨e)	trip; excursion
ausfüllen	to complete; to fill in
ausgeben	to spend (money)
ausgehen	to go out
ausgestattet	equipped
ausgezeichnet	excellent
auskommen	to get on
das Ausland	foreign countries
ausländisch	foreign
(aus)probieren	to try (out)
ausreichend	adequate
die Ausrüstung	equipment
ausrutschen	to slip
die Aussage(n)	statement
ausschalten	to turn/switch off
ausschlafen	to have a lie in
der Ausschnitt(e)	extract; excerpt
das Aussehen(-)	appearance
aussehen	to look like; to appear
außer	except for
außerdem	besides
außerhalb	outside
äußerst	extremely
die Aussicht(en)	view
aussterben	to die out
aussuchen	to choose
der Austausch	exchange
austauschen	to exchange
austragen	to deliver
die Auswahl	choice
auswendig	by heart
auszeichnen	to honour; to declare
die Auszeichnung(en)	award
das Auto(s)	car
die Autobahn(en)	motorway

B

der Babysitter(-)	babysitter (male)
die Babysitterin(nen)	babysitter (female)
das Bad(¨er)	bath
der Badeanzug(¨e)	swimming costume
die Badehose(n)	swimming trunks
baden	to bathe
das Badezimmer(-)	bathroom
die Bahn	railway
bald	soon
der Balkon(s, e)	balcony
die Bank(¨e)	bench; seat
basteln	to do handicrafts
die Bauchschmerzen (pl)	stomach ache
der Bau	building
bauen	to build
der Baum(¨e)	tree
die Baustelle(n)	roadworks
beantworten	to answer
der Beat	beat
die Bedienung	service
bedeuten	to mean
die Bedrohung(en)	threat
beeinflussen	to influence
beenden	to end; to complete
der Befehl(e)	order
befragen	to question
befriedigend	satisfactory
begeistert	enthusiastic
begrüßen	to greet
behindert	disabled
bei	near; at; with
beibringen	to teach
beide/r	both
beidseitig	on both sides
das Bein(e)	leg
das Beispiel(e)	example
der Beitrag(¨e)	contribution
bekannt	well known
der/ein Bekannte/r (m)	acquaintance (male)
die/eine Bekannte	acquaintance (female)
bekommen	to get
belasten	to burden
beliebt	popular
die Benachteiligung(en)	discrimination